张新奎 项安安——编著

国学概论

ZHEJIANG UNIVERSITY PRESS
浙江大学出版社

图书在版编目（CIP）数据

国学概论 / 张新奎，项安安编著. —杭州：浙江大
学出版社，2020.10
ISBN 978-7-308-19429-7

Ⅰ.①国… Ⅱ.①张… ②项… Ⅲ.①国学—概论
Ⅳ.①Z126

中国版本图书馆 CIP 数据核字（2019）第 167071 号

国 学 概 论

张新奎　项安安　编著

责任编辑	葛　娟	
责任校对	杨利军　王　成　戴依依	
封面设计	春天书装	
出版发行	浙江大学出版社	
	（杭州市天目山路 148 号　邮政编码 310007）	
	（网址：http://www.zjupress.com）	
排　版	杭州中大图文设计有限公司	
印　刷	杭州高腾印务有限公司	
开　本	710mm×1000mm　1/16	
印　张	17.25	
字　数	265 千	
版印次	2020 年 10 月第 1 版　2020 年 10 月第 1 次印刷	
书　号	ISBN 978-7-308-19429-7	
定　价	49.00 元	

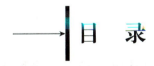

目　录

第三篇　传承篇

第一篇

概

述

篇

第一章 中华传统文化概述

第一节　中华传统文化的含义与特点

一、中华传统文化的含义

(一)中华的含义

"中华传统文化"(或"华夏文化")这一概念中包含了"中华"(或"华夏")、"传统"、"文化"三个概念。首先,我们分析"中华"(或"华夏")的概念,"中华"(或"华夏")的概念又包含了"中"和"华"(或"夏")两个概念。"中华"的"中"有两方面的含义:一是指地域,即中华文化、文明的发源地,中华文化发源于中国的中部地区,以黄河中下游为中心,相当于现在的河南省、陕西省一带;二是指性质,即中华文化、文明的方向和本质是"中"的。"中"就是正的意思,即《礼记》阐释的中庸、中正之道,所以,中华文化的性质和方向是正的,是光明的、正义的。中华的"华"(或华夏的"夏")有三个含义:一是繁华、茂盛的意思;二是代表中华古老的民族部落("华"指中华民族人文始祖伏羲氏的母亲称华胥氏[①];"夏"代表夏禹建立的夏族部落联盟,相当于国家的建立);三是表示"光明"的意思(虞舜姓姚名重华[②],即光明的意思)。综上,"中华"或"华夏"是指发源于中国中部地区黄河中下游一带的,繁茂的、充满生机活力的、代代传承不断的、光明、正义和有智慧的民族。

(二)传统的含义

"传统"是传承和统领的意思。"传"是指传接、传递、传承。有传就有接,接是指接受,承也是接和接受的意思,而且是不间断地往下传和接;"统"是统领、统一、贯穿的意思。就是说,传的是从古至今能够贯穿统一的东西。这个"东西"其实是一个民族长期发展形成的民族习惯、生活方式、民族精神和灵魂,也就是这个民族的文化和文明。"传统"可以用一个恰当的词表示,就是"薪火相传",像传递薪火一样,一代一代连续不断,形象地说明了中华(华夏)文化、文明的发展延续传承的过程。

(三)文化的含义

什么是文化?"文化"的"文"最早写作"纹",后来,简化为"文"。"纹"的意思是动物美丽的皮毛,引申出来就是美好、文明的意思。"化"是变化、转化的意思。所以,从本质上说,文化应该做动词理解,即文化是人类向文明方向的变化、转化。现在基本上做名词理解,即文化是人类向文明方向变化、转化过程中所产生的一切人类智力成果。

笼统地说,文化是一种社会现象,是人们在长期社会生产和生活过程中的创造物;同时又是一种历史现象,是社会历史的积淀物。确切地说,文化是指一个国家或民族的历史、地理、风土人情、传统习

---

① 华胥氏,简称华胥,最早见于《列子·黄帝》。相传是中国上古时期母系氏族部落的一位杰出女首领,是伏羲与女娲之母。

② 虞舜,简称舜,有虞氏,名重华,史称虞舜。传说中的上古帝王名,虞舜眼睛长了两个瞳孔,故名重华。华,代表光明。

俗、生活方式、文学艺术、行为规范、思维方式、价值观念等等。最简单地说，文化就是一个民族的生活方式。

（四）中华传统文化的含义

中华传统文化是指发源于中国中部地区黄河中下游一带的华夏民族，在长期向文明方向转化、变化、发展过程中取得的，并始终传承不断的、贯穿统一的智慧、正义、光明的成果。

（五）大中华文化

1. 大中华文化内涵

大中华文化是指华夏民族长期发展形成的全部成果。所以，单纯用"文化"一词显然不能完全概括中华传统文化的内涵和外延。我们这里提出一个全新的概念——"大中华文化"，代表中华传统文化的全部内容。大中华文化不仅包括文化与文明，还包括武化与武明。

2. 大中华文化内容

大中华文化包括文化和武化，文明和武明。

文化和武化，文明与武明的含义及相互关系如下。

（1）文化与武化

文化是指向融合、温和方向转化或变化，手段往往是说服的方式；武化是指向勇敢、强大方向转化或变化，手段往往是强制的方式。文化偏重于静止的、内在的、柔和的一面；武化偏重于运动的、外在的、阳刚的一面。大中华文化包括中华文化与文明和中华武化与武明。

（2）文化与文明

①联系

文化包括文明，文明是文化的一部分。即文明就是文化，文化是大概念，文明相对文化是小概念。即文化的范畴比文明广泛。

②区别

文化和文明的区别主要是价值上的判断，即文明是文化中光明的，善良的，美好的，正确的，进步的，有利于人类和世界、宇宙、万事、万物发展的那一部分文化。反之,就是不文明的文化。可见,文化中有文明的部分,同时也有不文明的部分,以及介于文明与不文明之间的部分。此外,文化偏外在的,属于阳性的。文明偏内在的,属于阴性的。

(3)武化与武明

武化是指向勇敢、强大方向转化或变化,手段往往是强制的方式。武明是武化中光明的,善良的,美好的,正确的,进步的,有利于人类和世界、宇宙、万事、万物发展的那一部分武化。

(4)文明与武明

文明是文化中的文明部分,武明是武化中的文明部分。两者都是大中华文化的组成部分。

二、中华传统文化特点

中华传统文化的特点是指与西方文化相比较而具有的特征。中华传统文化与西方文化比较的特征可以用"一个三句话"和"四个一句话"概括出来。

(一)用"一个三句话"概括

中华传统文化可以用"一个三句话"概括其特点:"源远流长""博大精深""光辉灿烂"。源远流长是指时间上的特点。中华文化有多长? 三千年? 五千年? 其实不止。据考古学家发现,人类的历史大概有三百万年之久。中国考古学家在云南元谋县上那蚌村附近发现的"元谋人"距今已有一百七十万年。其实,中华文化长度用佛家讲的"无始无终"这句话来形容更恰当。博大精深是指在内容、空间上的特点,博大是指广度、宽度,精深是指高度、深度。中华文化有多宽广? 有多精深? 用传统的一句话概括就是"小无内、大无外",用佛家的一句话形容就是"无穷无尽"。光辉灿烂是在性质和数量上的特点,中华文化在数量上可以说成果丰硕。在性质上,可以说是璀璨光明。数量和性质统一起来说,就是中华文化光辉灿烂。用佛家的话说中华传统文化的性质和数量,就是"无量无边"。

（二）用"四个一句话"概括

我们分别用"四个一句话"来概括中国传统文化的特点。

第一个一句话是："中国传统文化是早熟的文化"，这是著名的国学大师、中国现代新儒家的代表梁漱溟先生[①]的观点。梁漱溟说，西洋文化是从身体出发，慢慢发展到心的；中国却有些径直从心发出来，而影响了全局。前者是循序而进，后者便是早熟。

第二个一句话是："中华传统文化是对生命的终极关怀"的文化，这是北大哲学教授、著名的哲学家张岱年[②]的观点。张岱年指出，古今中外的终极关怀有三种类型：皈依造物主的终极关怀；返归本原的终极关怀；发扬人生之道的终极关怀。中国传统文化属于发扬人生之道的终极关怀，就是把道德看得比生命更高贵，更重要，追求"天人合一""内圣外王"乃至"为万世开太平"成为人生精神世界的真正依托。

第三个一句话是："中华传统文化是极高明而道中庸"的文化，这是我国著名哲学家、北大哲学系教授冯友兰[③]先生的观点。"极高明而道中庸"出自《中庸》的"君子尊德性而道问学，致广大而尽精微，极高明而道中庸"。就是说中华传统文化是最高明的文化，是体现中庸思想的文化。中庸不是折中主义，不是平衡思想，而是一种极高明的处世之道。中就是正，庸就是平时、时时刻刻，中庸就是永远保持正

---

① 梁漱溟(1893—1988)，蒙古族，原名焕鼎，字寿铭。中国著名的思想家、哲学家、教育家、社会活动家、国学大师、爱国民主人士，主要研究人生问题和社会问题，现代新儒家的早期代表人物之一，有"中国最后一位大儒家"之称。

② 张岱年(1909—2004)，曾用名宇同，别名季同，河北献县人。中国现代哲学家、哲学史家。毕业于北京师范大学，任教于清华大学哲学系，为清华大学教授。1952年后，任北京大学哲学系教授、清华大学思想文化所所长、中国社会科学院哲学研究所兼职研究员，1980年后任中国哲学史学会会长、名誉会长。

③ 冯友兰(1895—1990)，字芝生，河南省南阳市唐河县祁仪镇人。中国当代著名哲学家、教育家。1918年毕业于北京大学哲学系，1924年获美国哥伦比亚大学哲学博士学位。回国后，任清华大学教授、哲学系主任、文学院院长，西南联合大学教授、文学院院长。

确,时时刻刻都不偏不倚的一种智慧、公正的生活方式。所以,中庸的境界是极高的,儒家认为只有圣人才能做得到,而一般人很难做到。

第四个一句话是:中华传统文化是"穷理尽性以至于命"的文化，这句话引自《易经·易传》。穷理就是指穷尽人生宇宙万事万物的道理、事理、情理、法理、物理。尽性是指实证、修证、圆满自己内心的光明本性。"以至于命"的"命"是指人的天之大命——"天命"。什么是天命?天命就是指"天人合一""天人一体"。"天人合一""天人一体"是指人和天地宇宙万物是一体的、感应的、相通的,人命和天命是一个命,这个命就是生生不息、循环不已的人类和天地宇宙万物的生机和活力。

第二节 中华传统文化(大中华文化)的分类

一、文化的一般分类

文化从不同的角度有不同的分类:第一,从时间上分,文化可以分为传统文化和现代文化;第二,从地域方面分,文化可以分为东方文化、西方文化;第三,从国家方面分,文化可以分为中国文化、印度文化、希腊文化、罗马文化等;第四,从与物质的关系上分,文化分为物质文化和非物质文化;第五,从表现形式上或者从人是否能够用人的肉眼等感官观察或感受到来分,文化可以分为显性文化和隐性文化等等。

二、中华传统文化(大中华文化)的具体分类

大中华文化即中华传统文化的全部。大中华文化从具体内容上分,可以分为诸多种类。具体可以分为十二个方面:物质文化、技术文化、习俗文化、语言文化、文字文化、武文化(武化和武明)、医药文

化、制度文化、精神文化、思想文化、心灵文化、心性文化。

（一）物质文化

物质文化是指人类创造的种种物质文明，包括人们在生产中的发明、制造和使用及在生活中需要和使用的各种物品及财富。具体包括：在生产过程中需要、使用的物品（生产所需要的原材料、生产工具）和生活中（衣、食、住、行、玩）所需要和使用的物品（如：食品、建筑、交通工具、服饰、日常用品等等）等有形的物质财富。

物质文化是一种可见的显性文化。

（二）技术文化

技术文化是指人们在生产和生活过程中需要的各种技术、方法和诀窍。比如：各种生产技术和工艺、医药配方、美食烹饪方法等等。由于技术文化主要是通过人工的技艺和经验掌握、把握和运用，其中的分寸很难把握，完全靠师傅的经验和技巧发挥。所以，技术文化主要是一种不可见的隐文化；但其中的主要流程和验方也可以用语言、文字来表达，这方面又是显性的文化。

技术文化属于与物质有关的非物质文化。中国传统的技术文化称为狭义的"国术"文化。

（三）习俗文化

习俗（习惯）文化是特定的地区、国家或民族在长期发展演化过程中形成的普遍的社会习惯，如人们在生活方面的衣、食、住、行、玩的习惯。具体表现包括：风俗习惯、风土人情、生活情趣、性格特点、生活方式、行为规范等文化现象。

习俗文化一般是可见的显性文化，一般属于与物质有关的非物质文化。中国传统的习俗文化可以称为"国俗"文化。

（四）语言文化

语言文化是特定的地区、国家或民族在长期发展演化过程中逐渐形成、发展的人们之间进行语言交流和用口头信息传递的文化。如：汉语言文化、英语语言文化、日语语言文化、韩语语言文化等等。

语言文化属于显性文化,也属于非物质文化。中国传统的语言文化称为"国语"文化。

（五）文字文化

文字文化是特定的地区、国家或民族在长期发展演化过程中逐渐形成、发展的人们之间进行文字表达和文字信息传递的文化。如:汉字文化、梵文文化、楔形文字文化等等。

文字文化也属于显性文化,同时也属于非物质文化。中国文字（文学）文化称为"国文"文化。

（六）武（军事）文化（武化和武明）

武（军事）文化（武化和武明）是指特定的社会地区、国家或民族在长期发展演化过程中逐渐形成、发展的人们进行强身健体、抗击暴力、保卫自己和同族、国家、民族过程中形成的武力、军事、功夫文化,包括军事文化、功夫文化等。我国古代军事文化有孙子兵法等;功夫文化有中华武功、中华气功、中华禅功等。其中中华武功又包括:少林武功派、武当武功派、太极武功派等等。

中国传统的武文化称为"国武"文化。外国也有武文化,如韩国的跆拳道文化、日本的武士道文化等等。

（七）医药文化

医药文化是特定的地区、国家或民族在与自然、疾病、衰老、死亡、养生的长期抗争和调和过程中,逐渐形成、发展的医学文化和药学文化。如:古中华医药学、古印度医药学、现代西医药学等。

中国传统的医药文化称为"国医""国药"文化。

（八）制度文化

制度文化是指特定的社会、国家、地区的社会组织,经过长期演变发展形成的,人们普遍遵守的行为规范,包括:家庭制度、家族制度、民间组织制度、社会制度、政治制度、法律制度及伦理和道德规范等社会行为规范。

制度文化是半显、半隐的文化。制度文化可以用文字表现出来。

但是，制度背后的理念和抽象原则却往往是隐性的。制度文化也属于非物质文化。中国传统的制度文化称为"国制"文化。

(九)精神文化

精神(心理)文化是指特定的地区或国家的人们，经过长期发展演变形成的审美情趣、心理认同、道德情感、精神和人格境界、艺术情调等文化现象。

精神文化属于非物质文化。精神文化在很大方面属于不可见的隐性文化，它主要隐藏在人们的精神世界里面。但是，有一部分可以以"艺术"的形式表现出来(外化)，比如音乐、戏曲、书画等等。中国传统的精神文化中应用的部分称为"国艺"文化。

(十)思想文化

思想(学术)文化是指特定的地区或国家的人们，经过长期发展演变形成的思维方式、价值观念、伦理和道德观念、理论学说、知识体系、观念形态等文化现象。

思想文化属于非物质文化。思想文化很大方面也属于不可见的隐性文化，往往隐藏在人们的思想观念当中。但思想文化又可以通过语音、文字等方式表现和外化为"学术"。中国传统思想文化中的外化的应用部分称为"学术"文化。可见，所谓的现代科学或知识体系属于现代思想(学术)文化。而国学一般是指中国传统学术的简称，或者简单理解，国学就是指我国传统文化中的思想学术文化。现代科学知识体系与"国学"构成了我国的全部的思想学术文化，一个是现代部分、一个是传统部分。

以上技术文化、习俗文化、语言文化、文字文化、功夫文化、医药文化、制度文化、精神文化、思想文化中的应用部分可以统一称为广义的"国术"文化。

(十一)心灵文化

心灵文化是人类具有普遍意义的，心灵层次的文化和文明，包括宗教信仰、心灵寄托、安慰和皈依等文化现象。心灵文化属于非物质文化。

心灵文化是一种较为深邃、隐性的文化,一般人们很难发现和看清楚,但也可以通过一定的语音、行为和思想表达出来。中国传统的心灵文化称为"信仰"或"神灵"文化,如"谶纬""巫术"等文化。

(十二)心性文化

心性文化是指人类具有普遍和本质意义的,在心灵深层的,人的心性层次的文化和文明,包括心性修养、心性修炼、心性修行、心性修持等文化现象。

心性文化是非物质文化。心性文化是最深的隐性文化,人们更难看清楚和发现,但心性文化也可以通过一定的思想、语音和行为来表现出来。中国传统的心性文化称为"人性""本性"或"修道"文化。

能通达以上一种文化的人叫导师,能通达两种以上的人文化叫明师,能通达全部文化的人叫尊师或师尊。

第三节　世界文化文明与中华文化文明的历史使命

一、世界文化文明的发展

(一)世界文明的简单分类——七大文明

迄今为止,人类曾经出现过至少七大文化与文明。有古中华文化与文明、古印度文化与文明、古埃及文化与文明、古巴比伦文化与文明、古希伯来(犹太人和以色列人的古称)文化①与文明、古希腊文化与文明、古罗马文化与文明。以上七种文化类型,唯独古中华文化没有完全断裂,其他六种文化已经断裂了。其中,古印度文化、古埃

---

① 希伯来文化整体来说就是希伯来人(即犹太人)所创造的文化。古希伯来人创造了犹太教,犹太教后来发展为天主教、基督教和伊斯兰教,希伯来文化对中世纪甚至是现在的欧洲影响都很大。

及文化、古巴比伦文化已经完全断裂。古希伯来文化中只有后来的基督教文化在西方以宗教的形式得以保留和传播。古希腊文化被古罗马文化破坏性地继承，而古罗马文化自身也在基督教文化的冲击下而断裂。古希腊文化和古罗马文化进入中世纪后期，随着文艺复兴的出现，其中的哲学、艺术、法治、民主、政体等思想以现代西方资本主义的民主、法治、科学、政体等形式得以部分地保存和传播。

古中华文化虽然没有完全断裂，但是，自从 20 世纪初，随着新文化运动和五四运动将我国古代文化当作封建糟粕予以排斥和反对，已经出现了严重的断层。可喜的是，进入 20 世纪末，我国和世界一些国家和地区，出现了国学热的良好局面。

(二)世界文明的详细划分

美国加利福尼亚大学历史学教授斯塔夫里阿诺斯[①]是享誉世界的历史学家，他在 20 世纪末出版专著《全球通史》，该书分为《1500 年以前的世界》和《1500 年以后的世界》两册。作者采用全新的史学观点和方法，将整个世界看作一个不可分割的有机的统一体，从全球的角度而不是某一国家或某一地区的角度来考察世界各地区人类文明的产生和发展，把研究的重点放在对人类历史事件和它们之间的相互关联和相互影响上，努力反映局部与整体的对抗以及它们之间的相互作用。

斯塔夫里阿诺斯将世界人类历史划分为三个阶段：一是古代文明(公元前 3500 年—公元前 1000 年)，二是古典文明(公元前 1000 年—公元 500 年)，三是现代文明(公元 500 年—20 世纪末)。

1.古代文明(公元前 3500 年—公元前 1000 年)

古代文明产生于公元前 3500 年—公元前 1000 年，古代文明是从

---

① 　L. S. 斯塔夫里阿诺斯(Leften Stavros Stavrianos)(1913—2004)，美国当代著名历史学家。1913 年生于加拿大温哥华。曾任美国加利福尼亚大学的历史教授、西北大学的荣誉教授和行为科学高级研究中心的研究员。斯塔夫里阿诺斯博士曾因杰出的学术成就而荣获古根海姆奖、福特天赋奖和洛克菲勒基金奖。2004 年 3 月 23 日在美国加州荷亚去世。

原始社会直接产生的,又称为第一代文明,以国家的产生为标志。国家的产生以城市的产生为标志。古代文明(第一代文明)包括:古埃及文明、美索不达米亚文明、哈拉巴文明、克里特文明、奥尔梅克文明、夏文明(中华文明)。

(1)古埃及文明

古埃及文明是指在尼罗河第一瀑布至三角洲地区,从公元前5000年的塔萨文化到公元641年阿拉伯人征服埃及的历史。

专家们实际探讨古埃及文化的时间范围,是公元前4245年埃及南、北王国的首次联合,到公元前30年,罗马帝国屋大维攻占埃及,克利奥帕特拉七世自杀,托勒密王朝覆灭,埃及并入罗马帝国。亦即通常所说的历史三千多年的法老王朝。

(2)美索不达米亚文明

美索不达米亚文明,美索不达米亚在希腊语里的意思是两河(底格里斯河和幼发拉底河)流域,又称两河文明,指在两河流域间的新月沃土所发展出来的文明,是西亚最早的文明。主要由苏美尔、阿卡德、巴比伦、犹太、亚述等文明组成。

两河流域文明最早的创造者是公元前4000年左右来自东部山区的苏美尔人。他们会制陶,发明了文字,根据考古资料,当时处在原始社会解体阶段。公元前3000年,苏美尔人建立了城邦。在公元前24世纪被阿卡德王国所灭。

苏美尔人发明了一种象形文字,后来这种文字发展为楔形文字。

(3)哈拉巴文明

公元前3000年—前1750年,是印度河流域文明。哈拉巴文化是在印度河流域发展起来的。印度河冲积平原上土地肥沃,适于农业。印度河全长3200公里,夏季河水水量非常充足,因此这一带物产丰富、交通发达,为哈拉巴文化的产生发展提供了有利的条件。

印度河流域文明发生晚于尼罗河流域文明和两河流域文明,但早于黄河流域文明,距今3300—1700年。考古工作证实,在印度河流域的摩亨佐达罗和哈拉帕,人口都在4万以上。两个城市的中心都有一个人工堆成的土墩,用作卫城。在这个土墩上建有大谷仓,对其居民来说,这就好比是现在的中央银行。此外,考古工作者在该地区发现了古代城市的遗址,以及大量石器、青铜器和农作物的遗迹,同时出土大量印章,但印章上文字至今无人能够解读,甚至不能确定其究竟是文字还是图像符号。

印度河文明衰落的起因和详情尚不清楚。迄今为止,普遍认为其主要由于雅利安人入侵才衰落;不过,最近有人提出,这一文明也许实际上是为泥浆所淹没的。按照这种说法,地下的火山活动使大量的泥浆、淤泥和沙子涌出地面,堵塞河道,形成一个很大的湖泊,把摩亨佐达罗全给淹了。几十年后,堵塞河道的堤坝渐渐磨损,河水流过堤坝,大河又恢复原来的水道,不过,摩亨佐达罗的城市已遭毁灭。从摩亨佐达罗一层又一层的淤泥判断,这一灾难至少发生过五次。最后,给印度河文明的中心带来了无可挽救的损害,使北部的边沿地区十分虚弱,不能抵抗雅利安人的侵略;使南部的边沿地区过于衰弱,不能抵挡本土文化的同化。

(4)克里特文明

克里特文明,也译作米诺斯文明,是在古希腊爱琴海地区出现的古代文明,属于迈锡尼文明之前的青铜时代,约公元前 3000 年—前 1450 年。该文明的发展主要集中在克里特岛。"米诺斯"这个名字源于古希腊神话中的克里特国王米诺斯。

克里特的古代传说很早就传入希腊,而且构成了希腊神话的基础,这些传说几乎都是围绕国王米诺斯的。米诺斯是宙斯和欧罗巴的儿子。

(5)奥尔梅克文明

奥尔梅克文明是已知的最古老的美洲文明。它存在和繁盛于公元前 1200 年到公元前 400 年的中美洲(现在的墨西哥中南部)。

奥尔梅克文明持续到公元前 400 年,莫名其妙地消亡了。奥尔梅克文明的主要特征包括:巨石建筑——金字塔,巨石雕像,小雕像,大型宫殿,尚未破译的文字体系等。

（6）夏文明（华夏文明或中华文明，见第二篇）

值得一提的是，古埃及文明、美索不达米亚文明、哈拉巴文明、克里特文明、奥尔梅克文明这五种文明在历史发展的长河中已经湮灭，唯独夏文明（华夏文明或中华文明）延续至今。也就是说，在第一代文明之中，只有中华文明（华夏文明）没有湮灭并一直发展至今，这是我们每个中国人最值得骄傲的地方！

2.古典文明

古典文明是从古代文明（第一代文明）产生出来的文明，公元前1000年—公元500年，又称为第二代文明。古典文明（第二代文明）包括：

（1）印度文明

（2）玛雅文明

（3）希腊文明

（4）波斯文明

（5）罗马文明

（6）拜占庭文明

（7）阿拉伯文明

（8）日本文明

（9）俄罗斯文明

3.现代文明（略）

二、中华文化的历史转型

中华文化在长期的发展过程中，通过不断地发展转型，以适应新时代和新形势的需要。关于中国文化的发展转型问题，有两个问题需要回答：一是为什么要发展转型？二是如何发展转型？

（一）为什么要发展转型

国家发展和社会进步以及人类思想的解放都需要满足背后的文化发展变化以适应新形势新问题的需要。俗话说："流水不腐，户枢不蠹"，不改革创新，思想就会僵化、保守，甚至落后和腐朽，社会就会停滞不前甚至倒退,国家就会落后、腐败,甚至挨打、民族就会衰落,甚至被消灭。所以,要想解放思想,国家发展和社会进步,文化就必须随着时代的发展而发展,随着社会的进步而进步。文化要发展就必须改革创新,《易经》告诉我们的道理,就是要不断地发展变化,只有发展变化,国家才能发展,社会才能进步。《周易·系辞》下:"易,穷则变,变则通,通则久。"《诗经·大雅·文王》:"周虽旧邦,其命维新。"

(二)如何发展转型

中国文化经历了无数次的发展转型,有的转型成功,但有的转型不理想或没有成功。中国文化的发展转型必然影响和带动国家和社会的发展转型。中国国家和社会的发展转型也经历无数次的变化,其中有成功的,也有不太成功的,甚至是失败的。

1. 中国文化的发展转型

(1)中国文化发展转型的特点

中国文化转型发展至少有五个方面的特点:继承性、创新性、开放性、包容性、先进性。

中华文化的发展必须在继承的基础上进行,也就是说,文化必须要扎根于传统,这个根要深,而且越深越好。因为,文化之根就是文化之灵魂、文化之根本。

文化在继承的基础上要不断地发展创新,才能具有永久的生命力。文化不创新,抱残守缺,孤芳自赏,甚至目空一切,都会使得文化走进死胡同。

文化在继承创新的基础上,必须要开放自己,敞开胸怀来面对世界上一切先进的文化,而不能自我封闭。

文化在开放的基础上,要包容所有的外来文化。开放的主要目的是包容,没有包容,开放就没有意义。只有包容了一切外来文化,文化才能真正地发展创新。

先进性是指文化的感召力、文化解决现实问题的有效性以及对世界文化发展的指引力和领导力。中华文化之所以能够开放和包容,是因为其具有先进性,同时,开放和包容以后,中华文化经过改革和创新使得自己的文化更加具有先进性。

（2）中华文化发展转型的总趋势

中华文化发展转型的总趋势是实现中华文化的全球化。中华文化要走向世界，要包容世界、引领世界实现大同世界。孔子在两千多年前就提出了建立天下大同的思想，后人总结为"张三世说"。"张三世说"是孔子在《春秋·经》中的微言大义。孔子的天下大同思想，分三步走，即公羊三世说：据乱世、升平世、太平世。据乱世是指原始的、混乱的人类社会状态，升平世是介于据乱世和太平世之间阶段人类社会的生存状态，太平世是指人类理想的、天下大同的社会状态。

习近平总书记在党的十九大报告中指出："建设持久和平、普遍安全、共同繁荣、开放包容、清洁美丽的世界。"这是中华文化的美好愿景，是中华文化的使命所在，魅力所在。

（3）中华文化发展转型阶段

从音声到语言的转型（一万年以前）；从语言到文化符号的转型（结绳记事、阴阳八卦、法天思想，七千年以前）；从文化符号到文字的转型（象形文字、象形思维、天人合一，五千年以前）；从文字到经典文献的转型（德治文化、礼乐文化、从黄帝到周公，三千年前）；从经典文献到对文献典籍注释的转型（礼法结合、儒法结合延续三千多年，从周公到孔子再到董仲舒，从董仲舒到王阳明，佛学佛教中国化，儒释道三家三教的融合贯通，截至 1840 年）；从中学到西学的转型（1840 年以后中国传统文化逐步被西方文化取代，至 1921 年）；从完全学习西方文化到西学中化、中西融合的转型（从 1921 年中国共产党成立开始到 21 世纪初，马克思主义的中国化）；从 21 世纪初到构建"新大中华文化"基本完成（实现中华文化的全球化，完成中华文化的历史使命）。

2. 中国国家（社会）的发展转型

（1）中国国家发展转型的特点

中国国家（社会）发展转型的特点至少包括：开放性、包容性、扩展性、平等性、共享性。

中国国家（社会）发展转型的总趋势是实现国家的现代化、世界的先进化和引领世界的认同化。

(2)中国国家发展转型的阶段

从零散氏族部落向联系密切氏族部落转型（从伏羲氏到神农氏时期）；从联系密切氏族部落到松散部落联盟转型（从神农氏到黄帝时期）；从松散部落联盟到紧密型的部落联盟转型（国家产生，从黄帝到夏禹时期）；从紧密型部落联盟到天子分封诸侯制的国家转型（从夏朝到西周时期）；从天子分封诸侯制到大一统中央集权制国家转型（从西周到秦汉时期）；从大一统中央集权到转型（秦汉到 1812 年），包括几次小的转型：魏晋南北朝至隋唐、宋、元、明、清——不完善的转型；从共和制国家到中国特色民主集中制国家（从 1812 年到 1949年）；从中国特色的民主集中制国家到跨地区、国际化的新型国家转型（从 1949 年中华人民共和国成立及 1978 年以后改革开放，到走向世界、引领世界的国家转型）。

第二章　国学概述

第一节　什么是国学

一、"国学"一词的来源

（一）最早见于西周的教育

"国学"一词最早出现在西周时期，是西周教育机构的名称。西周的学校教育，可分为"国学"和"乡学"。"国学"是西周天子和诸侯国国君在都城办的学校，"乡学"是周天子和诸侯国国君在乡下（郊区）办的学校。"国学"是培养大贵族子弟的学校。"乡学"是培养普通贵族子弟或优秀的平民子弟的学校。

"国学"又分为"大学"和"小学"，学习六艺。六艺有小六艺、大六艺（六经）之分。西周的小学，学习小六艺，大学学习大六艺。小六艺是礼、乐、射、御、书、数。大六艺（六经）是《易》《书》《诗》《礼》《乐》《春秋》六经。小学为所有贵族子弟的必修技能，大学则是做官前的为人做事之道。《公羊传》宣公十五年注云："诸侯岁贡小学之秀者于天子，学于大学。""古者年八岁而出就外舍，学小艺焉，履小节焉；束发而就大学，学大艺焉，履大节焉。"束发，一般是指 15 岁。

孔子说"吾十有五而志于学"是指大学之始。章太炎《国学讲演录》："六经者,大艺也;礼、乐、射、御、书、数者,小艺也。语似分歧,实无二致。古人先识文字,后究大学之道。"《周礼·保氏》："养国子以道。乃教之六艺:一曰五礼,二曰六乐,三曰五射,四曰五驭,五曰六书,六曰九数。"这是指小六艺。《汉书》："古者八岁入小学,故周官保氏掌管国子,教之六书,谓象形、象事、象意、象声、转注、假借,造字之本也。"既然六书是小学课程,其他并列的五礼、六乐、五射、五驭、九数当然也是小学课程。《礼记·内则》："六年教之数与方名。七年男女不同席,不共食。八年出入门户及即席饮食,必后长者,始教之让。九年教之数日。十年出就外傅,居宿于外,学书计,衣不帛襦裤,礼帅初,朝夕学幼仪,请肄简谅。十有三年学乐,诵《诗》,舞《勺》,成童舞《象》,学射御。二十而冠,始学礼,可以衣裘帛,舞《大夏》,惇行孝悌,博学不教,内而不出。三十而有室,始理男事,博学无方,孙友视志。四十始仕,方物出谋发虑,道合则服从,不可则去。五十命为大夫,服官政。七十致事。"

(二)西周的行政区划

为什么西周把天子和诸侯国君在都城办的学校称为"国学"呢?因为这与西周时期的行政区划有关。当时,西周天子直接统治的地区称为"王畿","王畿"地区分为"国""乡""遂"。"国"即王城,又称"国中",王城以外百里之内称为"乡",属于近郊。王城百里以外称为"遂",也可称"郊",属于远郊。周天子王城近郊的乡,设家、比、闾、族、党、州六等。五家为比,五比为闾,四闾为族,五族为党,五党为州,五州为乡。据《礼记·学记》记载,西周的乡学是:"家有塾,党有庠,(遂)有序。"《周礼》又说:"乡有庠,州有序,党有校,闾有塾。"远郊为野,设家、邻、里、酂、鄙、县六等。五家为邻,五邻为里,四里为酂,五酂为鄙,五鄙为县,五县为遂。六遂一般不设学校。居住在"国中"的人叫"国人",国人一般都是王宫贵族,如:王太子,公卿太子、大夫的嫡子等。他们有权利上"国学"学习。居住在六乡的为平民,他们多为士或庶人,他们的子弟有进入乡学受教育的权利。居住在六遂的叫作野人,一般没有受教育的机会。

二、"国学"概念的形成

我国现代意义"国学"概念的形成在 1898 年戊戌变法前后，当时，国学概念已为一部分人接受和采用。1900 年以后，"国学"一词被广泛传播。我国有学者认为"国学"概念是从日本引进来的，但是也有很多学者认为"国学"概念是中国人自己首先使用的。

（一）认为"国学"概念是从日本引进的

1. 日本国学的起源

在日本，国学概念确实产生较早。日本这个国家曾经有很长一段时间学习中华文化。公元 10 世纪的时候，日本一些人为了与中华文化抗衡，开始致力于建设属于自己的"国风文化"。当时日本的"国风文化"重点研究古代日本的文学与神道，以强调日本本土传统特点自诩，以排斥中国儒家与佛教影响。

16 世纪，西方文化开始传入日本，于是，"兰学"兴起。18—19世纪，日本为了掌握西方科学技术，曾经努力学习荷兰语文，当时他们把西方科学技术统称为"兰学"。"兰学"进入日本以后，既冲击了中华文化，也冲击了日本本土文化——国学。日本"国学"一词与"汉学""兰学"对应，自此，中华文化、日本文化和西方文化在日本进行了长达 300 多年的碰撞。直到 19 世纪中叶，发生了革命性的变化。

2. 日本国学的产生

打破日本"国学"与"汉学""兰学"长期平衡对峙局面的是一个事件。1853 年日本对美国开放海港。美国海军舰队进入江户湾（今东京湾）岸的浦贺，要求与德川幕府谈判，史称"黑船事件"（亦称"黑船开国"）。1854 年，日本与美国签订了神奈川《日美亲善条约》，又名《神奈川条约》，同意向美国开放除长崎外的下田和箱馆（函馆）两个港口，并给予美国最惠国待遇等。"黑船事件"导致了大规模的倒幕运动，并为后来的明治维新打下了基础，最终促成了 1868 年的"明治维新"，日本从此走上了资本主义道路。从那以后，日本正式结束了"锁国时代"，开始了走向世界的历程。在这个过程中，中华文化在国家体制中全都被抛弃了。这在日本的历史上就叫作"脱亚"。

与此同时，日本本土文化也面临着崩溃。兰学则发展得如火如荼。在这种情况下，日本一批守旧分子开始站出来，力图保护日本"国风文化"以来的成果。于是，1882年，在日本东京的千代田，出现了日本历史上第一家私人创办的"皇典讲究所"，专门教习日本皇家典籍。1890年，这个"讲究所"开始设立"国学系"，讲习内容扩大到日本神道教、日本古代文学。以后，这个"国学系"逐步繁荣成了"国学院"。1906年，日本成立了第一所"国学大学"。1920年，所有这一类的"国学大学"都得到了日本政府文部省的承认。随之，它的教习内容也在不断更新。除科学之外，产生于日本本土的旧文化和新文化，都在教习之列。

3.清朝政府派遣留学生留学日本

1895年甲午战争结束后到辛亥革命前的十余年时间，出于各自的现实需要，中日双方采取了合作的姿态。在这个背景下出现了中国近代留学日本的热潮。1895年，山东道监察御史杨深秀①上奏清政府：日本明治维新功在留学生，奏请派人赴日学习。清朝政府采纳了他的建议，于1896年派遣13名年轻人前往日本留学，揭开了中国人留学日本的序幕。此后几年内，中国留日的学生剧增，据推算，当时留学日本的人数在2万以上，著名的有于右任、汪精卫、蒋介石、何应钦、曹汝霖、蔡锷、鲁迅、陈独秀、吴玉章、钱玄同、周作人、王国维、李四光、李叔同、秋瑾、胡汉民、阎锡山，等等。国学概念可能由这些留学日本的中国人带回中国。

――――――――――

① 杨深秀(1849—1898)，号眷眷子，字漪村或仪村，山西闻喜人。清末维新变法人士。1889年(光绪十五年)中进士，授刑部主事，累迁郎中，后授山东道监察御史。戊戌政变中，不避艰危，援引古义，请慈禧撤帘归政，遂遇害，为"戊戌六君子"之一。

（二）认为"国学"概念是中国人自己首先使用的

1.张之洞[①]、魏源[②]等人提出的"中学"的概念

在1911年,由于西方文化的引入,西学之风正盛行。张之洞、魏源等人为了与西学相对,提出"中学"这一概念,张之洞在1898年4月撰写的《劝学篇》中提出"中学为体,西学为用"的观点。魏源在1847年著述的《海国图志》中也提出类似的观点。他们一致强调要学习西方文明,同时又要重视恢复中华传统文化的精华。中华传统文化是根本,西方文化是应用。

2.胡适[③]的观点

胡适认为"中国的一切过去的文化历史,都是我们的'国故';研究这一切过去的历史文化的学问,就是'国故学',省称为'国学'"。胡适在1919年7月就提出"多研究些问题,少谈些主义"。同年12月,他又在《新青年》第七卷第一号《"新思潮"的意义》一文中提出"研究问题、输入学理、整理国故、再造文明"的口号。1923年在北京大学《国学季刊》的《发刊宣言》中,他更系统地宣传"整理国故"的主张。由于胡适当年在学术界的地位显赫,因此他的观点影响范围最广。现代一般人对"国学"的理解,大多沿革于胡适。

3.梁启超[④]第一个明确提出的"国学"的概念

大多数学者都认为梁启超是近代国学概念的提出者。1901年,流亡日本的梁启超撰写《中国史序论》,第一次在公开媒体使用"国粹"一词,"中国民族固守国粹之性质,欲强使改用耶稣纪年,终属空

---

① 张之洞(1837—1909),字孝达,号香涛、香岩,又号壹公、无竞居士,晚自号抱冰,人称张香帅,河北南皮人,清朝洋务派代表人物之一。

② 魏源(1794—1857),名远达,字默深,湖南邵阳人,著名学者,中国近代启蒙思想家。

③ 胡适(1891—1962),汉族,安徽绩溪人。中国现代著名学者、诗人、历史家、文学家、哲学家。因提倡文学革命而成为新文化运动的领袖之一。

④ 梁启超(1873—1929),字卓如,一字任甫,号任公,又号饮冰室主人、饮冰子、哀时客、中国之新民、自由斋主人。清朝光绪年间举人,中国近代思想家、政治家、教育家、史学家、文学家。戊戌变法(百日维新)领袖之一。

言耳"。1902年,梁启超又致函黄遵宪①谋创《国学报》,黄遵宪则复函建议撰写《国学史》,称"不宜过度提倡国学,应开大门户、迎纳西学,国粹主义应该缓行,待中西融合之后,再倡国学之复兴"。数月后,梁启超《论中国学术思想变迁之大势》发表,该书结尾数次提到"国学","近顷悲观者流,见新学小生之吐弃国学,惧国学之从此而消灭。吾不此之惧也。但使外学之输入者果昌,则其间接之影响,必使吾国学别添活气,吾敢断言也"。中央党校党史教研部卢毅教授认为,梁启超是国人中最早将"国学"一词用于中国者。中国艺术研究院研究员、中国文化研究所所长刘梦溪认为,"尽管我不能断定,任公先生1902年关于《国学报》的构想,是否就是晚清之时的'国学'一词的最早出现,但在时间上是非常早的"。

大多数学者都认为梁启超是近代"国学"概念的提出者,由于任公特殊的政治和学术身份的影响,他对时代变迁把握和保种存学的大声疾呼,使得他所倡导的国学概念迅速流传,所以,梁启超最先提出"国学"概念一说影响甚巨。

三、"国学"的概念(什么是国学?)

现代意义的"国学"概念具有较多方面的含义,有普遍意义的含义,有狭义的含义,也有广义的含义。

(一)普遍意义的"国学"概念

普遍意义上的"国学",是指一国所固有之学术。国学一般是指一个国家或地区经过长期发展而形成的,具有自己历史文化与学术传统的所有学术、学问的总称。各个国家或民族都有可能形成自己的国学。中国有中国的国学,日本有日本的国学,印度有印度的国学,埃及有埃及的国学,希腊有希腊的国学,等等。

---

① 黄遵宪(1848—1905),字公度,晚清爱国诗人,杰出的外交家、政治家、教育家。

（二）狭义上的"国学"概念

狭义上的"国学"，是相对于西学而言，我国传统文化、文明中的学术文化，即"国学"是中国传统文化中的学术或理论。

（三）广义的"国学"概念

广义上的"国学"，是指我国传统文化的全部，不仅包括我国的传统学术、学问、理论，还包括我国传统文化中的物质、技术、语言、文字、武功（军事）、制度、思想等方面的文化全部内容，即所谓的"大国学"概念。国学大师季羡林[1]便持这种观点。严格地说，这个定义是不够严格，也不严谨的，是将"国学"与文化等同，是对"国学"概念的随意扩大理解。

一般来说，我们说的国学，是指狭义上的"国学"，即中国传统学术、学问。但有时也指大国学，以中国传统文化总称来使用。

（四）"国学"概念存在的问题

因为，"国学"概念含有国界、主权、政府、政治的意思，所以，国学显得狭隘了，因为人类文化很多都是共性的东西，其中的精华是人类人性和心灵共有的东西。所以，她是超越民族、种族和国家的。正因为中华文化有这样的胸怀和视野，中华文化才具有无限的生命力，中华文化才薪火相传代代不绝，中华民族才是有五十六个民族的大家庭。中华文明的历史就是不断包容、不断融合周边各少数民族共同发展的历史。正像我国著名的语言学家周有光[2]先生提倡的，中国的文化应该有世界眼光，因此，最好不在

---

[1]　季羡林（1911—2009），山东省聊城市临清人，字希逋，又字齐奘。国际著名东方学大师、语言学家、文学家、国学家、佛学家、史学家、教育家和社会活动家。历任中国科学院哲学社会科学部委员、聊城大学名誉校长、北京大学副校长、中国社会科学院南亚研究所所长，是北京大学的终身教授。

[2]　周有光（1906—2017），我国著名语言学家。江苏常州人。在中国文字改革委员会专职从事语言文字研究。周有光的语言文字研究，领域十分宽广，研究的中心是中国语文现代化。周先生是汉语拼音方案的主要制订者，并主持制订了《汉语拼音正词法基本规则》。85岁以后开始研究文化学问题。

广义上使用国学的概念。在广义上,用传统文化或华夏文化要比用国学概念更好。

四、传统文化与国学的关系

因为国学是关于传统文化方面的学问和理论,但是国学与传统文化有所不同,国学与传统文化毕竟是两个不同概念,它们既有联系又有区别。在实践中人们很难厘清二者的关系,极容易混淆。为此,下面我们要详细分析国学与传统文化的关系。

根据前面的分析,国学与传统文化的关系应该表现在以下几个方面:一是普遍意义的国学概念与传统文化的关系方面,国学就是指某一个国家的传统文化、传统学术;二是狭义上的国学概念与传统文化关系方面,国学就是我国传统文化中的学术、理论部分;三是广义上的国学概念与传统文化关系方面,国学就是指我国传统文化的全部。由于从"国学"概念存在的弊端和文化的包容性方面考虑,我们在使用、理解"国学"概念的时候,应该限定在狭义的分析比较好。

第二节　国学研究领域、内容及其分类

一、国学研究领域

国学研究领域涉及中国古代的哲学、历史、地理、政治、经济、科学技术,旁及书画、音乐、术数、医学、星相、建筑等诸多方面。

二、国学研究内容

国学研究内容,包括以先秦经典及诸子学说为根基,涵盖了两汉经学、魏晋玄学、宋明理学、历代史学和各时期各类体裁的文学(汉赋、六朝①骈文、唐诗宋词、元曲与明清小说)等一套特有而完整的文化、学术体系。

三、国学的分类

(一)七分法

中华文化源远流长,历代产生的典籍难以计数,据不完全统计,留存至今的尚有8万余种之多。我国对古籍的分类整理很早就开始了,第一次大规模的古籍整理,始于公元前26年西汉成帝时,由刘向②、刘歆③父子先后主持,内容包括搜辑、校勘、分类、编目等,最终编成了中国最早的国家图书馆目录《七略》。《七略》将当时搜集整理的典籍分为六艺、诸子、兵书、数术、方技、诗赋六大类,加上概论性质的辑略,总题《七略》。该书早已亡佚,但它的基本内容都被保存在班固④的《汉书·艺文志》中,因此,《汉书·艺文志》成为今存最早的古籍分类目录。

---

① 六朝(222—589),一般是指中国历史上三国至隋朝的南方的六个王朝。即孙吴(或称东吴、三国吴)、东晋、南朝宋(或称刘宋)、南朝齐(或称萧齐)、南朝梁、南朝陈这六个朝代。六朝京师(都城)皆为现今江苏省的省会南京市(孙吴时期名为建业,西晋司马邺称帝后为避讳,改名建康)。

② 刘向(约前77—前6年),原名更生,字子政,西汉楚国彭城(今江苏徐州)人。刘向是西汉经学家、目录学家、文学家,其散文主要是秦疏和校雠古书的"叙录",较有名的有《谏营昌陵疏》和《战国策叙录》,叙事简约、理论畅达、舒缓平易是其主要特色。

③ 刘歆(约前50—23年),字子骏,刘向少子,沛(今江苏沛县)人。汉哀帝时因避讳而改名秀,字颖叔,西汉著名经学家、目录学家、文学家。古文经学的真正开创者。

④ 班固(32—92),字孟坚,扶风安陵(今陕西咸阳东北)人,东汉著名史学家、文学家。班固一生著述颇丰。作为史学家,《汉书》是继《史记》之后中国古代又一部重要史书,"前四史"之一;作为辞赋家,班固是"汉赋四大家"之一,《两都赋》开创了京都赋的范例,列入《文选》第一篇;同时,班固还是经学理论家,他编辑撰成的《白虎通义》,集当时经学之大成,使谶纬神学理论化、法典化。

(二)四分法

汉代以后,各种官修,私撰的古籍分类目录不断涌现,分类方法也不断有所改进。西晋荀勖[①]的《晋中经簿》将六略改为四部,即甲部录经书(相当于六艺),乙部录子书(包括诸子、兵书、数术、方技),丙部录史书,丁部为诗赋等,这奠定了四部分类的基础。东晋李充[②]所编《晋元帝书目》根据当时古籍的实际情况,将史书改入乙部,子书改入丙部,这样,经、史、子、集四部分类已初具雏形。四部体制的最终确立,体现在《隋书·经籍志》中,这部实际上由唐初名臣魏征[③]所编的目录,正式标注经、史、子、集四部的名称,并进一步细分为 40 个类目。从此,四部分类法为大多数史志、书目所沿用。

四分法能较好地解决繁复的古籍分类问题,因而得到了普遍的认同。当然,四部之下的各种类目,历代都有所变动,清代编纂的《四库全书总目》分为四部 44 类,有较大的权威性。

经、史、子、集四部分类法,是中国传统文化的产物,适用于传统文化。今天,它仍是我们熟悉古籍,进而了解传统文化的一把钥匙。五四以来,我国借鉴西方的图书分类法,按现代学科体系进行图书分类。目前,我国各类图书馆普遍采用的是 20 世纪 90 年代修订的中国图书馆图书分类法(简称"中图法"),但是,由于不少古籍很难纳入中图法的分类体系当中,因此一般古籍图书馆(库)的庋藏和检索,仍袭用传统的四部分类法。

1. 经部

什么是"经"？经原本指古代织布上的纵线,引申为经久不衰、恒

---

① 荀勖(? —289),字公曾,颍川颍阴(今河南许昌市)人。东汉司空荀爽曾孙。西晋的开国功臣,三国至西晋时音律学家、文学家、藏书家。

② 李充是东晋著名的文学家、文论家、目录学家,约生于西晋末年,卒年上限不早于公元 349 年,下限大约在 362—365 年。

③ 魏征(580—643),字玄成,钜鹿郡(一说在今河北省巨鹿县,一说在今河北省馆陶县,也有说在河北晋州)人,唐朝政治家、思想家、文学家和史学家,因直言进谏,辅佐唐太宗共同创建"贞观之治"的大业,被后人称为"一代名相"。

常不变的道理、真理、原理。经典是指反映恒常不变的道理、真理、原理的古代典籍和文献。

经部是指我国古代图书分类（经史子集）四部分中的第一部分。经部收录儒家的经典及小学（文字音韵的训诂）方面的书。经部分为"易类""书类""诗类""礼类""春秋类""孝经类""群经总义类"。经部是中国古代学术的主体，仅《四库全书》经部就收录了经学著作 1773 部，20427 卷。经部中蕴藏了丰富而深刻的思想，保存了大量珍贵的史料，是儒家学说的核心组成部分。

随着历史的发展，经部的内容在不断变化。先秦时期的六经（六艺），即《易经》《诗经》《书经》《礼经》《春秋经》《乐经》。后来《乐经》[1]失传了，到了汉代只剩五经，即《易经》《诗经》《书经》《礼经》《春秋经》。官方颇为重视五经，立于学官。至汉武帝独尊儒术，将儒家思想作为官方意识形态，罢黜百家后，不仅将五经列为官学，还设五经博士。到了隋唐时期出现了九经，将《三礼》（《周礼》《仪礼》《礼记》）、《三传》（《左传》《公羊传》[2]《谷梁传》[3]），连同《易经》《书经》《诗经》，合称为"九经"。"九经"也立于官学，并用以取士。唐文宗开成年间于国子学刻石，所镌内容除"九经"外，又益以《论语》《尔雅》《孝经》。唐代《孝经》[4]被尊为经书，南宋以后《孝经》被列为《十三经》之一。五代时蜀主孟昶刻"十一经"，排除《孝经》《尔雅》，收入《孟子》，《孟子》首次跻入诸经之列。到了南宋时期，朱熹以《礼记》中的《大学》《中庸》与《论语》《孟子》并列，形成了今天人们所熟知的《四书》，并为官方所认可，《孟子》正式成为"经"。至此，儒家的十三部文献确立了它的经典地位。

---

① 先秦有《乐经》存世。此说不仅见于传世文献《庄子·天下》篇，在郭店竹简《六德》说："观诸《诗》《书》则亦载矣，观诸《礼》《乐》则亦载矣，观诸《易》《春秋》则亦载矣。"简中另一篇《语丛（一）》也有"六经"并称之语。

② 相传其作者为子夏的弟子，战国时齐人公羊高。起初只是口说流传，西汉景帝时，传至玄孙公羊寿，由公羊寿与胡母生（子都）一起将《春秋公羊传》著于竹帛。

③ 《谷梁传》作者谷梁俶，是孔子的弟子子夏。在战国时一直是口耳相传的。《谷梁传》与《左氏传》《公羊传》一样，都是为解释《春秋》而作的。

④ 《孝经》是中国古代儒家的伦理学著作。传说是孔子自作。

十三经包括:《易经》《书经》《诗经》《周礼》《仪礼》《礼记》《春秋左传》《春秋公羊传》《春秋谷梁传》《论语》《孝经》《尔雅》①《孟子》。

　　经部除了包括儒家经典之外,还有经学史及小学类。什么是经学？经学原本是泛指各家学说要义的学问,但在中国汉代独尊儒术后特指研究儒家经典,是一种解释其字面意义、阐明其蕴含义理的学问。而经学史是有关经学的历史。小学类分训诂、字书、韵书。西汉时称"文字学"为"小学",唐宋以后又称"小学"为"字学"。

　　2. 史部

　　史部是我国古代图书四部分类法(经史子集)中的第二大类。专列各种体裁历史著作,也称"乙部"。《隋志》中的分类方法如下:正史、古史、杂史、霸史、起居注、旧事、职官、仪注、刑法、杂传、地理、谱系、簿录;《四库全书》史部之下又分正史、编年、纪事本末、别史、杂史、诏令奏议、传记、史钞、载记、时令、地理、官职、政书、目录、史评等十五类。

　　按照上述分类可以简化成两大类,即正史类和非正史类。

　　(1)正史类

　　所谓"正史",通常是指古代经官方认定而具有国史性质的纪传体史书。正史指二十四史。二十四史是中国古代各朝撰写的二十四部史书的总称。它起于传说中的黄帝(前 2550 年),止于明朝崇祯十七年(1644 年),计 3213 卷,约 4000 万字,用统一的本纪、列传的纪传体编写。

　　二十四史包括:《史记》(汉·司马迁)、《汉书》(汉·班固)、《后汉书》(南朝宋·范晔)、《三国志》(晋·陈寿)、《晋书》(唐·房玄龄等)、《宋书》(南朝梁·沈约)、《南齐书》(南朝梁·萧子显)、《梁书》(唐·姚思廉)、《陈书》(唐·姚思廉)、《魏书》(北齐·魏收)、《北齐书》(唐·李百药)、《周书》(唐·令狐德棻等)、《隋书》(唐·魏征等)、《南史》(唐·李延寿)、《北史》(唐·李延寿)、《旧唐书》(后晋·刘昫等)、《新唐书》

---

　　①　尔,近也;雅,正也。《尔雅》即指解释词义近于雅正,合于规范,是我国最早的训解词义专著,也是最早的名物百科辞典。

（宋·欧阳修、宋祁）、《旧五代史》（宋·薛居正等）、《新五代史》（宋·欧阳修）、《宋史》（元·脱脱等）、《辽史》（元·脱脱等）、《金史》（元·脱脱等）、《元史》（明·宋濂、玉祎等）、《明史》（清·张廷玉等）。

1921年,中华民国总统徐世昌下令将《新元史》[①]列入正史,与"二十四史"合称为"二十五史"。但也有人不将《新元史》列入,而改将《清史稿》[②]列为"二十五史"之一。如果将两书都列入正史,则形成了"二十六史"。

（2）非正史类

非正史类是指除了正史之外的史书,包括：编年类、纪事本末类、杂史类、别史类、诏令奏议类、传记类、史钞类、载记类、时令类、地理类、职官类、政书类、目录类、史评类等14个大类。

3.子部

子部是我国古代图书四部分类法（经史子集）中的第三大类。专列诸子百家及艺术、谱录等书,也称"丙部"。子部按照《隋志》中的分类方法为：儒、道、法、名、墨、纵横、杂、农、小说、兵、天文、历数、五行、医方；按照四库全书总目提要分类：儒家、兵家、法家、农家、医家、天文算法、术数、艺术、谱录、杂家、类书、小说家、释家、道家,共十四类。

杂家是指中国战国末至汉初的哲学学派,以博采各家之说见长,以"兼儒墨,合名法"为特点,"于百家之道无不贯通"。类书是指"类事之书,兼收四部,而非经非史非子非集,四部之内,乃无类可归"。

4.集部

集部是我国古代图书四部分类法（经史子集）中的第四大类。集

---

① 《新元史》由清末民初柯劭忞所撰,成书于1920年,以《元史》为底本,斟酌损益,重加编撰,前后用了三十年时间才完成。次年,中华民国总统徐世昌,下令把《新元史》列入正史,1922年刊行于世。

② 《清史稿》是民国初年由北洋政府设馆编修的记载清朝历史的正史——"清史"的未定稿。全书所记之事,上起1616年清太祖努尔哈赤在赫图阿拉建国称汗,下至1912年清朝灭亡,共二百九十六年的历史。主编赵尔巽见全稿已初步成形,担心时局多变及自己时日无多,遂决定以《清史稿》之名将各卷刊印出版,以示其为未定本。

部收历代作家的散文、骈文、诗、词、曲和文学评论等著作。《四库全书》分为楚辞、别集、总集、诗文评、词曲等五类。各朝代的各类文学著作,诗、文、词曲的总集和专集等,除了章回小说、戏剧著作之外,以上门类基本上包括了社会上流布的各种图书。就著者而言,包括妇女、僧人、道家、宦官、军人、帝王、外国人等在内的各类人物的著作。

（三）三分法

我国著名国学大师钱穆[①]先生将国学内容分为三个部分:义理之学、考据之学、辞章之学。

1.义理之学

义理之学是指阐明事物道理的学问,也就是哲学。

2.考据之学

考据学是一种治学方法,又称考证学或朴学,主要的工作是对古籍加以整理、校勘、注疏、辑佚等。

3.辞章之学

辞章之学是指从事诗词散文以及章奏、书判等实用文体创作的,就是文学,即今天所说的文学等社会科学。

（四）五分法

五分法是将国学内容分为五个部分:义理之学、考据之学、辞章之学、经世之学、科技之学。

1.经世之学

经世之学即治国驭民的政治、经济、法律等社会科学知识。

2.科技之学

科技之学,即声光化电等自然科学知识。

---

① 钱穆(1895—1990),江苏无锡人,吴越国太祖武肃王钱镠之后。字宾四,笔名公沙、梁隐、与忘、孤云,晚号素书老人、七房桥人,斋号素书堂、素书楼。中国现代1968年当选著名历史学家、思想家、教育家,"中研院"院士,台北故宫博物院特聘研究员。中国学术界尊之为"一代宗师",更有学者谓其为中国最后一位士大夫、国学宗师,与吕思勉、陈垣、陈寅恪并称为"史学四大家"。

第二篇

起源篇

第三章　历史阶段的划分

第一节　关于历史阶段划分的学说

一、地质学和古生物学

地质学是研究地球及其演变的一门自然科学。它主要研究地球的组成、构造、发展历史和演化规律。在当前阶段,地质学主要研究固体地球的最外层,即岩石圈(包括地壳和上地幔的上部)。因为这一部分既是与人类生活和生产密切相关的部分,同时也是容易直接观测和研究历史最久的部分。

古生物学是地质学分支学科,是生命科学和地球科学的交叉科学。它既是生命科学中唯一具有历史科学性质的时间尺度的一个独特分支,研究生命起源、发展历史、生物宏观进化模型、节奏与作用机制等历史生物学的重要基础和组成部分;又是地球科学的一个分支,研究保存在地层中的生物遗体、遗迹、化石,用以确定地层的顺序、时代,了解地壳发展的历史,推断地质史上水陆分布、气候变迁和沉积矿产形成与分布的规律。

古生物学的主要研究对象是化石,根据研究的不同对象,古生物学分为古植物学和古动物学两大分支。科学家发现,古生物的进化有宏观上的不断进步和阶段性进化的特点。进步性进化指生物界历史总的是由少到多、由低级到高级、由简单到复杂的趋势。

从地质学和古生物学角度,根据地质变化规律和古生物进化规律,把地球的发展演变划分为四个地质年代:

(一)冥古宙(约46亿年—38亿年)

(二)太古宙(约38亿年—25亿年)

(三)元古宙(约25亿年—5.4亿年)

(四)显古宙(约5.4亿年延续至今)

每个宙又分为不同的代,代又分为不同的纪等。

二、考古学

考古学属于人文科学的领域,在中国是历史科学的重要组成部分,世界其他国家多从属于人类学,也有划归艺术史的。其任务在于根据古代人类通过各种活动遗留下来的物质资料,以研究人类古代社会的历史。考古学研究的对象是实物,主要是物质的遗存,或者说是遗物与遗迹。考古学根据古代生产工具的发展与演变,将人类社会分为:石器时代(旧石器时代和新石器时代)、铜器时代(夏商周,约4000年前—2300年前)、铁器时代(战国,约2300年前)。

(一)石器时代

石器时代是考古学名称,是考古学对早期人类历史分期的第一个时代,即从出现人类到青铜器的出现之前,大约始于距今二三百万年,止于距今6000年至4000年左右。这一时代是原始人类经过漫长的历史、逐步进化为现代人的时期。石器时代分为旧石器时代和新石器时代。

1. 旧石器时代

旧石器时代距今约300万年至距今约1万年,以使用打制石器为标志的人类物质文化发展阶段。地质时代属于上新世晚期至更新世晚期,从距今约 300 万年前开始,延续到距今 1 万年左右止。

2. 新石器时代

新石器时代指在考古学上的石器时代的最后一个阶段,以使用磨制石器为标志的人类物质文化发展阶段。这个时代在地质年代上已进入全新世,继旧石器时代之后,或经过中石器时代的过渡而发展起来,属于石器时代的后期。新石器时代大约从 1 万年前开始,结束时间从距今 5000 多年至距今 2000 多年不等。

(二)青铜器时代

青铜器时代,考古学分期法的一个时期,指主要以青铜为材料制造工具、用具、武器的人类物质文化发展阶段,处于新石器时代和铁器时代之间。青铜器时代是继金石并用时代之后的又一个历史时期。我国最早的青铜器发现于河南偃师二里头遗址中,其所处年代约从公元前 21 世纪至前 17 世纪,相当于史籍所载夏王朝的时代,是奴隶制国家建立时期。约在公元前 2000 年左右,中国进入青铜器时代,经夏、商、西周、春秋、战国,大约发展了 15 个世纪。至商代,则为高度发达的青铜时代。我国的青铜时代结束于春秋时期,至战国时期始被铁器时代所取代,基本贯穿于奴隶制社会始终。这一时代,农业、手工业有较快的发展,并出现了文字。国家政权建设逐步完善。

(三)铁器时代

铁器时代是指人们开始使用铁来制造工具和武器的时代,其与之前时代的主要区别在于农业发展、宗教信仰与文化模式。这是在青铜时代之后的一个人类社会发展的阶段。实际上所说的铁器时代是指早期阶段,在晚期各国都已经进入了有文字记载的文明时代,也就多以各国的朝代来称呼其时代。

四、历史学

历史学是研究人类过往社会的客观存在及其发展过程，以及对这种客观存在和过程及其规律的描述和探索的精神生产实践及其创造出来的产品。

从历史学的角度可以把我国的历史划分为：

（一）中国古代史（170 万年前—1840 年）

（二）中国近代史（1840 年—1949 年）

（三）中国现代史（1949 年至今）

五、马克思历史唯物主义

马克思历史唯物主义是马克思主义哲学中的重要组成部分，是关于人类社会发展一般规律的理论，是马克思主义哲学科学的社会历史观和认识、改造社会的一般方法论，亦称唯物史观。根据马克思历史唯物主义的观点，可以把人类社会分为五个阶段：

（一）原始社会

（二）奴隶社会

（三）封建社会

（四）资本主义社会

（五）共产主义社会

六、宗教神学

宗教神学是宗教体系中关于神的理论或论述，即对宗教教义的宗教哲学论证。根据基督教的理论，可以把人类世界历史划分为三大阶段。

（一）创世阶段①
（二）灭世阶段②
（三）救世阶段③

七、佛学

佛学是关于普通人如何通过修行成佛的学问以及与修行相关问题的研究理论。根据佛学原理可以将人类历史划分为四大阶段，而且每个阶段人类文明相互延续，循环不已，称为"循环说"④。

（一）成
（二）住
（三）坏
（四）空

八、雅斯贝尔斯

雅斯贝尔斯⑤是德国哲学家。1883 年马克思去世，但在同一年，德国又迎来了另一位哲人的诞生，他就是雅斯贝尔斯。雅斯贝尔斯在 1949 年出版的《历史的起源与目标》中，将人类文明的发展时期划分为史前、古代文明、轴心时代和科技时代四个基本阶段。

---

① 《圣经·创世记 1》。

② 《圣经·创世记 7》。

③ 据《圣经》记载，耶稣是上帝的代表，降生人世间到被钉十字架和死后复活都是在拯救世人。

④ 对于世界生灭变化之基本观点。为一个世界之持续、破坏，又转变为另一世界之持续、破坏。据《俱舍论》卷十二、《瑜伽师地论》卷二、《立世阿毗昙论》卷九等载，变化过程为成、住、坏、空四时期，称为四劫。

⑤ 卡尔·雅斯贝尔斯（Karl Jaspers，1883—1969），德国哲学家，精神病学家，现代存在主义哲学主要代表之一。他出生于德国南部奥登堡，病逝于瑞士巴塞尔。

（一）史前（普罗米修斯时代①）（约公元前 5000 年）

大约是公元前 5000 年以前的时期，雅斯贝尔斯称之为"普罗米修斯的时代"，这个时期，人类发明了语言、火和工具，实现了从动物到人的转变。

（二）文明产生时代（公元前 5000 年—公元前 3000 年）

从公元前 5000 年到公元前 3000 年，世界历史进入"古代文明"时期，包括在埃及、美索不达米亚、印度河流域和中国的黄河流域产生的文明。

古代文明的出现具有同步性，期间相差不超过 2000 年。这个时期，人类发明了文字、社会组织得到了加强，民族意识得到形成，但是"这些文明缺乏奠立我们新人性的基础的精神革命"。

（三）轴心时代（公元前 800 年—公元前 200 年）

从公元前 800 年开始，世界历史进入了"轴心期"，并延续到公元前 200 年，所谓的"轴心期"，是指世界三个地区，即希腊、中国和印度同时实现了一次历史性的突破，成轴心式发展的态势，从而"奠定了人类精神存在的基础，以及所谓的真正的人类历史"。自此以后，世界历史鲜明地呈现为两个部分，轴心民族和非轴心民族。

前者是历史的民族，后者如埃及和巴比伦则是原始的民族，它们逐渐丧失了对于历史的影响力，成了文化的化石。

---

①　普罗米修斯（希腊神话人物）在希腊神话中，是最具智慧的神明之一，最早的泰坦巨神后代，名字有"先见之明"（Forethought）的意思。泰坦十二神伊阿佩托斯与名望女神克吕墨涅的儿子。普罗米修斯不仅创造了人类，给人类带来了火，还教会了他们许多知识和技能。普罗米修斯时代是希腊神话时代，当时，诸神都居于奥林匹斯山上，有十二主神：宙斯是主神（主天空）、赫拉（婚姻）、波塞冬（海洋）、哈迪斯（冥府）、雅典娜（智慧）、阿波罗（太阳，医术，预言）、阿耳忒弥斯（月亮，狩猎）、阿佛洛狄忒（美与爱）、赫耳墨斯（商业）、阿瑞斯（战争）赫淮斯提斯（火焰，铸造）、狄俄倪索斯（酒）、地面小神中的两个大神：赫斯提亚（炉灶）、得墨忒耳（丰产、农林）。

轴心时代发生的地区,大概是在北纬 30 度上下,就是北纬 25 度至 35 度区间。

轴心时代的特点:第一,这段时期是人类文明精神的重大突破时期。在轴心时代里,各个文明都出现了伟大的精神导师——古希腊有苏格拉底、柏拉图、亚里士多德,以色列有犹太教的先知们,古印度有释迦牟尼,中国有孔子、老子……他们提出的思想原则塑造了不同的文化传统,也一直影响着人类的生活。第二,而且更重要的是,虽然中国、印度、中东和希腊之间有千山万水的阻隔,但它们在轴心时代的文化却有很多相通的地方。第三,在那个时代,古希腊、以色列、中国和印度的古代文化都发生了"终极关怀的觉醒"。换句话说,这几个地方的人们开始用理智的方法、道德的方式来面对这个世界,同时也产生了宗教。它们是对原始文化的超越和突破。而超越和突破的不同类型决定了今天西方、印度、中国、伊斯兰不同的文化形态。

(四)科学和技术时代(17、18 世纪)

第四个时期是自中世纪以后出现的科技时代。公元 1500 年左右是一个重要的分界线,在此之前,欧洲和亚洲颇为相似,但自此之后,欧洲成为世界的中心,从而和亚洲拉开了距离。

我们今天仍然生活在科技时代的后果中。

第二节　著名学者柏杨关于中国历史阶段划分的观点

著名作家柏杨在《中国人史纲》中,首次创造性地提出了中国历史阶段划分的方法,他把中国人的活动历史划分为四个阶段:神话时代、传说时代、半信史时代和信史时代。

一、神话时代

神话时代的特点是历史人物和事实都是以虚构的神话的方式记

述和表达的。

（一）盘古开天地

盘古开天地的神话故事表现和说明了宇宙的起源。

（二）女娲造人

女娲造人的神话故事表现和说明了人类的起源。

（三）三皇①时代

三皇的故事表现和说明了人类始祖的起源和发展。

二、传说时代

传说时代的特点是历史人物和事件中有了一些事实成分，但是大多是以传说故事口口相传的方式记述和表达历史的。传说时代包括五氏时代和五帝时代两个时期。

（一）五氏时代

五氏时代包括：有巢氏、燧人氏、伏羲氏、女娲氏、神农氏。

（二）五帝时代

五帝时代包括：黄帝、颛顼、帝喾、尧、舜。

三、半信史时代

半信史时代的特点是事实成分大大地增多，而且一部分已得到考古学家发掘物的支持。但属于神话传说的内容仍然不少，有时很容易分辨，有时混淆过度，无法澄清。

半信史时代包括三个阶段：

---

① 关于"三皇"有不同的说法：《史记·补三皇本纪》《三五历纪》《太平御览》《春秋纬》等指：天皇、地皇、人皇。《风俗通义·皇霸》第一，引《春秋纬运斗枢》：伏羲、女娲、神农。《白虎通义·号》：伏羲、神农、祝融。《尚书大传》：燧人、伏羲、神农。《帝王世纪》：伏羲、神农、黄帝，等等。

（一）夏朝

（二）商朝

（三）西周（至公元前 841 年）

四、信史时代

到了信史时代，真正有了史官，在天子身边左手记言，右手记事，历史被真正保留下来。

信史时代是从共和元年，也就是公元前 841 年开始的。引起共和的原因是中国历史上发生的一个著名的事件。那时是西周时期，当时的周天子周厉王（？—前 828），是西周第十位君主，姬姓，名胡，周夷王的儿子。在位 37 年（公元前 878 年—前 841 年在位），他在位期间，横征暴敛，加重了对劳动人民的剥削，同时还剥夺了一些贵族的权力，任用荣夷公为卿士，实行"专利"，将社会财富和资源垄断起来。因此招致了贵族和平民的不满。

他还不断南征荆楚，西北方面又防御游牧部落，西北戎狄，特别是猃狁，不时入侵。与周边的少数民族也有矛盾，曾臣服于周的东南淮夷不堪承受其压榨，奋起反抗。

周厉王为压制国人的不满，任用卫巫监视口出怨言的人，发现就立即杀死，这些引得国内各项矛盾愈来愈尖锐。公元前 841 年，发生了国人暴动，人民包围了王宫，袭击厉王，他仓皇而逃，后于公元前 828 年死于彘（今山西省霍县）。他出逃后，召公（召穆公）、周公（周定公）管理朝政，号为共和（一说由诸侯共伯和摄行政事）。自共和元年（前 841）中国历史有了明确纪年。周共和十四年（前 828 年）死，姬胡的谥号是厉王。

史学家将此事件称为"共和政治"。公元前 841 年，即共和政治第一年，中国历史的文字记载，开始获得保存。一直到 20 世纪，没有间断，这是中华民族对人类文明最伟大的贡献之一。因为同时代的其他所有的文明古国，或者根本没有记载，或者虽有记载而记载已经湮没，全靠考古学家辛苦的发掘，才能得到片断。共和政治历时 14 年，到公元前 828 年结束。那一年,姬胡在流亡中逝世,姬靖乘机即位,恢复君主政治。

半信史的史迹,因为是史学家的回忆和追溯,无法避免不真实的成分,有待于专家考证。进入信史时代之后,史迹都出于当世的记录,所以可信的程度很高。

第四章 神话时代

第一节 盘古开天

一、"盘古开天"神话故事

"盘古开天"故事最早见于三国时徐整著的《三五历纪》[①]。太古时候，太空中飘浮着一个巨星，天地混沌一体，里面有一个名叫盘古的巨人，在那里睡大觉，一直睡了一万八千年。有一天他醒了，睁眼看到的地方都是黑乎乎的，于是操起一把板斧，朝着前方黑暗处猛劈过去。他一直在用他的斧头不停地开凿。开凿了一万八千年之后，盘古挥出最后一斧，只听一声巨响，巨星被他从当中劈开，分为两半。盘古头上的一半巨星，化为气体，不断上升；脚下的一半巨星，则变为大地，不断加厚。宇宙开始有了天和地。然后盘古死了，他的身体变化成宇宙万物。他的右眼变成太阳，左眼变成月亮，血液变成江河海

---

① 《三五历纪》又作《三五历》，为三国时代吴国人徐整所著，内容皆论三皇已来之事，为最早记载盘古开天传说的一部著作，此书已佚，仅部分段落存于后来的类书如《太平御览》《艺文类聚》之中。

洋,毛发变成树木花草,呼吸变成风,声音变成雷。欢喜时的笑容变成晴天;烦恼时的愁容变成阴天。而他的四肢,则变成五岳:头部变成东岳泰山,腹部变成中岳嵩山,左臂变成南岳衡山,右臂变成北岳恒山,双足变成西岳华山。盘古为人类创造了一个美好的世界(图 4-1)。

图 4-1　盘古开天地画像

二、揭开盘古开天地神话故事的秘密

其实,古人通过盘古开天地神话故事的形式,至少告诉我们两个方面的道理:一是宇宙是怎么起源的? 二是天地宇宙与人是什么关系?

(一)盘古开天地神话故事启示之一—— 关于宇宙的起源(宇宙的产生可能是瞬间完成的)

盘古开天的故事告诉我们,盘古挥出最后一斧劈开了宇宙天地,宇宙的产生是突变的,即瞬间产生的。而且还告诉我们宇宙最初是由一个混合体分裂开来的。现代科学理论已经证明宇宙产生是瞬间完成的。这个理论就是宇宙大爆炸理论。1924 年,美国天文学家哈勃提出星系的红移量与星系间的距离成正比的"哈勃定律",并推导出星系都在互相远离的宇宙膨胀说。1927 年,比利时牧师、物理学家乔治·勒梅特首先提出了关于宇宙起源的大爆炸理论,认为宇宙是由一个致密炽热的奇点于 150 亿年前一次大爆炸后膨胀形成的。

（二）盘古开天地神话故事启示之二——人和宇宙天地关系是"天人合一"的关系

其次，盘古开天的故事还告诉我们，天地、自然、宇宙是盘古死后变化的，说明人和宇宙的关系是天人合一的关系。天人合一思想是中华文化的核心思想，是指天和人是感应的、合一的、统一的关系。具体地说，宇宙应该包括天、地，也包括人，是天、地、人，传统说法叫天、地、人三才。天地人三者之间的关系是统一的、感应的、相通的。老子所谓：人法地，地法天，天法道，道法自然。宇宙和人的关系就是大宇宙与小宇宙的关系。天是大宇宙，人体是小宇宙。

（三）对中国古人的"天人合一"思想的证明

1.中医理论可以证明天人合一的关系

我们用人体和传统的中医的经络理论，可以证明人体与天地宇宙的关系，比如：宇宙有天、地，人体有头、腹。人体头是天，腹是地；宇宙一年有四季，人有四肢；宇宙一年有 12 个月，一日有 12 个时辰，人体有 12 条正经络；宇宙一年有 365 天，人有 365 个穴位等。宇宙有地水火风四个元素，人有骨（地）肉（火）气（风）血（水）。宇宙有天、地和昼、夜，人有男、女，万物有阴、阳，动物有雌、雄之分。

2.现代科学技术可以证明天人合一思想

（1）全息理论及其技术

全息理论是研究事物间所具的全息关系的特性和规律的学说。它具有部分是整体的缩影规律；反映事物之间的全息关系的全息等式。全息论的核心思想是宇宙万物是一个不可分割的、各部分之间紧密关联的整体，任何一个部分都包含整体的信息。它本质上是事物之间的相互联系性，全息论既是理论科学又是应用科学，既是研究一般的全息理论，又是研究一切科学领域的全息现象与全息规律。

利用全息理论产生的全息技术可以做到：有一张照片，里面有一个人像，如果我们把这照片切成两半，从任何一半中我们都能看到原先完整的人像。如果我们再把它撕成许多许多的碎片，我们仍能从每块小碎片中看到完整的影像。这样的照片就叫全息照片。

（2）克隆及克隆技术

克隆是英文"clone"的音译,在台湾与港澳一般意译为复制或转殖,是利用生物技术由无性生殖产生与原个体有完全相同基因组之后代的过程。科学家把人工遗传操作动物繁殖的过程叫克隆,这门生物技术叫克隆技术,含义是无性繁殖。克隆技术在现代生物学中被称为"生物放大技术"。比如克隆羊,取羊耳朵的一个体细胞,就能克隆一只完全与母体一样的羊。

这两个现代科学理论和技术都充分说明了整体与局部的关系是天人合一的关系,天地宇宙与人是相互包容的,是一体的,相通的,感应的,证明中华传统文化的天人合一思想是正确的。

第二节　女娲造人

一、"女娲造人"神话故事

在《太平御览》①中记载女娲造人的故事,说:女娲在造人之前,于正月初一创造出鸡,初二创造狗,初三创造羊,初四创造猪,初六创造马,初七这一天,女娲用黄土和水,仿照自己的样子造出了一个个小泥人,她造了一批又一批,觉得太慢,于是用一根藤条,

①　《太平御览》初名《太平类编》《太平编类》,后改名为《太平御览》。为北宋李昉、李穆、徐铉等学者奉敕编纂,始于太平兴国二年(977)三月,成书于太平兴国八年(983)十月。《太平御览》是中国北宋时期编写的一部类书,也是保存了五代以前文献最多的一部类书。其采以群书类集之,凡分五十五部五百五十门而编为千卷,所以初名为《太平总类》;书成之后,宋太宗日览三卷,一岁而读周,所以又更名为《太平御览》。全书以天、地、人、事、物为序,分成五十五部,可谓包罗古今万象。

沾满泥浆，挥舞起来，一点一点的泥浆洒在地上，都变成了人。为了让人类永远的流传下去，她创造了嫁娶之礼，自己充当媒人，让人们懂得"造人"的方法，凭自己的力量传宗接代。

　　还有另一种传说，《独异志》①中说：女娲与伏羲为兄妹。当宇宙初开时，天地之间只有他们兄妹二人，在昆仑山下，而天下未有其他人民。他们商议结为夫妻，又自觉羞耻。兄与妹即上昆仑山，咒曰："天若同意我兄妹二人为夫妻，请您将天上的云都合成一团，要不就把云散了吧。"于是天上的云立即合起来，他们俩就成了夫妻，中华民族都是他们俩的子孙后代（图 4-2）。

图 4-2　伏羲女娲交尾画像

①　《独异志》，唐李亢撰。书中除记述唐代流传的奇闻轶事外，主要是对唐以前的各种各样的传说作了记载，起到了保存文献的作用。其中有些故事，在未发现新的古佚书之前，出处可以说是最早的。

二、揭秘"女娲造人"神话故事

(一)"女娲造人"神话故事启示之一——关于人类的起源问题

"女娲造人"神话故事告诉我们一个道理,就是人类的产生也可能是瞬间完成的。

关于人类的起因问题,理论界有很多观点,下面分别介绍。

1. 达尔文进化论

19世纪中叶,达尔文创立了科学的生物进化学说,以自然选择为核心,第一次对整个生物界的发生、发展,做出了唯物的、规律性的解释,推翻了神创论等唯心主义及形而上学在生物学中的统治地位,使生物学发生了一个革命变革。达尔文在长时间实地考察和总结人类已有知识的基础上,于1860年前后提出了生物进化论学说。生物进化论认为:地球物种并不是从来就有的,也不是永远不变的,而是随着自然条件的变化,从简单到复杂、从低级到高级、从少数类型到多数类型,逐渐地变化和发展的。达尔文把人类起源的模式推测为:无脊椎动物—有脊椎动物—哺乳动物—灵长类动物—猿猴类动物—人。人类的起源,是动物从低级到高级、从简单到复杂进化的必然结果。

2. 外星人说

人类起源于外星人的假说,是近几年西方最新的一种假说,它是由西方科学家马蒂斯提出来的,其根据是在圣地亚哥发现的一个头盖骨化石。他研究了这个头盖骨后认为,这具头盖骨所代表的人种,其智力要远远高出我们今天的人类,从而推测这是一个外星人的遗骨,进而提出人类祖先是外星人的假说。他认为,大约在五万年前,一批外星人来到地球,他们具有高度的智慧。当他们发现地球引力环境不适合他们居住时,他们选择地球上精力旺盛和智力较高的雌猿进行杂交,这便是我们人类的祖先。

3. 史前①文明说

科学家根据当今发掘和发现的各种不同史前人类文明遗迹，提出多次史前文明猜想。认为人类的发展并非以往想象的那样，而是周期性的，不同时期地球存在不同的文明。考古学家从发掘和发现的各种不同史前人类文明遗迹中得出了结论是：从一个非常久远的远古时代开始，在我们这个地球上就一直存在着人类，并发展出高度发达的文明。如在三叶虫化石上发现的6亿年至2.5亿年前的穿着鞋的人类脚印，在今天的非洲加蓬共和国发现的20亿年前的大型链式核反应堆，在现今南非发现的28亿年前的金属球，及多次不同时期的石器等等，很难想象它们属于同一人类文明时期。因此，科学家们提出了多次史前文明的理论，认为地球上曾经有过多次史前人类及文明。人类的发展并不像以前想象的那样，而是周期性的，不同时期地球存在着不同的文明。

4. 上帝造人说

犹太教《旧约》和基督教《圣经》包含了两个神话起源故事，这两个故事被现今的犹太教和基督教所认可、信仰。在第一个神话故事中，上帝说，"让这儿出现光芒！"随后光就出现了，接着在之后的6天时间里，上帝创造了天空、陆地、行星、太阳、月亮，以及包括人类在内的所有动物。第7天上帝进行休息，凝视着自己的成果，感到十分欣慰。

在第二个神话故事中，耶和华上帝按照自己的形象，用地上的尘土造出了一个人，往他的鼻孔里吹了一口气，有了灵，人就活了，能说话，能行走。上帝给他起了一个名字，叫亚当。上帝为亚当创造了一个伊甸园让他无忧无虑地生活，但是禁止他吃下伊甸园树上结的果实，这些果实来自善良和邪恶意识之树。亚当的生活太寂寞孤单，于

---

① 关于史前的概念，有不同的理解，国内指由史官记载以前的历史；国外基督教国家指耶稣诞生以前的历史；国外科学界是指科学家根据当今发掘和发现的各种不同史前人类文明遗迹提出多次史前文明猜想。

是上帝从亚当身体上抽出一根肋骨创造了第一个女人夏娃。一条会说话的大毒蛇诱惑说服夏娃吃了禁果,之后夏娃又说服亚当也吃下了禁果。当上帝发现此事后,驱除亚当和夏娃离开伊甸园,让他们成为凡人。

5.佛教循环说

佛教不相信宇宙有个创造神,专门创造宇宙与人类的神权乃至祸福吉凶,也不相信是非善恶由神权所主宰。佛教相信宇宙形态的变化、生命过程的流转,那是由于众生所造的"业力"①,因而感召的结果。

佛教认为地球人类按照生、成、住、坏、空的顺序循环不已,释迦牟尼佛曾经说过,现在的人类已经是地球人类第八代循环。"生"就是人类产生起源时期,"成"就是人类逐渐成熟时期,"住"就是人类发展繁荣时期,"坏"就是人类衰败堕落时期,"空"就是人类生命消逝时期。佛教循环说与史前文明说不谋而合。

6.各种古老的神话传说

许多国家民族都有自己的造人神话传说,有古希腊的,有古印度的,有古代日本的,有古埃及的等等。

(二)"女娲造人"神话故事启示之二——母系社会(孩子是母亲生的)

见第五章第一节五氏时代女娲氏。

(三)女娲造人神话故事启示之三——远古文明——结绳记事

见第五章第一节五氏时代女娲氏。

(四)女娲造人神话故事启示之四——女娲与联盟部落首领

见第五章第一节五氏时代女娲氏。

---

① 业力:佛家认为是推动生命运行的因果力量——因果律。这种力量是生命本身以往无始以来因果造作的结果和习惯表现。

第三节　三皇时代①

一、天皇时代

据古史记载：盘古之后是天皇时代，距今约 270 万—170 万年前。天皇的出生地是天灵山（传说中的仙山），立都是天都（传说中的天帝都城）。史载，"大地初立之时始有三皇。"天皇兄弟有十三人，号称"天灵"，其中有一人先发明了数字，继而又发明了"天干""地支"，人们认为他是位了不起的圣人，便推举他为领袖，号称天皇。其余十二人都带领自己的部族各居一方，立国称皇，各传国一万八千年。天皇时代人口增加，出现了氏族部落。

二、地皇时代

天皇时代之后是地皇时代，距今约 170 万—70 万年前。地皇时期的地质年代为新生代第四纪更新世的中期。考古年代为旧石器时代早期。地皇出生地为熊耳山（今河南宜阳市西）。立都是龙门（今河南洛阳市南）。史书上说："天皇之后，地皇兴起。"地皇共有兄弟十一人，兴起于熊耳、龙门等山。在天皇晚期由于全球气候转暖，冰川融化，海洋水位猛涨，陆地大面积被洪水淹没，许多居住在低洼地带的人类和动物都葬身于洪水之中。当时天皇的统治已经衰落，先民的活动中心从云贵高原转移到水草繁茂的华北平原。这时，地皇氏兄弟十一人，各领一支队伍占据平原中的高地，建立起新的氏族部落。人们推举一人为领袖，号称地皇。其余兄弟十人也各据一方，各传国一万八千年。

---

① 柏杨：《中国人史纲》，人民文学出版社 2011 年版，第二章神话时代。

三、人皇时代

人皇又称人皇氏，九头氏，居方氏，传说中的上古三皇之一，距今约70万—20万年前。出生地为刑马山（传说中的仙山，位置不详）。地皇时期的地质年代为新生代第四纪更新世的中晚期。人皇时期的考古年代为旧石器时代的早期至中期。立都为九城（弟兄九人各据一方，分设九城）。史书上说，人皇氏兄弟九人都出生于仙家圣地刑马山，他们拜仙人为师，后来共同出山治理中国。当时地皇氏已经衰败，天灾人祸横行，地裂山崩，洪水泛滥，人类再次面临灭顶之灾。人皇氏兄弟九人分大地为九区，每人各居一方，带领人类抗灾自救。经过多年奋战，终于战胜自然灾害，使人类得以生存下来。于是他们在各自居住的地区建都立国，共称人皇。传一百五十世，立国四万五千六百年。

第五章　传说时代

第一节　五氏时代

一、有巢氏

有巢氏距今大约 20 万年前,属于旧石器时代。人皇之后,人类居住条件很差,基本上是风餐露宿,或者居住在山洞里面。为了躲避洪水和野兽,有巢氏教导人民不要住在地面上,他在树上用树枝、树叶建造出简陋的篷盖,作为示范,这就是原始的房屋了。人们都学习他,并且在建筑的技能上一天天进步,后来把它移到地面,也有同样的效能。

有巢氏改善了当时人类居住条件,不再风餐露宿,甚至不再住山洞。人类学会了自建茅草屋或者在树上搭建或者挖地窖之类的房屋,使得原始部落的人们居住环境和条件有了很大的改变,这是人类社会的一大进步。

二、燧人氏

燧人氏距今大约 10 万年前,处于旧石器时代中晚期。燧人氏发现了钻木取火的方法,并学会使用和保存火,使人类的生活、饮食条件得到大幅度改善,可以用火取暖和做饭,开始吃熟食,人类的健康水平和寿命大大提高。这是原始氏族部落的人类社会条件和社会方式的又一次革命性的变革。

三、女娲氏

女娲氏距今约 1 万年前,已经开始进入新石器时代。女娲氏时代人类进入母系社会。

(一)母系社会

母系氏族是以母系血缘维系的,并且由母系关系传递,即由祖母传给母亲,母亲传给女儿,再由女儿传给孙女,依此类推,以发展维系社会家庭关系。母系社会氏族部落以母亲为中心,所以,氏族社会以女人为尊,而男人居于附属地位。一个氏族成员,不管其性别如何,她或他都属于母亲所在的氏族,而不属于她或他父亲的氏族。父亲是氏族以外的人。

母系社会男人没有独立的社会地位,男人从属于女人。当时,可能古人认为母亲生孩子与父亲关系不大,而且当时的婚姻习惯是群婚(多偶婚)的形式,就是说,女人的配偶是不固定的,所以,孩子出生以后,人们只知其母,不知其父。因此,在母系社会,女人的社会地位要比男人高,男人从属于女人,母系社会是以女人为中心的,男人在家庭和社会地位较女人低,权利也较女人小。我们从古老的姓氏中,如姬、姜、姚、妫、姞、安、晏、娄、嫪、妘等,多从女字旁,而"姓"字本身是由"女"和"生"组成,这是姓氏从女、世系按母系血缘计算的反映。当时妇女在社会家庭和生产生活中起重要作用。现在,在云南永宁纳西族还保留着有女儿不算断根,但是只生儿子则算断根,必须过继女孩为继承人的传统习俗。在仰韶文化的遗存中曾发现一些子女随着母亲埋葬的现象,是母子关系无比亲密的反映。

母系社会婚姻制度或习惯主要是多偶婚制,相对于之前的群婚制有所进步。由于男人的社会地位低于女人,所以,当时的婚姻制度和习惯是以女人为中心,实行多偶的婚姻制度,而且配偶是不固定的(走婚制)。现在纳西族还保留这种走婚的习惯。后来这种多偶婚制逐渐向单偶制过度,随着父系的建立,逐渐演变成了后来的一夫一妻制度。

　　母系社会实行的是以女人为中心的多偶婚制,当时人出生只知道母亲是谁,而不知道父亲是谁,所谓"只知其母,不知其父"。这样人们就误以为,女人生育孩子和男人好像没有多大关系,而是认为生育孩子可能与某种自然神奇的力量有关。于是就信仰与氏族有关的代表神奇力量的某种动物或植物。于是,当时的人们就把该"物"视为自己的父辈和祖先来崇拜,这就是氏族部落图腾的来源。古代有些姓氏部落的图腾来源于动物,如商族人崇拜凤鸟或燕子,因为商族人的祖先契就是他的母亲简狄吞玄鸟之卵而生,因为,鸡(鸟)卵又称"鸡子",所以商族人以子为姓。

　　(二)远古文明——结绳记事

　　在女娲时期的母系社会还没有产生现代的文字(汉字),那么当时是用什么进行记载和保留传递信息呢?据文献记载:"上古结绳而治,后世圣人易以书契,百官以治,万民以察。"(《易·系辞下》)《老子·第67章》说:"甘其食,美其服,安其居,乐其俗。使民复结绳而用之。"结绳记事是当时母系社会的文化和文明,就是说当时的人们是用结绳记事的方式来记录、保存和传递交流信息。中国古人用结绳记事记载和传递信息的方式,其具体方法我们现在已经无法得知,但是有两个基本的方法一定是离不开的,一个是给绳子打结,一个是用绳子打结的数目来表达所要记载的信息。给绳子打结的民族习惯现在还一直保留着,那就是"中国结",不过只保留了打结的形式,至于怎么具体打结就不得而知了。打结是结绳记事的基本方法之一,这个从汉字"申"字和"神"字的写法就可以知道一些道理。中国字是象形字,我们不难想象出,"申"就是一个绳子的"结"的象形,就是一个绳子的"结"的意思。"神"字由"示"和"申"组成。"示"代表祭祀,"申"代表第一个"结",就是祖先的意思,因为古代的人们最主要的记录内容就是记录族谱（记录祖先的辈分和名字），所以绳子的第一个结就是代表祖先。古人特别重视祭祀祖先，把自己的祖先当作神供奉祭祀。"神"字主要就是供奉和祭祀祖先的意思。

　　结绳记事另一个方法就是用绳子结的"数"来表示要表达的信息。计数是原始社会记录信息的主要方法之一，母系社会始创以绳结形式反映客观经济活动及其数量关系的记录方式。结绳记事是被原始先民广泛使用的记录方式之一。那时候的人们已经进入了"数字时代"（现代虽然进入数字时代，但才是二进位制的，母系社会是十进位制）。在当时的社会，只用结绳的方式记录和传递信息显然是不够的，还需要有其他的记忆和记录方式来配合。根据考古发现，远古时，除了结绳记事之外，还有一套数字密码信息。这些神秘的数字密码就是古人称的"河图"和"洛书"及后来伏羲发明的先天八卦里的神秘数字，每个数字都有所表示的含义，这包含了古代中国文字产生之前的文明，即上古文明。

　　（三）"女娲造人"可能是原始母系社会的部落联盟首领的意思

　　女娲造人的传说除了表示孩子是母亲所生（造人）之外，还有一个原因指女娲是母系社会的首领。当时女娲是母系社会部落联盟的总首领，掌管整个部落联盟的管理权力，其中当然有记录和保管各个部落家族的族谱的权力。于是我们猜想氏族首领为了记录清楚，使用当时结绳和数字记事的方法，并加上用捏泥人代表某个家族族长，以用来区别其他家族的方式，由于时代久远，被口头传成了"女娲造人"。

　　（四）女娲补天

　　"女娲补天"的传说，最早在上古奇书《山海经》[①]上有记载，《山海经·大荒西经》："有神十人，名曰女娲之肠，化为神，处栗广之野，横道而处。"郭璞注："女娲，古神女而帝者，人头蛇身，一日中七十变，其腹

──────────

　　① 契（xiè），子姓，上古时代五帝之一帝喾之子、帝尧的异母弟，生母为简狄，尧称帝时作为司徒。相传为帝喾后妃简狄吞玄鸟之卵而生。

化为此神。"中国古代神话传说,水神共工造反,与火神祝融交战,共工被祝融打败了,他气得用头去撞西方的世界支柱不周山,导致天塌陷,天河之水注入人间。女娲不忍人类受灾,于是炼出五色石补好天空,折神鳖之足撑四极,平洪水杀猛兽,人类始得以安居(图5-1)。

如果我们细心观察,都会感到地球的无比精妙。地球是人类目前所知的唯一有生命的星球,有保护生命的大气层,有生命之水,有奇妙的地球系统,以及岩石层、水圈、大气圈、生物圈等等自然和谐的条件,适合人类和各种动物、植物生存和发展。我们感叹大自然的造化以及大自然神奇。在漫长的地球和人类衍化发展的历程中,难道真会这么巧合吗?是否会有一些高级生命的神奇力量相助而参与大自然的造化?这个问题始终是人类的一个谜!

图 5-1　女娲补天雕像

四、伏羲氏

伏羲氏风姓,出生在华夏族华胥氏部落,母亲华胥氏。距今大约七千年前,属于新石器时代。

（一）出生传奇

伏羲的妈妈叫华胥氏,是我国上古时期母系民族部落的一位杰出的女首领,是伏羲、女娲的生身之母。相传伏羲的母亲华胥氏外出,在雷泽中无意中看到一个特大的脚印,好奇的华胥用她的足迹丈量了大人的足迹,不知不觉感应受孕,怀胎十二年后,伏羲降生了。《春秋世谱》中说:"华胥生男名伏羲,生女名女娲。"郭璞注《山海经·内东经》中说:"华胥履大迹生伏羲","燧人之世有大迹,华胥履之而生庖羲氏"。唐·司马贞《补史记·三皇本纪》说:"太暤包牺氏,风姓,代燧人氏继天而王。母曰华胥,履大人迹于雷泽,而生庖牺于成纪。蛇身人首,有圣德。"

图 5-2 伏羲人首龙身图

图 5-3 伏羲画像

（二）人文始祖

为什么中国人是龙的传人？据古人分析,伏羲的妈妈华胥氏踩的大脚印是天上的龙——雷公留下的,所以伏羲的爸爸是天上的雷神,即龙神,伏羲出生是人首蛇（龙）身,即是神人。伏羲是我们中华民族的祖先,伏羲发明了先天八卦,是中华文化的人文始祖,是我们中华民族的祖先,我们都是伏羲的后代,所以,才有我们中华民族的子孙都是龙的传人的说法（图 5-2、图 5-3）。

（三）伏羲的贡献

据有关文献记载,伏羲氏对中华民族的发展做出以下贡献。

1.结网罟

伏羲发明了织渔网,人们开始用渔网打鱼。

2.养牺牲

牺牲是古代祭祀用的牲畜的通称,色纯为"牺",体全为"牲"。伏羲教导人们蓄养牲畜,所以,"伏羲"又可称"伏牺"。

3.兴庖厨

伏羲还发明了各种烹饪方法。伏羲是厨师的始祖,所以"伏羲"又称"庖牺"。

4.定姓氏

伏羲根据氏族部落特点爱好,确定各个部落的姓氏,于是,人类有了姓氏。

5.制嫁娶

伏羲禁止同氏族部落通婚,实行偶婚制。

6.始画八卦

伏羲根据"河图"和"洛书"发明了八卦,产生了八卦文明,取代了之前的"结绳记事"。把原始文明向前推进一大步,史称"一画开天地"。

7.刻书契

伏羲还发明简单的文字,使得人们的信息交流更加方便。

8.作甲历

伏羲通过观察天象,发明简单的历法,造历法使人们用于农业生产。

9.兴礼乐

伏羲还兴礼作乐,教导人们社会交往的礼仪;伏羲还发明了人类最早的乐器"埙"。

10.造干戈

伏羲还发明了打仗的武器,命名"干戈"。

11. 诸夷归服

由于伏羲在诸多方面的智慧发明，创造了先进的文化，四方部落都诚心归服。

12. 以龙纪官

据《竹书纪年》记载："太昊伏羲氏，风姓之祖也，有龙瑞，故以龙命官"，"命朱襄为飞龙氏，造书契；昊英为潜龙氏，造甲历；大庭为居龙氏，造屋庐；浑沌为降龙氏，驱民害；阴康为土龙氏，治田里，栗陆为水龙氏，夏官为赤龙氏，秋官为白龙氏，冬官为黑龙氏，中官为黄龙氏，分理海内，而政化大治。"以此可以推断，当时中华民族是以"龙"为崇拜对象，以龙为图腾的。

龙是中国神话传说中的神异动物，为百鳞之长，常用来象征祥瑞，是中华民族最具代表性的传统文化符号之一。龙的形象最基本的特点是"九似"："角似鹿、头似驼、眼似兔、项似蛇、腹似蜃、鳞似鱼、爪似鹰、掌似虎、耳似牛。"因此，龙是多种动物集合而成的一种神物。从此，中华文化开启了"龙"的文化，"龙"成为中华民族的精神象征，是中华优秀历史文化的传承和标志，是信仰载体和民族团结的情感纽带，龙的传人是我们中华民族的共同认同。

　　伏羲氏最主要的贡献就是发明了先天八卦,史称"一画开天地"代表着中华文化的起源,所以,又称"始画八卦"。在《易传》中有这样的一段记载:"古者包牺氏之王天下也,仰则观象于天,俯则观法于地,观鸟兽之文与地之宜,近取诸身,远取诸物,于是始作八卦,以通神明之德,以类万物之情。"

　　伏羲先天八卦方位:"天地定位,山泽通气,风雷相薄,水火不相射。"(图5-4)

图 5-4　先天八卦图

（四）古迹

目前我国体现伏羲文化的古迹有以下几处。

1. 甘肃省平凉市静宁县"成纪文化城"

　　甘肃平凉市静宁县,古称成纪,是伏羲和女娲诞生的地方,有着深厚的文化积淀和人文传统。"成纪文化城"是为了开发利用成纪文化资源而修建的文化基础设施,于1999年建成。

2. 甘肃天水市伏羲庙

　　伏羲庙本名太昊宫,俗称人宗庙,在甘肃省天水市城区西关伏羲路。伏羲庙始建于明成化十九年至二十年间(1483—1484),前后历经

图 5-5　成纪文化城

9次重修,形成规模宏大的建筑群。清光绪十一年至十三年(1885—1887)第九次重修后,占地面积13000平方米,现存面积6600多平方米。2001年6月25日,伏羲庙作为明、清古建筑,被国务院批准列为国家级重点文物保护单位。

图 5-6　伏羲庙

3. 河南省周口市淮阳县太昊陵

人文始祖，天下第一陵。太昊陵位于河南省周口市淮阳县，传说是"人祖"伏羲氏即太昊定都和长眠的地方。

图 5-7　太昊陵

（五）关于伏羲氏女儿——洛神的传说

洛神就是宓妃，宓妃原是伏羲氏的女儿，因迷恋洛河（古都洛阳的著名河流，洛阳因位于洛水之北而得名）两岸的美丽景色，降临人间，来到洛阳。民间传说的，洛神被洛河里的河神河伯看到，想占为己有，于是河伯化成一条白龙，在洛河里掀起轩然大波，吞没了宓妃。后羿听说了宓妃的遭遇，非常气愤，射中了河伯的左眼，河伯仓皇而逃，遂将宓妃解救出深宫。

按照现代的理解，洛阳故城应该在洛河的南岸。可是恰恰相反，洛阳建朝故城多在洛河以北。这是因为，在古时，做皇帝的要坐北朝南，"阳"指的是北，而不是现代意义上的"阳"为南面。古代把山的北面或水的南面叫作阴，山的南面或水的北面叫阳。因此，古代洛阳城市的名称来源于洛水之阳，即洛河的北面。

在历史上宓妃的真正原型是文昭甄皇后（183—221 年），又称甄夫人,中山无极(今河北省无极县)人,上蔡令甄逸之女。甄氏原是魏文帝曹丕的正妻,魏明帝曹睿之生母,后因宫室之间的争斗,被曹丕赐死。曹睿即位后追尊甄氏为文昭皇后。之前,曹丕的弟弟曹植与甄夫人有过一段恋爱,但曹操不知,把甄夫人许配给了曹丕。后来曹植得到甄夫人死亡的消息,痛苦万分,于是写下了著名的《洛神赋》。曹植以"其形也,翩若惊鸿,婉若游龙,荣曜秋菊,华茂春松。仿佛兮若轻云之蔽月,飘飘兮若流风之回雪"来形容洛神。另有相关歌舞剧、书画作品等。东晋著名画家顾恺之绘有传世名画《洛神赋图》(图5-8)。

图5-8　洛神赋图

五、神农氏

神农氏距今约6000年左右,属于新石器时代。据司马贞《补史记·三皇本纪》载:"炎帝神农氏,姜姓,母曰女登,有娲氏之女,为少典妃感神龙而生。炎帝人身牛首,长于姜水。"据《孟子·梁惠王章句上》载:"神农,有娲氏之女安登,为少典妃,忌神龙而生帝。承庖羲之本

（伏羲氏禅位于神农氏），以火德王。"故曰："炎帝。"斲木为耜，揉水为耒，耒耜之利以教天下，故号"神农"。作为五氏的最后一位神，他结束了一个饥荒的时代。因以农业为主，他的部落称神农部落（图5-9、图5-10）。

图5-9　神农画像

图5-10　神农雕像

（一）出生传奇

相传神农的母亲女登，一天在玩耍时，忽然看到天空金光闪闪，一条巨龙腾空而下，身体马上有了感应。怀孕一年零八个月后，女登生下一个红球。红球在田地里滚了几滚之后，裂为两半，中间坐着一个胖乎乎的男婴长着人的体形，龙的容颜，头上还长着两只青龙角。父亲少典给孩子起名叫"神龙"。神龙降世第三天就会说话，第五天就能走路，第七天嘴里长满了牙齿。长到三岁，本领更大，大人能干的事，他都能干。部落里的黎民百姓见到他天资聪明，智力超群，拥戴他当了姜氏部落的首领。神农氏是继伏羲以后，又一个对中华民族做出颇多贡献的传奇人物。他发明了农耕技术而号神农氏，因以火德王，又称炎帝，

（二）人文始祖

神农氏是继伏羲之后我们中华民族的又一位人文始祖，对中华民族做出了诸多的贡献。神农氏是我国农业和医药的发明者，是继伏羲以后，又一个对中华民族做出颇多贡献的传奇人物。他发明了当时先进农耕工具，带来了农业的技术革命，使得农业大力发展，因而号神农氏，因以火德王，又称炎帝。

神农氏的贡献具体包括：发展种植业；首创农具；发明医药，尝百草，开医药先河；始有地理观念，创立原始天文学和历法学；治麻为布，民着衣裳，首创纺织；始作集市，首创贸易，立市廛，首辟市场；削木为弓，以威天下；制作陶器，改善生活；作五弦琴，首创琴瑟，以乐百姓。

最主要的有两个发明：农业和医药。

1. 农业

农业方面，神农氏发明了耒耜，古代的一种翻土农具，使得当时落后的农业生产工具得以改进，大力提高农业劳动生产率。

2. 医药

在医药方面神农尝百草，为老百姓采药治病。据《淮南子·修务》记载："神农……尝百草之滋味……一日而遇七十毒。"《帝王世纪》

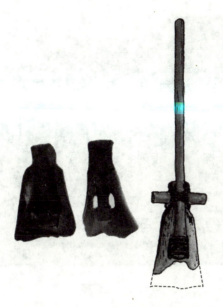

图 5-11　河姆渡出土的骨耜和装有木柄的骨耜复原图

说："神农……尝味草木,宣药疗疾,救夭伤人命。"《路史·外纪》也说,炎帝神农氏"磨蜃鞭茇,察色腥,尝草木,而正名之"。著名的《神农本草经》就和神农氏有关。现在湖北神农架就是神农氏当年采药搭架、晾晒中药的地方。

(三)古迹

有关神农氏古迹的地方有很多,至少有以下几处:湖南省株洲市炎陵县炎帝陵、湖北随州神农故里、湖北神农架、陕西省宝鸡市炎帝陵、山西省高平市炎帝陵、河南省商丘市炎帝陵等。

1.湖南省株洲市炎陵县炎帝陵

湖南省株洲市炎陵县炎帝陵是国家 4 级旅游景区、国家首批非物质文化遗产、湖南十大文化遗产、新潇湘人文八景、海峡两岸交流基地、湖南省最佳景区。炎帝陵祭典被列入了国家首批非物质文化遗产,也被评为全球最具影响力的根亲文化盛事。炎帝陵主要建筑有炎帝陵殿和神农大殿。炎陵是中华民族始祖炎帝神农氏的安寝福地、全球华人的精神家园(图 5-12)。

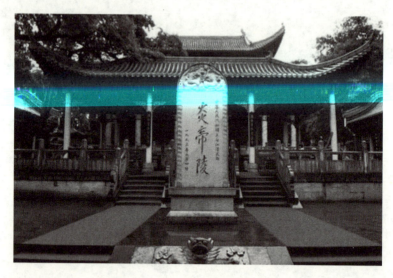

图 5-12　炎帝陵

2.神农故里——湖北随州

　　炎帝神农故里风景区位于湖北省随州市曾都区厉山镇,随州市西北 18 公里。炎帝神农故里风景区是国家 4A 级风景旅游区,风景区现拥有神农牌坊、神农文化广场、炎帝神农纪念馆、神农碑、神农尝百草塑像、神农泉、神农洞、神农庙、功德殿、万法寺、龙凤日月旗、烈山湖等 20 余处人文和自然景观。景区内群山攒簇,沟壑纵横,树木茂盛,风景优美,空气清新,气候宜人,气势恢宏,绚丽壮观。景区已初步形成了以炎帝神农洞、九龙山景区为主体的炎帝文化寻根游;以万法寺、龙凤日月旗杆为主体的唐清文化探古游,构筑了集休闲度假、观光旅游、寻根拜祖为一体的旅游新格局。

　　几千年来,每年农历四月二十六日,炎帝神农生辰之日,数以万计的海内外炎黄子孙前来烈山敬奉炎帝神农,缅怀华夏始祖,同贺始祖伟业,共庆神农生辰。烈山已成为海内外炎黄子孙寻根问祖的圣地,炎帝神农故里已成了研讨炎黄文化的基地。

　　随州民间祭祀炎帝神农的活动源远流长,从春秋时期一直延续至今。20 世纪 80 年代以来,拥有会众千万以上的世界烈山宗亲会,每年派团到随州寻根拜祖。

图 5-13   神农架自然保护区

3. 湖北神农架自然保护区——神农氏采药搭架的地方

神农当年在此遍尝百草，采药搭架，故称神农架。神农架位于湖北省西部边陲，东与湖北省保康县接壤，西与重庆市巫山县毗邻，南依兴山、巴东而濒三峡，北倚房县，竹山且近武当，地跨东经 109°56′～110°58′，北纬 31°15′～31°75′，总面积 3253 平方公里，辖 5 镇 3 乡和 1 个国家级森林及野生动物类型自然保护区、1 个国有森工企业林业管理局、1 个国家湿地公园（保护区管理局、林业管理局和湿地公园均为正处级单位），林地占 85% 以上，总人口 8 万人。神农架是 1970 年经国务院批准建制，直属湖北省管辖，是我国唯一以"林区"命名的行政区。

4. 陕西省宝鸡市炎帝陵

炎帝陵位于宝鸡市渭滨区神龙镇境内的常羊山之上，是炎黄子孙寻根祭祖的主要场所。相传炎帝生于姜水之岸（今宝鸡市境内），随着历史发展，其后代又沿渭水向东南又迁徙到湖北、湖南、山西等地，广义上，炎帝是一个氏族部落，存在若干世系。所以，所谓的炎帝

图 5-14　炎帝陵

陵是炎帝及其后代的陵墓,故全国至少有五处炎帝故里。陕西宝鸡、湖北随州、湖南炎陵县以及会同县、山西高平均被视为炎帝故里。其中,炎帝一二世均生活在陕西宝鸡,如果按照一世的说法,炎帝只存在于宝鸡。宝鸡为炎帝故里,是中华民族的发祥地之一(图 5-14)。

图 5-15　炎帝陵

5.山西省高平市炎帝陵

炎帝陵位于山西晋城高平东北17公里处的庄里村,俗称"皇坟"。陵后的五谷庙原来建筑规模庞大,现仅存正殿五间,东西厢房十几间,为元代所建,是市级文物保护单位。高平炎帝陵内有目前发现最早的炎帝陵石碑,该碑刻于"明万历三十九年(1611年)孟夏吉旦",落款为"生员申道统立"(图5-15)。

图 5-16　炎帝陵

6.河南省商丘市炎帝陵

河南省商丘市朱襄氏炎帝陵,位于河南省商丘市柘城县城东6公里的大仵乡朱堌寺村。朱襄氏是众多炎帝的别号之一(或炎帝后代之一),炎帝陵呈圆形,黏土结构,陵高10.9米,周长158米,直径50米。墓周边用青石叠砌,高1.5米,墓四周用青石砌成高50厘米的台阶,意为"天圆地方"。陵墓规模庞大、气势恢宏,陵前有"炎帝朱襄陵"碑刻一通,香池一个,碑楼4座。2001年,炎帝朱襄氏陵被商丘市人民政府公布为商丘市重点文物保护单位(图5-16)。

第二节　五帝时代

五帝时代包括:黄帝(约公元前2697—公元前2599年)、颛顼(约公元前2599—公元前2580年)、帝喾(约公元前2480—公元前2345年)、尧(约公元前2445—公元前2307年)、舜(约公元前2307—公元前2256年)。

一、黄帝

（一）出生传奇

黄帝约前2697—前2599年，活了大约98岁，还有一说是前2717—前2599年，活了118岁，黄帝是中华民族的始祖。黄帝号轩辕氏（生于轩辕丘），姬姓（长于姬水一带），原姓公孙，是有熊部落首领少典之子。在今河南新郑的轩辕丘有个龙图腾的部落，首领名曰少典氏。传说他是伏羲帝和女娲帝直系的第七十七帝，他的夫人有二，一是任姒（女登），二是附宝，她们是姐妹，是有蟜氏之女。黄帝母亲名附宝。传说附宝有一天在野外向苍天祈祷，突然电闪雷鸣，全身麻木，从此有孕。相传附宝怀孕24个月，天空出现五彩祥云，百鸟朝凤，二月初二黄帝出生了，从此有了二月二"龙抬头"之说（一说三月初三）。

司马迁《史记·五帝本纪》说："黄帝者，少典之子，姓公孙，名曰轩辕。生而神灵，弱而能言，幼而徇齐，长而敦敏，成而聪明"，意思说黄帝一生下来，就很有灵性，出生不久就会说话，幼年时聪明机敏，长大后诚实勤奋，成年以后见闻广博，对事物看得清楚（图5-17）。

（二）时代背景

大约前后一千年左右的五帝英雄时代，数以万计的氏族部落风起云涌，此裂彼合，或西坡称旗，或东山再起，其中有和平相处，又有冲突战争，最后经过三场大的战争，终于逐渐形成三个大的氏族部落集团。即在黄帝时代，发生了三场大的战争，最后形成了三大部落集团，决定了黄帝统治中原华夏部落的地位。

图 5-17　黄帝像

1. 三大战役

（1）涿鹿之战

炎帝（神农第八代榆罔）本来与黄帝同在中原地区，后来，榆罔（姜姓一部分）向东发展，进入东夷蚩尤部落（今山东）一带。开始两个部落还和平相处一段时间，后来发生冲突，蚩尤企图向西部扩张。因此，引起战争。在涿鹿这个地方（今江苏徐州，或认为在河北涿鹿县）与炎帝部落打了一场大的战斗，结果把炎帝部落打败了。

（2）冀州之战

炎帝族部落涿鹿之战战败后，并不甘心而求助于黄帝族部落，于是炎帝部落和黄帝部落联合，在冀州之野（今河北中部石家庄附近）展开了一场大的厮杀，结果蚩尤大败。东夷部落西进中原的势头受到了黄帝集团的遏制，蚩尤只能退居东夷之地。

（3）阪泉之战

炎帝和黄帝部落打败了蚩尤部落之后，黄帝部落控制了中原地区，但不久，炎帝部落在黄河以南整顿之后，又北上与黄帝部落争夺中原，于是，黄帝部落与炎帝部落在阪泉进行了一场大的战争，最后黄帝部落打败了炎帝部落。炎帝部落只能向南发展。黄帝与炎帝两部落联盟在阪泉的一次交战，是开启中华文明史、实现中华民族第一次大统一之战。

关于阪泉之战的地点，有三种说法，一种说法认为在河北涿鹿县，一种说法在今北京延庆（北京延庆西北十五里有阪山，阪山下有阪泉。延庆、怀来这道川，统称为"阪泉之野"），还有一种说法认为在今山西省运城市解州镇。据有人分析，其理由有二：解州镇春秋晋国时称解梁，汉代置解县。据《解县志》记载：解梁古时曾称作涿鹿。第二，从如今的地图看，炎帝的都城是蒲阪，即今山西省永济县蒲州镇，"黄帝居于轩辕之丘"，在今日郑州市轩辕丘，而运城正好处于两者之间，离永济相当近。有个说法是黄帝突袭炎帝，取得决定性胜利，那么运城解梁的说法就比较可信。如果是河北涿鹿的话，那么两个大帝得故意北上开战，不合情理，所以运城解梁是最有可能的阪泉之战地点。

2.三大部落集团形成

经过涿鹿之战、中冀之战、阪泉之战,各部落联合体之间力量得到了较量和调整,最后形成了三大部落集团联盟。以黄帝部落为首的华夏部落集团居于中原,以蚩尤部落为首的东夷部落集团居于山东,以炎帝部落为首的南苗部落集团居于长江中下游。黄帝部落与蚩尤部落以太行山为界,与炎帝部落以渭河为界;炎帝部落与蚩尤部落以淮河或长江为界。经过三大战争以后,三大部落长期形成了和平共处阶段,开创了中国第一个开平盛世。

(三)黄帝的贡献

1.文化方面的贡献

根据中国史书的记载,在神农之后,黄帝统一了中国各部落,他对于中华民族在文化、科技、经济、政治、道德、法律等方面都有很大的贡献。他推算历法,教导百姓播种五谷,兴文字,作干支,制乐器,创医学。在纪时方面,黄帝使大挠作甲子,以十天干配合十二地支以纪时,发明历数、天文、阴阳五行、十二生肖、甲子纪年,沿用至今。在数学方面,命隶首(黄帝时期官)作数,定度量衡之制。在文字方面,命仓颉始制文字,具六书之法。在音乐方面,命伶伦(黄帝时期官)取嶰谷之竹以作箫管,定五音十二律,合于今日。在医药方面,与岐伯讨论病理,作《黄帝内经》。他也重视祭祀和礼仪。

2.在政治法律方面

(1)划分区域

建立初级国家体制:划野分疆,八家为一井,三井为一邻,三邻为一朋,三朋为一里,五里为一邑,十邑为都,十都为一师,十师为州,全国共分九州。

(2)设立官员

设官司职,置左右大监,监于万国,设三公、三少、四辅、四史、六相、九德(官名)共120个官位管理国家。对各级官员提出"六禁重","重"是过分的意思,即"声禁重、色禁重、衣禁重、香禁重、味禁重、室禁重",要求官员节简朴素,反对奢靡。

（3）提倡德治

提出以德治国，"修德振兵"，以"德"施天下，一道修德，惟仁是行，修德立义，尤其是设立"九德之臣"，教养百姓九行，即孝、慈、文、信、言、恭、忠、勇、义，进行思想道德建设。在使用人才上，能访贤、选贤、任能，因才使用。

（4）法律

定制法律，实行以法治国，设"礼文法度""治法而不变"，命力墨担任法官，后土担任狱官，对犯罪重者判处流失，罪大恶极者判处斩首等。

婚姻法方面，当时是由母系社会向父系社会过渡，原来婚姻制度比较乱，流行抢婚，后来过渡到明媒正娶。

黄帝有四妃十嫔。正妃为西陵氏，名嫘祖，她教导人民养蚕缫丝，织出丝绸做衣裳，故有"先蚕"的称号。由于元妃嫘祖始养蚕以丝制衣服，发明养蚕纺织，后来丝织品——绸缎出现，尊贵的人改穿绸缎；次妃方雷氏女，名女节；次妃彤鱼氏女，据传说，黄帝第五个儿子叫"挥"，是黄帝的次妃彤鱼氏所生，挥发明了弓箭，于是黄帝赐"挥"为张姓，是张姓的始祖；次妃名嫫母，班在三人之下，长相丑陋，但德行高尚，深受黄帝敬重。嫫母又称丑女，当时黄帝为了制止部落"抢婚"事件，专门挑选了品德贤淑，性情温柔，面貌丑陋的丑女（封号嫫母）作为自己第四妻室。黄帝还说："重美貌不重德者，非真美也；重德轻色者，才是真贤。"相传嫫母发明了镜子。

黄帝亲自带头不以貌取人，而以道德为先，给人们做出榜样，这样渐渐地抢婚的现象越来越少了，社会风气逐渐好转起来，明媒正娶的习俗也很快确立起来了。

（5）军队

黄帝命风后（黄帝时期的大将）衍握奇图，始制阵法，发明奇门遁甲。

3.在物质文明方面

（1）农业

发明井田制。史书记载，黄帝在农业生产方面有许多创造发明，其中主要有实行田亩制。黄帝之前,田无边际,耕作无数,黄帝以步丈亩,以防争端,将全国土地重新划分,划成"井"字,中间一块为"公亩",归政府所有,四周八块为"私田",由八家合种,收获缴政府,还穿土凿井。对农田实行耕作制,及时播种百谷,发明杵臼,开辟园、圃,种植果木蔬菜,种桑养蚕,饲养兽禽,进行放牧等。

(2)纺织

缝织方面,发明机杼,进行纺织,制作衣裳、鞋帽、帐幄、毡、衮衣、裘、华盖、盔甲、旗、胄等。

(3)制陶

制造碗、碟、釜、甑、盘、盂、灶等。

(4)冶炼

冶炼方面,炼铜,制造铜鼎、刀、钱币、铜镜。在荆山采首山之铜以造货币、铸鼎。

(5)建筑

建筑方面,建造宫室、銮殿、庭、明堂、观、阁、城堡、楼、门、阶、蚕室、祠庙、玉房宫等。

(6)交通

交通方面,制造舟楫、车、指南车(指南针)、鼓车等。

(7)兵械方面

制造刀、枪、弓矢、弩、旗帜、五方旗、号角、鼙、兵符、云梯、楼橹、炮、剑、射御等。

(8)日常生活方面,

熟食、粥、饭、酒、肉、称尺、斗、规矩、墨砚、几案、毡、旃、印、珠、灯、床、席、蹴鞠等。

姬轩辕在位一百年,史籍上说,在此一百年中,中国没有盗贼,没有殴斗,人与人之间谦让和睦。适时的雨量和适时的风,使每一年都大大丰收。最使人惊奇的是,连虎豹都不胡乱吞噬其他动物,苍鹰飞鹞都拒绝捕捉地上的鸡鸭。总而言之,中国历史一开始就是一个乐园。

（四）有关黄帝的历史古迹

1. 黄帝故里——河南新郑

黄帝故里位于河南新郑市，新郑市位于河南省中部，隶属郑州，是河南省对外开放重点市和加快城市化进程试点县市，"中国八大古都"之一。黄帝故里是中华人文始祖轩辕黄帝的出生、创业、建都之地，战国《竹书纪年》和汉代《史记》等史书均有记载。

在黄帝故里新郑，汉代建轩辕故里祠，历代迭修。明隆庆四年，于祠前建轩辕桥，清康熙五十四年，新郑县令许朝柱于祠前立"轩辕故里"碑。20 世纪 90 年代以来黄帝故里多次进行扩建，景区面积已达 7 万平方米，整体布局突出"中华之根"主题，从北到南依次为轩辕丘拜祖区、故里祠区、中华姓氏广场区，构成了"天、地、人"三大板块，气势恢宏，灿然有肃。黄帝故里景区于 2003 年被评选为国家 4A 级旅游景区，2006 年被确定为全国重点文物保护单位，2010 年被命名为中国侨联爱国主义教育基地、河南省爱国主义教育基地；2008 年游客接待中心被命名为全国巾帼文明示范岗。河南新郑 4 月 5 日，农历三月初三，前来参加庚寅年黄帝故里拜祖大典的民众人山人海。

2. 黄帝陵

（1）陕西省延安黄帝陵（图 5-18）

黄帝陵位于陕西省延安市黄陵县，北距革命圣地延安 162 公里，南距古城西安 165 公里。1961 年被国务院公布为第一批全国重点文物保护单位，古墓葬第一号，号称"天下第一陵"；1997 年被中宣部命名为首批全国爱国主义教育示范基地，2001 年被国务院审定为国家重点风景名胜区，2005 年被中央文明办、建设部、国家旅游局授予创建全国文明风景旅游区工作先进单位；2006 年被授予中国黄帝祭祀文化之乡，黄帝陵祭奠被公布为国家级非物质文化遗产，2007 年被国家旅游局评定为全国首批 5A 级旅游景区，2008 年被中国民间文化遗产旅游示范区评定委员会评为中国民间文化遗产旅游示范区。

图 5-18　黄帝陵

毛泽东撰写祭文：

中华民国二十六年四月五日，苏维埃政府主席毛泽东、人民抗日红军总司令朱德敬派代表林祖涵，以鲜花时果之仪致祭于我中华民族始祖轩辕黄帝之陵。而致词曰：

赫赫始祖，吾华肇造，胄衍祀绵，岳峨河浩。

聪明睿智，光被遐荒，建此伟业，雄立东方。

世变沧桑，中更蹉跌，越数千年，强邻蔑德。

琉台不守，三韩为墟，辽海燕冀，汉奸何多！

以地事敌，敌欲岂足，人执笞绳，我为奴辱。

懿维我祖，命世之英，涿鹿奋战，区宇以宁。

岂其苗裔，不武如斯，泱泱大国，让其沦胥。

东等不才，剑屦俱奋，万里崎岖，为国效命。

频年苦斗，备历险夷，匈奴未灭，何以家为。

各党各界，团结坚固，不论军民，不分贫富。

民族阵线，救国良方，四万万众，坚决抵抗。

民主共和，改革内政，亿兆一心，战则必胜。

还我河山，卫我国权，此物此志，永矢勿谖。

经武整军，昭告列祖，实鉴临之，皇天后土。

尚飨。

陕西省黄陵县人李延军，笔名乔山，是长篇历史小说《黄帝传》作者。李延军 1959 年 3 月 14 日出生于延安，陕西文学院签约作家，中国民间文艺家协会、中华炎黄文化研究会、陕西省作家协会会员。长篇历史小说《黄帝传》是李延军近 30 年学术研究和考证成果，倾注心血全力打造的全景式再现黄帝时代社会风貌、历史进程和黄帝一生斑斓丰富的人生经历的史诗性作品。全书计划创作四部，包括《万里崎岖》《命世之英》《涿鹿奋战》和《光被遐荒》，共 160 万字左右（四部书名均取自毛泽东《祭黄帝文》）。

图 5-19　黄帝升天画像

铸鼎升天的故事（图 5-19）

《史记·封祥书》记载，黄帝一百五十二岁，但他仍风尘仆仆离开他的首都，四出巡查。古时这里荆山一带灾情严重，轩辕黄帝从昆仑山来到荆山查看。为炼仙丹给百姓治病，黄帝采首山之铜，汲湖中之水，铸鼎于桥山（陕西黄陵），在山下铸了一个大鼎。但大鼎铸成的时候，天忽然开了，降下一条黄龙迎接他。姬轩辕跟他的随从人员和宫女，共七十人，一齐跨了上去，然后，黄龙冉冉起飞。一些没有福气的人，赶来得太迟，只能抓住已经飞离地面的黄龙的胡须，胡须脱落，他们也掉下来。所以姬轩辕的结局不是死亡，而是白日升天，成仙而去。那些掉下来的人，懊丧而悲痛地把黄帝遗留下来的衣服，埋葬在桥山之下，即现在位置于陕西黄陵的黄帝衣冠冢。黄帝还曾经在黄山、卢山、仙都修炼仙丹。

　　黄帝不但是中国第一位君主，到了道家和道教创立之后，更把他推崇为道家和道教的领袖人物之一，赋予他种种道家的思想和道教的法术，这位政治上的元首遂兼任伟大的哲学家和神仙宗教神祇。

　　(2)河南省三门峡市灵宝市黄帝铸鼎塬景区(图 5-20)

图 5-20

　　黄帝铸鼎塬位于河南灵宝市阳平镇，距三门峡市 80 公里，相传是黄帝铸鼎升天的地方。据传说，黄帝铸好鼎，黄龙来迎黄帝升天时，百姓苦苦哀求，死活不让他走，有的牵衣扯袍，有的抱手拽脚，拖下了他的金靴，扒下了龙皮，拔掉了龙须。人们为了纪念黄帝，于是把黄帝的靴子埋在他铸鼎之地,这里就成了黄帝衣冠冢——世人拜祖的地方。黄帝衣冠冢——黄帝陵,高300米,长5000米。岭的西端有一高6米、周长42.5米的土堆。另外,陵西南有一龙须沟,传说是龙须坠落之地,此间生长一种龙须草,说是龙须所变,周围皆无。由于这里位于长安古道,函谷关和潼关两雄关之间,屡遭战火毁灭,但历代都曾进行过修复和重建。现已修复的主要遗迹有:献殿、始祖殿、长廊、墓冢、祀功柱、阙楼等,并铸造了象征天神、地神、祖宗的天、地、人三尊大铜鼎。

(3)黄帝行宫

相传,浙江省丽水仙都与黄山、庐山并列为轩辕黄帝的三大行宫。仙都位于浙江省丽水地区缙云县境内,峰岩奇绝、山水神秀,是融田园风光与人文史迹为一体,以观光、避暑休闲和开展科学文化活动为一体的国家级重点风景名胜区;亦是一个山明水秀、景物优美、气候宜人的游览胜地。境内九曲练溪,十里画廊,山水飘逸,云雾缭绕。

关于"仙都"名称的由来,有一段故事。相传在唐天宝年间有许多缤纷彩云回旋于此山,山谷乐声震天,山林增辉。当时有刺史苗奉倩上报唐玄宗。玄宗听后惊叹地说:"这是仙人荟萃之都也!"并亲自写下"仙都"二字。仙都盛名由此传到今天。仙都景色美在天然,奇峰异石,千姿百态,她有桂林山水之秀,又有雁荡奇峰怪石之神韵。

仙都山,古称"缙云山",道教典籍称仙都为玄都祈仙洞天,属三十六小洞天之第二十九。仙都道教兴盛,佛教发达,景区内建有黄帝祠宇(玉虚宫)、黄龙寺、栖真寺、妙庭观、缙云堂、南宫寺、乌伤侯庙、独峰书院等人文古建筑,其中"黄帝祠宇"规模最大,是炎黄子孙祭祀朝拜中华民族始祖的圣地。

(五)华夏族黄帝帝王传承族谱

黄帝有二十五个儿子,其中建立自己姓氏的有十四人。与后代帝王有关的有三个儿子。

第一代	第二代	第三代	第四代	第五代	第六代	第七代	第八代	第九代	第十代
黄帝（一帝）	玄嚣	蟜极	帝喾（四帝）	挚（五帝） 尧帝（六帝） 启稷（周祖先） 契（商祖先）					
	昌意	颛顼（三帝）	穷蝉	敬康	句望	桥牛	瞽叟	舜帝（七帝）	
								鲧	禹（八帝）
己挚（二帝）									

图 5-21 华夏族黄帝帝王传承族谱

二、颛顼

(一)简介及品德

颛顼,黄帝之孙,昌意之子,号高阳,中国上古五帝之一,在位 78 年,享年 98 岁(图 5-22)。颛顼生于若水,号称玄帝,即黑颜色的君主。12 岁时离开若水,到中原向伯父少昊学习政事。20 岁时,颛顼继承天帝之位。颛顼性格深沉而有谋略。十五岁时就辅佐少昊,治理九黎地区,封于高阳(今河北省高阳县),故又称其为高阳氏。颛顼伯父己挚(少昊)在位 84 年,默默无闻,己挚死后,因颛顼有圣德,被立为帝,时年二十岁。帝颛顼所居玄宫为北方之宫,北方色黑,五行属水,因此古人说他是以水德为帝,又称玄帝。帝颛顼以帝丘(今河南濮阳)为都城,以句芒为木正、蓐收为金正、祝融为火正、玄冥为水正、句龙为土正,合称五官。

图 5-22 颛顼像

据司马迁《史记》记载:"帝颛顼高阳者,黄帝之孙而昌意之子也。静渊以有谋,疏通而知事;养材以任地,载时以象天,依鬼神以制义,治气以教化,絜诚以祭祀。北至于幽陵,南至于交阯,西至于流沙,东至于蟠木。动静之物,大小之神,日月所照,莫不砥属。"意思是,颛顼帝高阳,是黄帝的孙子,昌意的儿子。他沉静稳练而有机谋,通达而知事理。他养殖各种庄稼、牲畜以充分利用地力,推算四时节令以顺应自然,依顺鬼神以制定礼义,理顺四时五行之气以教化万民,洁净身心以祭祀鬼神。他往北到过幽陵,往南到过交趾,往西到过流沙,往东到过蟠木。各种动物植物,大神小神,凡是日月照临的地方,全都平定了,没有不归服的。

（二）颛顼帝的贡献

文治方面,规范宗教事务,始以民事纪官。教民耕种,创制历法,定婚姻,制嫁娶,整顿社会秩序。武功方面,平共工,征九黎,定三苗,初步完成了华夏的统一。

1.绝地天通、统一巫教

颛顼执政时期,进行了一次重要的宗教改革。被黄帝征服的九黎族,到颛顼时,仍信奉巫教,杂拜鬼神。颛顼禁绝巫教,强令他们顺从黄帝族的教化,促进了族与族之间的融合。颛顼实行"绝地天通",垄断神权政治,推动社会进步。"绝地天通"其意义非同小可,总体来说,起到了中华民族的思想统一、文化统一、权力统一、法律统一的作用。其政治意义是:明确了君王是唯一的"天子",建极绥猷的地位,意味着君权神授的权力归天子(颛顼一人)所属。

2.制定礼法、男尊女卑

颛顼帝时期,有这么一条律令规定,妇女在路上和男子相遇,必须避让一旁;如果不这样做,就会被拉到十字路口痛打一顿。这条法律虽然是传说,但是说明了在颛顼那个时期,由于生产方式的变化,男子成了氏族中的主导力量,妇女的地位已经低于男子,父系氏族社会已经基本取代了母系氏族社会,男子在社会上的权威已经确立。

三、帝喾

（一）简介与品德

据司马迁在《史记》中记载,颛顼帝逝世,他的侄儿高辛部落酋长姬夋继位,以木德称帝(图5-23)。姬夋是五帝中的第三帝,号高辛氏,是黄帝曾孙,玄嚣孙子,父亲叫蟜极,颛顼是他的伯父。颛顼死后,玄嚣的孙子高辛即位,这就是帝喾。虽然蟜极没有登上帝位,但是颛顼死后玄嚣的孙子、蟜极的儿子姬夋(帝喾)登上帝位。相传帝喾生于穷桑(西海之滨)。帝喾少小聪明好学,十二三岁便有盛名,十五而佐颛顼,封有辛地方,实住帝丘,三十而得帝位,迁都亳邑,在位七十年,享寿百岁。死后葬于商丘市睢阳区南20公里的高辛集(另一说法死后葬于濮阳顿丘城南台阴野之秋山)。

图 5-23　帝喾画像

据司马迁《史记》记载:"高辛生而神灵,自言其名。普施利物,不於其身。聪以知远,明以察微。顺天之义,知民之急。仁而威,惠而信,修身而天下服。取地之财而节用之,抚教万民而利诲之,历日月而迎送之,明鬼神而敬事之。其色郁郁,其德嶷嶷。其动也时,其服也士。帝喾溉执中而遍天下,日月所照,风雨所至,莫不从服。"意思是,高辛生来就很有灵气,一出生就叫出了自己的名字。他普遍施予恩泽于众人而不及其自身。他耳聪目明,可以了解远处的情况,可以洞察细微的事理。他顺应上天的意旨,了解下民之所急。仁德而且威严，温和而且守信，修养自身，天下归服。他收取土地上的物产，俭节地使用；他抚爱教化万民，把各种有益的事教给他们；他推算日月的运行以定岁时节气，恭敬地迎送日月的出入；他明识鬼神，慎重地加以侍奉。他仪表堂堂，道德高尚。他行动合乎时宜，服用如同士人。帝喾治民，像雨水浇灌农田一样不偏不倚，遍及天下，凡是日月照耀的地方，风雨所到的地方，没有人不顺从归服。

三国时期曹植曾作《帝喾赞》以颂之："祖自轩辕，玄嚣之裔，生言其名。木德治世。抚宁天地，神圣灵宾，教讫四海，明并日月。"

（二）帝喾贡献

1.观测天象、细分历法

帝喾以前，人们虽有一年四季的概念，但只是日出而作，日落而息，从事农业畜牧没有一个科学的时辰顺序，严重制约了农业发展和人们的生活质量。因此，帝喾"爻策占验推算历法，穷极变化，颁告天下"。《大戴礼·五帝德》说他"夜观北斗，尽观日，作历弦、望、晦、朔、迎日推策"，或"观北斗四时指向，以定节气；观天干以定周天历度"。科学探索天象，物候变化规律，划分四时节令，指导人们按照节令从事农畜活动，极大地促进了社会生产力的发展，使华夏农业出现一次伟大的革命，农耕文明走进了一个崭新的时代。

2.施政以仁

帝喾时代可谓上古时期的太平盛世。他的治国方略是："德莫于博爱于人，政莫高于博利于人。政莫大于信，治莫于大仁。"强调以诚信、仁德使天下治。所以《史记》说他："普施利物，聪以知远，明以察微，顺天之义，知民之急，仁而威，惠而信，脩身而天下服……日月所照，风雨所至，莫不服从。"

3.诚信立国

帝喾在人民群众中尤以诚信而著称。"嫁女盘瓠犬"的故事历数千年而不衰。当时戎吴将军作乱，帝喾征而不胜，便告文于天下，凡取戎吴将军人头者，可得千金，封万户，赐帝女为妻。后来，一个头状如狗头的人叫盘瓠，以自己的勇猛和智慧取戎吴将军首级，帝喾即履行诺言,嫁女封邑于盘瓠犬。帝喾作为一代帝王,不仅能养性自律,大公无私,而且倡导诚信,明察善恶,为天下人所景仰,为历代帝王所推崇,时至今日,仍有积极意义。

(二)陵墓

1.河南安阳市内黄县二帝陵(图 5-24)

位于河南安阳市内黄县城南 30 公里的梁庄镇三杨庄土山之阳,人称"二帝陵"。颛顼陵居东,帝喾陵居西,两陵相距 60 米。颛顼陵南北长 66 米,东西宽 53 米,高约 26 米;帝喾陵略小且居后两米。

图 5-24　二帝雕像

2.河南商丘帝喾陵 (图 5-25)

河南商丘帝喾陵位于五帝之一帝喾的建都地亳(今河南商丘),即今商丘市睢阳区南 25 公里的高辛镇。商丘帝喾陵始建于公元前 2345 年,现存的墓地为一高大丘,南北长 233 米,东西宽 130 米。史料记载,帝喾陵曾于西汉时维修,宋太祖赵匡胤登基后下诏大修帝喾陵寝并为之树碑。在元、明时期又经多次修复,其殿宇雄伟壮观,松柏苍郁,碑碣林立,庙堂内中央有一口古井,梁上绘有彩龙,彩龙映入井中,栩栩如生,相传大旱之年求雨多有灵验,所以被人们誉为"灵井"，陵前现存原有帝喾祠、沐浴室、更衣亭、禅门等古建筑，院中有大量古代碑刻。

商丘帝喾陵周边的豫、皖、苏、鲁四省民众对其世代祭祀，至今已延续了 4000 多年之久。

图 5-25　帝喾陵

四、唐尧

（一）简介

尧（约前 2447—前 2307 年，140 岁）或（前 2377—前 2259 年，118 岁），姓伊祁，名放勋，因封于唐，故称"唐尧"（图 5-26）。于公元前 2377 年农历二月初二，在唐地伊祁山诞生（一说是今山西临汾尧都区，一说是唐县尧山即顺平县之伊祈山），随其母在庆都山一带度过幼年生活。15 岁时在唐县封山下受封为唐侯。20 岁时，其兄帝挚为形势所迫让位于他。他践帝位后，复封其兄挚于唐地为唐侯，他也在唐县伏城一带建第一个都城，以后因水患逐渐西迁山西，定都平阳。

图 5-26　唐尧画像

司马迁《史记·五帝本纪》载："尧立七十年得舜，二十年而老，令舜摄行天子之政，荐之於天。尧辟位凡二十八年而崩。"尧在位七十年得到舜，又过二十年因年老而告退，让舜代行天子政务，向上天推荐。尧让出帝位二十八年后逝世。

唐尧 20 岁继承帝位，在帝位 70 年得舜，在位 90 年禅让于舜，禅让后 28 年去世，大约活了 138 岁。

（二）出生传奇

尧的出生神秘动人。据传有一次，尧母庆都在涑水河上乘船游览，遇到一条赤龙在空中绕船舞动，感而有孕，14 个月后，尧即出生，名放勋，姓伊祁，号陶唐氏。所以，尧是地道的"龙的传人"。因为尧母庆都孕期长达 14 个月，生下的婴儿体形巨大，双目有神，且尧从小聪慧过人，制陶、农耕、渔猎等一见就会。所以炎氏族伊祁侯给他起名时颇费了一番脑筋。因此以其出生地处三岭，岭岭皆土，三土为"垚"，又因封于"唐"这个地方，故称"唐尧"。

（三）品德

据司马迁《史记》记载："帝尧者，放勋。其仁如天，其知如神。就之如日，望之如云。富而不骄，贵而不舒。黄收纯衣，彤车乘白马。能明驯德，以亲九族。九族既睦，便章百姓。百姓昭明，合和万国。"意思说，帝尧，就是放勋。他仁德如天，智慧如神。接近他，就像太阳一样温暖人心；仰望他，就像云彩一般覆润大地。他富有却不骄傲，尊贵却不放纵。他戴的是黄色的帽子，穿的是黑色衣裳，朱红色的车子驾着白马。他能尊敬有善德的人，使同族九代相亲相爱。同族的人既已和睦，又去考察百官。百官政绩昭著，各方诸侯邦国都能和睦相处。

（四）贡献

1. 定历法

帝尧任命羲氏、和氏掌管天文，制定历法，授民农时。分派羲仲、羲叔、和仲、和叔分住四方，负责观察日月星辰、万物生灵，以通报气候变化，使百姓能及时下种和收获。他命羲氏、和氏测定推求历法，制定四时成岁，为百姓颁授农耕时令，测定出了春分、夏至、秋分、冬至。

2. 礼乐文化

尧帝时，就重视礼乐的教化作用，不仅能教导人民，而且还用之教化动物。《吕氏春秋》讲的是尧和野兽在一起玩耍的事："帝尧立，乃命质为乐。质乃效山林溪谷之音以作歌，乃以麋鞈冒缶而鼓之，乃拊石击石，教化作用以象上帝玉磬之音，以致舞百兽。"

但是，尧帝时期礼乐文化的内容，由于历史久远，已经无可考究了。即使是夏礼和商礼，到了孔子时期就已经很难找到史书和古迹来印证了，所以，孔子感叹："夏礼吾能言之，杞不足征也；殷礼吾能言之，宋不足征也。文献不足故也。足，则吾能征之矣。"

尧帝时期的礼乐文化虽然无法考究，但是尧帝的治理国家的功绩，却能够显示后人。在《论语》里面，有这样的话，我们可以体会到唐

尧的伟大。子贡曰:"如有博施于民而能济众,何如? 可谓仁乎?"子
曰:"何事于仁? 必也圣乎! 尧舜其犹病诸。夫仁者,己欲立而立人,
己欲达而达人。能近取譬,可谓仁之方也已。"子曰:"大哉尧之为君
也! 巍巍乎! 唯天为大,唯尧则之,荡荡乎,民无能名焉。巍巍乎其有
成功也,焕乎其有文章!"

3.普纳谏言

尧帝执政时设置谏鼓,让老百姓都能对国事发表意见。他设立
谤木,鼓励百姓批评自己的过失。他说:"如果有一个人挨饿,就是我
饿了他;如果有一个人受冻,就是我冻了他;如果有一个人获罪,就是
我害了他。"尧无微不至地关心百姓,轻徭薄赋,因此百姓都十分拥戴
他。他又大力提倡道德与和顺,使天下百姓能融洽相处,使天下万国
和谐一致。

尧治天下五十年,问天下治与不治? 百姓爱戴自己与否? 左右
不知,朝野不知。他于是微服访于民间,看到有一位老人含着食,鼓
着腹,敲着土地唱道:"日出而作,日入而息,凿井而饮,耕田而食,帝力
于我何有哉。"这首古诗称作《击壤歌》。

4.制定法度

尧为了管治天下,制定法度,禁止欺诈,尧命皋陶任掌管刑法的
"理"官,皋陶以正直著称,被奉为中国司法鼻祖。皋陶曾协助大禹
治水,被禹选为继承人,因早死,未继位。皋陶的主要功绩就是制定
刑法和重视教育,帮助尧、舜、禹推行"五刑""五教"。皋陶用独角兽
治狱,坚持公正;刑教兼施,要求父义、母慈、兄友、弟恭、子孝,使社
会和谐,天下大治。《论衡》记载了有关皋陶用獬豸治狱传说。獬豸
"一角之羊也,性知有罪。皋陶治狱,其罪疑者,令羊触之,有罪则触,
无罪则不触。故皋陶敬羊"。皋陶决狱明白,执法公正。遇到曲直难
断的情况,便放出独角神羊,依据獬豸是否顶触来判定是否有罪。

5.命禹治水

帝尧年老以后,到处都出现洪水泛滥现象,严重影响百姓生活,
尧于是问四岳谁可以治好洪水。四岳都说:"鲧可以。"帝尧说:"鲧违

背教命,败坏宗族,不行。"四岳说:"看法不同啊!让他试试,不成功再说。"帝尧听从了四岳的意见,让鲧治水,鲧花了九年时间,还没有成功。又启用鲧的儿子禹,使洪水得以治理。

6．"尧帝造棋,教子丹朱"

围棋,古时称作"弈",是我国古代文化的瑰宝之一,传说是尧发明的。尧有一个儿子名叫丹朱,丹朱小的时候非常淘气,经常和小伙伴玩"打仗"游戏,身上总有一些伤痕,尧帝看到儿子这样贪玩,不思进取,将来一定成不了才,于是就想了一个教育儿子的好方法。尧帝教丹朱的这种游戏,就是当今围棋的雏形,如今围棋棋盘从十一条线演变成十九条线,后来人们将围棋起源的传说,总结成八个字,就是"尧帝造棋,教子丹朱"。其实围棋并不是尧帝一个人发明的,它是广大劳动人民在长期生活实践中不断总结创造的,是人类进入文明社会的产物,古时的人们厌倦了连年征战的生活,于是便发明了这种文明的战争游戏。

7．遍访贤士、礼让天下

尧帝开创了帝王禅让之先河,在位七十年,认为儿子丹朱不成器,决定从民间选用贤良之才。尧问四方诸侯首领:"谁能担负起天子的重任? 没有满意的答案",于是决定遍访天下。当时有一个,叫许由①(图 5-27)的高人。尧帝知其贤德,要把君位让给他,许由推辞不受。许由听完尧的用意,立即到颍水边洗耳,认为这些世俗浊言脏了自己的耳朵。许由到河边来洗耳朵,正碰见一个叫巢父②的高人,他牵着牛犊正要饮水。巢父问许由为何洗耳? 许由将帝尧要让位于自

---

① 许由(生卒年不详),是尧舜时代的贤人。帝尧在位的时候,一说是他率领许姓部落活在今天的河北省行唐县许由村一带活动,另一说是今天颍水流域的河南省登封、许昌、禹州、汝州、长葛、鄢陵一带,这一带后来便成了许国的封地,他从而也成为许姓的始祖。

② 巢父:传说中的高士,因筑巢而居,人称巢父。尧以天下让之,不受,隐居聊城(今属山东省),以放牧了此一生。聊城古有巢陵,为巢父葬处,在今聊城市东昌府区许营村西北二里许。聊城县治曾移此。其墓旁传为当年巢父遗牧处,为聊城古八景之一,曰"巢父遗牧"。

己的事给巢父说了一番。许由这样诉说是想得到巢父的同情,最好能宽慰他几句。哪料,巢父听了后,不仅没有同情他,反而,立即把牛牵到河水的上游。许由纳闷,问他,巢先生怎么不在此处饮牛了? 巢父说:"我真怕你洗过耳朵的水脏了我这牛犊的嘴!"说着,巢父牵着牛犊去上游饮水了。

图 5-27 许由画像

(五)古迹

1.唐尧故里——河北唐县

唐尧作为中国上古时期的一代圣君,相传在唐县出生、成长、封侯并称帝,史称唐尧。千年古县唐县至今仍保存着唐尧故居地庆都山、唐侯受封处封山、抗旱寻水处尧泉等众多唐尧文化的遗迹,流传着丰富的关于尧帝的故事和传说。唐县将"唐尧传说"整理成丹凤山下受封唐侯、青龙山上找泉水、唐城广场羿射日等9个有代表性的完整故事,并总结出口传性、地方性、文学性、可信性和传承性五大特点。"唐尧传说"于 2013 年 9 月入选河北省第五批省级非物质文化遗产名录项目。唐县正依托以尧帝母亲庆都命名的庆都山规划建设尧帝文化产业园,主要建设内容包括尧帝始祖大殿、华夏广场、圣母湖三部分,2014 年奠基,预计 2017 年竣工。项目建成后将成为海内外华人的寻根地、刘氏祭祖地和中华传统文化教育基地。

2. 山西临汾尧帝陵

尧帝陵位于在山西临汾市东北约七十里的郭村西隅,陵的周围土崖环抱,陵阜崇隆,涝水经流其南。陵前祠宇恢宏,松柏苍翠。相传尧帝建都平阳,因而临汾城南有尧庙,城东筑有尧帝陵。尧帝陵周十崖环峙,河水经陵前南泄,松柏苍翠,陵丘耸峙。尧陵高 50 米,绕周 80 米。陵前筑有祠宇,相传为唐初所建。金泰和二年(公元 1202 年)碑文记载:唐太宗征辽曾驻跸于此,因谒尧陵,遂塑其像。唐显庆三年(公元 658 年)重修。元中统年间,道人姜善信奉元世祖命,再次重修尧陵。明成化十年(公元 1481 年)、嘉靖十八年(公元 1539 年)、弘治四年(公元 1491 年)、万历十二年(公元 1584 年)、万历十八年(公元 1590 年)及清雍正、乾隆年间都对尧陵进行过修茸补建。明清时尧陵春秋二祭,沿而不废。现陵丘如故,松柏依旧。祠内有山门(门上为乐楼)、牌坊、厢房、献殿、寝殿、碑亭等建筑。布局紧凑,木雕精细,红墙绿瓦,围以清流古柏,相映成画。陵前祠内立有元代以来碑碣十余座,记述陵宇沿革和帝尧功绩。其中明嘉靖十八年(公元 1539 年)尧陵碑上刻有尧陵全图,保存完好。

3. 山西临汾尧庙

尧庙位于临汾市区南 3 公里处。相传尧建都平阳(今临汾市),有功于民,庙是后人为祭祀尧所建。创建年代已无可考。现存建筑原为清代遗物。前有山门,内有围廊、牌坊、五凤楼、尧井亭、广运殿、寝宫等建筑。尧及其四大臣被喻为"五凤"。"一凤升天,四凤共鸣",五凤楼就因此得名。尧井相传为尧所掘,为记其功,上筑一亭。广运殿是供奉尧的主殿,高达 27 米,殿宇四周设环廊,42 根石柱,柱础雕刻工精,殿内金柱子肥硕,直通上层檐下,础石上云龙盘绕。龛内塑有尧帝像及其侍从。庙内存在碑碣 10 余通,记载尧帝功绩及庙宇建造经过。广运殿 1998 年毁于大火,后于 1999 年重建。

4. 江苏淮安市金湖县尧帝古城(图 5-28)

尧帝古城,位于江苏金湖城南新区(人民南路与清河路的交汇处),人民南路以东,利农河以西,新建河以南,金宝南线以北。尧帝古

图 5-28 尧帝古城

城又称金湖印象旅游城,与 2011 年 9 月开建,2015 年建成。占地 1000 亩,配套五星级酒店和超大型停车场。将打造成为华东重要的旅游景点,创建 5A 级旅游景点。总占地 1050 亩,总建筑面积 84 万平方米,旅游核心区占地 723 亩,总投资 30 亿元,是以国家 5A 级景区为标准建设的文化旅游地产项目。

5.山东省菏泽市鄄城县尧王墓

尧王墓,又名尧陵,位于山东省菏泽市鄄城县城南 7 公里处富春乡赵千庄村南谷林寺。《吕氏春秋》载:"尧葬谷林"。1935 年黄河决口,已毁。陵前现有明嘉靖二十四年（1545 年）八月濮州知州薛孟书"祭文"碑和清光绪二十九年(1903 年) 淄州知州缪润绂书"帝尧陶唐氏墓"碑各一块。碑前有享殿、东西朝房、东西更衣亭、大门、牌坊、圣母殿等建筑。院内另有石碑数块及清末所植古柏 246 棵。陵南 500 米有尧母庆都陵,西 350 米有尧妃中山夫人墓及祠,陵南靠黄河金堤,北临箕山河。仅存墓、碑、龟及柏等稀有文物。

五、虞舜

(一)出生传说

舜,也称虞舜,距今约四千多年前,舜姓姚,因眼里有双瞳,故名叫重华(图 5-29)。母亲生下他不久就去世了,父亲娶了继室,生一男一女,男的叫象,女的叫敤首,就是舜的异母弟妹了。舜生母叫握登,据说生母握登看到一条大虹,心有所感而怀孕,经过十四个月孕育后才生下舜。舜诞生时赤光满天、兽鸟齐鸣。

虞舜,是黄帝后代,历来与尧并称,为传说中的圣王。司马迁《史记·五帝本纪》上说,虞舜,名叫重华。重华的父亲叫瞽叟,瞽叟的父亲叫桥牛,桥牛的父亲叫句望,句望的父亲叫敬康,敬康的父亲叫穷蝉。穷蝉的父亲是颛顼帝,颛顼的父亲是昌意,从昌意至舜有七代了。舜的祖辈,自从穷蝉之后一直到舜帝,中间几代,地位低微,都是平民。舜的父亲瞽叟是个瞎子,舜的生母死后,瞽叟又续娶了一个妻子生下了象,象桀骜不驯。瞽叟喜欢后妻的儿子,常常想把舜杀掉,舜都躲过了;赶上有点小错儿,就会遭到重罚。舜很恭顺地侍奉父亲、后母及后母弟,一天比一天地忠诚谨慎,没有一点懈怠。

图 5-29　虞舜画像

《史记·五帝本纪》记载:"舜,冀州之人也。舜耕历山,渔雷泽,陶河滨,作什器于寿丘,就时于负夏。舜父瞽叟顽,母嚚,弟象傲,皆欲杀舜。舜顺适不失子道,兄弟孝慈。欲杀,不可得;即求,尝在侧。"意思是说:舜,是冀州人。舜在历山耕过田,在雷泽打过鱼,在黄河岸边做过陶器,在寿丘做过各种家用器物,在负夏跑过买卖。舜的父亲瞽叟愚昧,母亲顽固,弟弟象桀骜不驯,他们都想杀掉舜。舜却恭顺地行事,从不违背为子之道,友爱兄弟,孝顺父母。他们想杀掉他的时候,就找不到他;而有事要找他的时候,他又总是在身旁侍候着。

(二)品德

舜的孝行孝感动天,被奉为中国的孝祖,在《二十四孝》故事里面排在第一孝。舜具有凤凰的美德——阴柔之德①。

图 5-30

　　舜的家世甚为寒微,虽然是帝颛顼的后裔,但五世为庶人,处于
社会下层。舜的遭遇更为不幸,父亲瞽叟,是个盲人,母亲很早去世。
瞽叟续娶,继母生弟名叫象。舜生活在"父顽、母嚚、象傲"的家庭环境
里,父亲心术不正,继母两面三刀,弟弟桀骜不驯,几个人串通一气,
必欲置舜于死地而后快;然而舜对父母不失子道,十分孝顺,与弟弟
十分友善,多年如一日,没有丝毫懈怠。因为舜家境清贫,故很早就
从事各种体力劳动,经历坎坷。他在历山(济南南郊的千佛山,古称
历山,又称舜山、舜耕山)耕耘种植,在雷泽(在今山东菏泽东北)打鱼。
相传舜在 20 岁的时候,名气就很大了,他是以孝行而闻名的。因为能
对虐待、迫害他的父母坚守孝道,故在青年时代即为人称扬。舜的道

――――――――

　　① 凤凰性格高洁,非晨露不饮,非嫩竹不食,非千年梧桐不栖。形象一般为鸡
首、燕颔、蛇颈、鹰爪、鱼尾、龟背和孔雀毛。风传说中共有五类,分别是赤色的朱雀、
青色的青鸾、黄色的鹓鶵、白色的鸿鹄和紫色的鸑鷟。神话中说,凤凰每次死后,会
周身燃起大火,然后其在烈火中获得重生,并获得较之以前更强大的生命力,称之为
"凤凰涅槃"(图 5-30)。

德修养越来越高,他多次耕作的历山地方人越聚越多,已由一个荒僻的地方,成了个大都会,但他却仍得不到家庭的温暖,在一日田间劳作时,他以鸟为例,信口而歌:"涉彼历山兮崔嵬,有鸟翔兮高飞。思父母兮历耕,日与月兮往如驰。父母远兮吾将安归?"歌罢,悲从中来,放声大哭,这年舜已经三十岁了。

　　过了10年,尧向四岳(四方诸侯之长)征询继任人选,四岳就推荐了舜。四方诸侯首领说,有个单身汉,在民间,叫虞舜。于是,尧微服私访,来到历山一带,听说舜在田间耕地,便到了田间。看见一个青年,身材魁伟、体阔神敏,聚精会神地耕地,犁前驾着一头黑牛、一头黄牛。奇怪的是,这个青年从不用鞭打牛,而是在犁辕上挂一个簸箕,隔一会儿,敲一下簸箕,吆喝一声。尧等舜犁到地头,便问,耕夫都用鞭打牛,你为何只敲簸箕不打牛?舜见有老人问,拱手以揖答道,牛为人耕田,出力流汗很辛苦,再用鞭打,于心何忍!我打簸箕,黑牛以为我打黄牛,黄牛以为我打黑牛,就都卖力拉犁了。尧一听,觉得这个青年有智慧,又有善心,对牛尚如此,对百姓就更有爱心。尧与舜在田间扯起话题,谈了一些治理天下的问题,舜的谈论明事理,晓大义,非一般凡人之见。尧又走访了方圆百里,都夸舜是一个贤良之才。尧便决定试一试舜。尧把两个女儿娥皇、女英嫁给舜,让两个女儿观其德;把九个男儿安排在舜周围,让九个男儿观其行。把舜放进深山之中,虎豹毒蛇都被他驯服。舜头脑清醒,方向明确,深山之中不迷失,很快就走了出来。尧先让舜在朝中作虞官,试舜三年后,让舜在尧的文庙拜了尧的先祖,尧便让舜代其行天子之政。

　　尧将两个女儿嫁给舜,以考察他的品行和能力。舜不但使二女与全家和睦相处,而且在各方面都表现出卓越的才干和高尚的人格力量,"舜耕历山,历山之人皆让畔;渔雷泽,雷泽上人皆让居",只要是他劳作的地方,便兴起礼让的风尚;"陶河滨,河滨器皆不苦窳",制作陶器,也能带动周围的人认真从事,精益求精,杜绝粗制滥造的现象。他到了哪里,人们都愿意追随,因而"一年而所居成聚(聚即村落),二年成邑,三年成都(四县为都)"。尧得知这些情况很高兴,赐予舜缔衣(细葛布衣)和琴,赐予牛羊,还为他修筑了仓房。

舜得到了这些赏赐,瞽叟和象很是眼热,他们又想杀掉舜,霸占这些财物。瞽叟让舜修补仓房的屋顶,却在下面纵火焚烧仓房。舜靠两只斗笠作翼,从房上跳下,幸免于难。后来瞽叟又让舜掘井,井挖得很深了,瞽叟和象却在上面填土,要把井堵上,将舜活埋在里面。幸亏舜事先有所警觉,在井筒旁边挖了一条通道,从通道穿出,躲了一段时间。瞽叟和象以为阴谋得逞,象说这主意是他想出来的,分东西时要琴,还要尧的两个女人给他做妻子,把牛羊和仓房分给父母。象住进了舜的房子,弹奏舜的琴,舜突然回来,象大吃一惊,老大不高兴,嘴里却说:"我思舜正郁陶!"舜也不放在心上,一如既往,孝顺父母,友于兄弟,而且比以前更加诚恳谨慎。

后来尧让舜参与政事,管理百官,接待宾客,经受各种磨炼。舜不但将政事处理得井井有条,而且在用人方面有所改进。经过多方考验,舜终于得到尧的认可。选择吉日,举行大典,尧禅位于舜,《尚书》中称为舜"受终于文祖"。又传说是舜代替尧摄行天子之政,虽有天子之权,而无天子之号。

(三)贡献

1. 制礼作乐

舜乐又称韶乐,传说是舜创作的一种集诗、乐、舞为一体的综合古典艺术。《竹书纪年》载:"有虞氏舜作《大韶》之乐。"《吕氏春秋·古乐篇》同载:"帝舜乃命质修《九韶》《六列》《六英》,以明帝德。"由此可知,舜作《韶》主要是用以歌颂帝尧的圣德,并示忠心继承。此后,夏、商、周三代帝王均把《韶》作为国家大典用乐。周武王定天下,封赏功臣,姜太公以首功封营丘建齐国,《韶》传入齐。孔子对《韶》乐非常赞赏!子谓《韶》:"尽美矣,又尽善也。"谓《武》:"尽美矣,未尽善也。"

2. 分工大臣、各尽所长(选贤任能)

舜作王以后,把手下的官员按照每个人的特长和专长进行了分工,任命为正式的职务。其中,最主要的有十个人:禹、皋陶、契、后稷、伯夷、夔、龙、垂、益、彭祖。

大禹——司空,掌管水利以及土木工程。夏朝之祖。

弃——后稷,掌管农业,周朝之祖。

契——司徒,主管教化民众。商朝之祖。

皋陶——士(《史记》另处写作"大理"),负责刑罚。

倕——共工(另处写作工师),掌管百工。

益——虞(另处写作主虞),掌管林牧业。皋陶之子,秦朝之祖。

伯夷——秩宗(另处写作主礼),负责礼仪。

夔——典乐,掌管音乐。舜命夔作韶乐。

龙——纳言(另处写作主宾客),负责疏通言论,传达天子号令。

彭祖——无任所大臣,负责协调各大臣所负责的政务。大彭之祖。

在《论语》中,孔子有多次赞美舜的品德。子曰:舜有臣五人而天下治;子曰:"巍巍乎,舜、禹之有天下也而不与焉";子曰:"无为而治者,其舜也与? 夫何为哉。恭己正南面而已矣";尧曰:"咨! 尔舜。天之历数在尔躬,允执其中。四海困穷,天禄永终。"舜亦以命禹。

(四)舜的传说故事及故里

1. 斑竹点点湘妃泪

传说在舜的时期,湖南九嶷山上有九条恶龙,住在九座岩洞中,经常在湘江出没嬉戏,导致洪水暴涨,冲走附近农田作物,也冲毁了村庄宅院,百姓叫苦连天,民怨四起。舜帝得知恶龙危害,勤政爱民的他,吃不好,睡不稳,只想到南方帮助百姓除害,消灭恶龙。对于舜帝决心南巡除恶龙,娥皇、女英虽然心里不舍,但想到为民除害,还是极力忍着内心的不安与离别的痛苦煎熬,强颜欢笑送舜帝上路。

舜帝离开后,蛾皇与女英天天期盼着他降服恶龙,传来佳音,她们日夜为他祈祷,希望他早日凯旋。但是,春去秋来,日复一日,年复一年,舜帝仍然毫无音讯,她们担心、痛苦而无奈。由于舜帝久盼不归,于是两人商量,与其在家苦等,不如前往寻找。因此,蛾皇和女英决定不畏险阻,要往南方到湘江找寻杳无音讯的丈夫。一路跋山涉水,历尽艰辛,终于到达九嶷山。她们沿着河流登上山顶,又顺着溪流下到谷底,寻遍九嶷山的每个村落,踏遍九嶷山的每条小径,怀抱着希望一路寻找。一天,她们来到一处名为三峰石的地方,这儿环境清幽,耸立着三块巨石,四周翠竹围绕,有一座珍珠贝堆砌的高大坟墓。她们感到十分惊讶,就向附近的村民探询,村民们含着泪告诉她们:"这是舜帝之墓,他不辞辛劳从遥远的北方来到这里,帮我们斩除九条恶龙,使我们能安居乐业,可是他却竭尽心力,最后竟过度劳累而病死在这里了。"

原来,舜帝病逝后,当地百姓为感念舜帝的恩泽,特地修了这座坟墓纪念他。舜帝的德泽还感动了九嶷山的一群仙鹤,它们朝夕不停歇地自南海衔来一颗颗晶莹剔透、光彩夺目的珍珠,积累在舜帝的坟墓上,不久就成了这座珍珠坟墓。这三块大石头,则是舜帝用来消灭恶龙的三齿耙插在地上所变成的。

得知实情的蛾皇与女英,二人伤心绝望,抱竹痛哭,一直哭了九天九夜,她们哭肿了眼睛,哭哑了嗓子,哭干了眼泪,最后哭出血泪来。因为无法承受丧夫之痛,两人就投湘江而死,后来成为湘水之神。相传娥皇为湘君,女英为湘夫人。

传说二人的眼泪洒在竹子上,形成了抹不去的点点泪斑,有紫色、雪白色,还有血红色,这就是"斑竹",又称为湘妃竹、泪竹、湘江竹、湘竹。

2.虞舜故里

关于虞舜的出生地点至少有三种观点。

(1)河北冀州

司马迁说舜帝是"冀州之人",河北省冀州市现在是河北省衡水市下辖的一个县级市,位于河北省中南部,地处华北平原腹地,滏阳河流经本市。北距北京300公里,西距河北省省会石家庄110公里,辖区总面积918平方公里。冀州在古代是上古九州之一,历史悠久。

到汉朝时,正式成为行政区划地名,是十三刺史部之一。

(2)山东诸城

孟子与司马迁的说法不太一样,孟子说舜帝"生于诸冯""东夷之人",司马迁则说舜帝是"冀州之人"。

现在对舜帝出生地大体有以下五种说法,即山西垣曲说、山西永济说、山东诸城说、山东菏泽说、河南濮阳说。有人就将山西垣曲说与山西永济说归于司马迁的冀州说;山东诸城、菏泽、河南濮阳等,在上古时代属东夷之地,于是有人将这三种说法归于孟子的"东夷说"。"东夷之人""冀州之人"是两大代表性说法。

(3)浙江余姚、上虞

据传说舜生于姚江,而姓姚。上虞是虞舜的活动地点。

3.舜帝陵

湖南永州市宁远县舜帝陵。虞舜的安葬地在湖南省舜帝崩葬地永州市宁远县九嶷山。

舜帝陵始于夏代,九嶷置陵建庙,秦汉迁于玉官岩前,明初移至舜源峰下。后因年久失修,几近荒废。现在的舜帝庙是公元 1371 年(明朝洪武四年)由玉琯岩搬迁而来,位于舜源峰北麓,坐南朝北。舜庙于 20 世纪 90 年代重建,共斥资近三千万元,1999 年落成。新建成的舜庙占地 600 余亩,坐南朝北,庄严肃穆,这是国内唯一的舜帝陵墓。陵庙为仿清式,两重院落,四进建筑,由神道、午门、拜殿、正殿、寝殿和陵山(舜源峰)组成。

4.其他舜帝庙

除了九嶷山舜帝陵舜帝庙之外,舜帝庙至少还有两处,即山西运城舜帝庙和浙江上虞舜帝庙。

(1)山西运城舜帝庙

山西运城舜帝庙位于山西省运城市市区北行 15 公里处,舜帝陵庙始建于唐开元二十六年(738),后毁于元末战火中。明正德初(1506),乡人重建。但在明嘉靖三十四年(1555)的大地震中又遭毁坏。明万历三十一年(1603),安邑县令吴愈再次重建。在清嘉庆二十年(1815)的大地震中又为瓦砾,仅存正殿。次年,在乡人王步洲等倡导下,重建舜庙。

山西运城舜帝庙坐落于蜿蜒百里的鸣条岗西端,对此,许多文人墨客曾著文褒赞。明人相宗皋写道:"观庙之形胜,北枕孤峰,涑水之波涛绕于后;南对条山,鹾海之盐花献于前。右缠黄河玉带,妫油厘降之风犹存;左拱香山瑶台,历山耕稼之迹如故。"其地理环境可谓形胜壮美。

(2)浙江上虞舜帝庙(图 5-31)

关于上虞地名的来历,据《水经注》引《晋太康三年地记》:"舜避丹朱于此,故以名县。百官从之,故县北有百官桥。"亦云:"舜与诸侯会事讫,因相娱(古通虞)乐,故曰上虞。"《辞源》亦记载:"上虞今县名,地名虞宾,舜避丹朱于此。"还有一种说法,是舜的后代封于上虞。《路史》云:"舜之支庶或食上虞。"《越中杂识》记载:"虞舜子庶封于余姚,又封于上虞,以虞称国,故曰上虞。"在唐以前,上虞由舜的子孙建立家庙,对舜祭祀。到唐长庆元年(公元 821 年),百官里人集资,在百官上街堰头附近建起了舜帝庙。到清道光 23 年(公元 1843 年)和民国 10 年(公元 1921 年)又多次重修,使舜帝庙成为气势壮观,建筑雄伟的名刹。曾称为浙江两大祀之一。浙江两大祀:一曰禹庙在绍兴;一曰舜庙在上虞。

舜帝庙宽约 23 米,为五开间,山门前有荷花池,石拱桥。庙径深约 100 多米。第一进为舜帝殿,有虞舜全身坐像。第二进为太祖殿。舜的太祖父名句望,又名句芒,他因开始播种有芒的作物,因此被历代崇奉为祭祀的春神,人民期望年年丰收。第三进为四岳殿(舜任用之大臣)。每一进均有戏台,两边为廊房。庙内有石雕、砖雕、木雕、浮雕,以及飞檐龙顶等能工巧匠之绝作。庙前有重华石,击之有声。庙北有舜井,东西各一,均有涌泉。

虞舜抚琴雕像

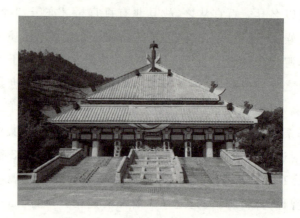

图 5-31　舜帝庙

第六章 半信史时代

第一节 夏 朝

一、夏朝简介

夏朝(约公元前 21 世纪—约公元前 16 世纪)是中国传统史书中记载的第一个中原世袭制朝代。一般认为夏朝是多个部落联盟或复杂酋邦形式的国家。夏朝时期的文物中有一定数量的青铜和玉制的礼器,其年代约在新石器时代晚期、青铜时代初期。夏朝历史上惯称为"夏"。根据史书记载,禹传位于子启,改变了原始部落的禅让制,开创中国近四千年世袭王位之先河。

夏朝共经历 14 世 17 王:

1. 禹 2. 启 3. 太康 4. 仲康 5. 相 6. 少康 7. 予 8. 槐(芬) 9. 芒(荒) 10. 泄(世) 11. 不降 12. 扃(局、禹) 13. 廑(胤甲) 14. 孔甲 15. 皋(吴、皋苟) 16. 发(发惠) 17. 履癸(桀)

二、夏禹

(一)夏禹其人(图 6-1)

禹,姓姒,名文命,夏后氏首领。传说为
帝颛顼的后代,他的父亲名鲧,母亲为有莘氏
女脩己。相传禹治水患有功,受舜禅让继帝
位。禹之子启是夏朝的第一位天子。大禹是
我国传说时代与尧、舜齐名的贤圣帝王,他最
卓著的功绩,就是历来被传颂的治理滔天洪
水,又划定中国国土为九州。关于禹的出生
地说法不一,近年来的考古研究表明,禹的故
乡可能是现四川省绵阳市北川羌族自治县。
因治水有功,后人称他为大禹,也就是伟大的
禹的意思。后来,大禹的儿子启创建了我国

图 6-1　夏禹画像

第一个国家形态——夏朝,因此,后人也称他为夏禹。

(二)大禹的贡献

1.治理水患、功高盖世(图 6-2)

(1)父辱使命、临危受命

唐尧在位时,水灾泛滥,尧命大禹的父亲鲧治理水患。鲧用抬高
筑坝(围堵)的方法治理水患,由于水势太大,结果被洪水冲垮致使治
水失败,使人民受大了很大损失。为了惩罚鲧,尧就把他给杀了。在
这种情况下,大禹不计杀父的恩怨,临危受命接替了父亲的职务,勇
敢承担起了治理水患的艰巨重任。大禹的这种精神,充分表现了中
华民族在洪水自然灾害面前,敢于担当,以国家民族利益为重,不计
较个人恩怨,而且置生死于度外,不畏艰险的大丈夫气概。

(2)宏观规划、源头治理

面对滔天洪水,大禹立下了不治理好水患誓不罢休的誓言,决心
一定要根治洪水的危害。大禹决心从根本上来治理,而不是像他父

亲那样,只是采取被动围堵的方法。大禹治水充分吸取了他父亲的经验教训,广泛组织和发动人民,选用有才能的人组成治理团队,而且采取了全面、科学的方法,最主要的就是疏导的方法——因势利导。

如果从根本上来治理水患,就要从源头开始,大禹分析水患的原因,其就是水道不通,大水没有流处。大禹广泛听取专家意见,要解决水道不畅的问题,就得要全面疏导,挖沟阔渠。解决水大没有流处问题,就要给大水找到归处,大水的最好归处就是浩瀚的大海。于是大禹及其治理团队做出了宏大的千条江河归大海的治水方案,这个方案的规模范围涉及大约半个中国,需要治理的名山大川、河流、湖泊,大的有上千,小的不计其数,可谓规模浩大!

(3)选用人才、综合治理

在具体实施方案时,大禹采取了科学治理、专家治理、依法治理等综合治理措施。

在科学治理方面,大禹亲自勘察高山、大河,树立标记,了解水源及其流向归处。实地调查测量获取科学的数据资料,确定什么山应该治理,什么河流应该疏导。大禹可以说是水利工程学、测绘学的鼻祖(行山表木,定高山大川;疏川导滞,钟水丰物①——在需要的时候有丰富的水源供农田、人们生活及山林和牲畜使用),表现了大禹耐心细致,勤于观察和计算的科学精神。

在专家治理方面,大禹精心挑选的人才,可谓是人才荟萃,用今天的话说相当于"智囊团"组合。有农业专家弃后稷、教育宣传专家契、法律专家皋陶、林业动物专家伯益。他们各司其职,并从各自的专业方面给大禹治水提供了专业的贡献。

在治理水患的同时,兼顾修治农田,在可以耕种的地方开出田间沟渠,既能排除积水,又能通水灌溉。同时,结合山林和动物的生长规律来治理水患——有利于发展畜牧业和林业。后稷还教导各个部落人民根据不同的土质种植不同的农作物;伯益还教导各个部落的

----

① 《史记·夏本纪》。

人民维护山林,饲养牲畜,发展畜牧,进行田猎。人们的生产生活出现了安居乐业的局面。

在依法治理方面,皋陶制定法律,要求各个氏族部落都要出人力、物力、财力,对个别部落或个别人不服从治水管理的,将给予法律制裁,确保了大禹治水的顺利进行。

(3)不畏艰险、公而忘私

在治理水患过程中,大禹不畏艰险、身先士卒,吃苦在前。由于大禹亲自劳作,小腿的汗毛都被磨光了,被人称为"毫不利己,专门利人"的大禹精神。大禹为了一心治水,曾经三过家门而不入,被后人所称颂称为"公而忘私"的大禹精神。

(4)治水成功、功高盖世

大禹经过13年的努力奋斗,终于把滔滔洪水制服了,可谓是功高盖世。为了庆祝治水成功。舜召集天下各个部落族长,举行了隆重的庆功大会和祭祀仪式,并颁奖给大禹一"玄圭"——一种黑色的玉制成的礼器,表示立了丰功伟绩,应受到人们的尊敬。

对于大禹治水的功绩,孔子赞叹大禹说:"禹,吾无间然矣。菲饮食而致孝乎鬼神,恶衣服而致美乎黻冕,卑宫室而尽力乎沟洫。禹,吾无间然矣。"孔子说:"禹,我对他没有什么挑剔的了!他自己吃得很不好,却把祭品办得很丰盛;穿得很俭朴,却把祭服做得极华美;住得很简陋,却把力量完全用于沟渠水利。禹,我对他无可挑剔。"

2.九州一统、天下归服

(1)舜让称王、九州一统

由于大禹治水的功劳可谓功高盖世,人们对大禹都无不尊重和敬仰,这个时候舜也年纪大了,于是舜就把王位禅让给了大禹。大禹称王,各个氏族的人民对大禹的丰功伟绩无不钦佩,此时,天下分九州,天下归服。

(2)禹伐三苗、四方归服

大禹成为天子之后,还平定了一些少数民族不服华夏族的叛乱。

图 6-2 大禹治水画像

其中最主要的有南方三苗作乱,被大禹平定以后,四方各个民族都安定了。

(3)涂山巡守、铸鼎象物

在天下安定以后,大禹决定到各个诸侯方国去视察巡守。走到涂山这个地方时,大禹决定召集各部落方国诸侯首领们到涂山开会,并接见他们。据古书记载,当时到会的诸侯和方伯大约有"执玉帛者万国"。而且大家共同作了一件象征着中华民族大团结的事情,"远方图物,贡金九牧,铸鼎象物"①,大家把各部落方国进贡的金属——铜(当时铜是珍贵的稀有金属),汇集一起铸造了九个大鼎,象征着天下九州万国的团结一统。

(4)再度巡守、防风被诛

经过数年后,大禹为了巩固华夏族的统治,决定再次巡守,重点是江淮和长江中下游(长三角——江浙沪)。这次巡守比上次更加威严,走到越地苗山(浙江绍兴会稽山)住下了,并通知各个部落、方国的族长和方伯,于第二年春天来苗山集会。在集会上,对前来参会的各个部落、方国的族长和方伯,按照贡献大小来计功行赏。会稽山(会计山)——大禹也是"会计"的鼻祖。后来,禹帝在苗山一病不起,

---

① 《国语·周语下》。

享年 85 岁,大禹一生勤劳节俭,根据其生前的意愿,只用衣衾三领,薄棺三寸将他装殓后葬在苗山之上。

3.夏禹传子、夏朝建立

大禹建国后,选定了伯益为继承人,但后来大禹死了以后,大禹儿子启势力很大。有两个传说:一个是伯益主动让位,一个是启杀了伯益。

(三)大禹陵(图6-3)

大禹陵位于浙江省绍兴城东南稽山门外会稽山麓。它背靠会稽山,前临禹池,距城绍兴 3 公里。大禹陵是一座古典风格建筑群,由禹陵、禹祠、禹庙三部分组成,占地 40 余亩,建筑面积 2700 平方米。民间有:"北有黄帝陵,南有大禹陵"之称,1996 年,大禹陵被国务院公布为全国重点文物保护单位。1997 年,大禹陵又被中宣部列为全国百家爱国主义教育示范基地。2006 年,大禹祭典被国务院列入国家级非物质文化遗产名录。

图 6-3　大禹陵

第二节　商　朝

一、商族部落的先祖

　　商族人部落，在商汤建立商朝之前，从商族部落起源到商朝建立这一时期，称为"先商"阶段，"先商"自契开始到商汤共十四世，《国语·周语下》："玄王殷商，十有四世而兴。"商族祖先有：契、昭明、相土（土）、昌若、曹圉、冥(季)、振(王亥)、微(上甲)、报丁、报乙、报丙、主壬(示壬)、主癸(癸)和天乙(成汤)。

(一)先商初祖——契

契,子姓,商朝始祖,帝喾之子,其母简狄,传说是其母简狄吃了燕子蛋所生,《诗经·商颂·玄鸟》:"天命玄鸟,降而生商"。"玄鸟,燕也","燕子",简称"子",所以以"子"为姓。

(二)先商三祖——相土

相土是契之孙,殷人先公之一。上古之初,人们尚不知驾马拉车驮物,牧马则是用群放散养之法。于是"相土作乘马",相传相土用槽喂、圈养之法饲养马匹,将马驯服,再加训练,于是马能拉车驮物,成为重要运输工具之一。可见,相土时,商族已经从逐水草而迁徙的游牧生活,进入定居畜牧和农业种植时代。相土用武力向东方发展势力,达于黄海之滨和附近海岛。

(三)先商六祖——冥

冥是夏朝时商部落首领,相土的曾孙,曹圉之子,商汤八世祖,其子为王亥和王恒。冥任夏司空,是在大禹之后的又一位治水英雄,任官勤劳,不幸死于水中。《国语·鲁语上》载:"冥勤其官而水死。后世之人奉为水神,称之为玄冥。"

(四)先商七祖——王亥

王亥是一位很有作为的人,他不仅帮助父亲冥在治水中立了大功,而且还发明了牛车,开始驯牛,促使农牧业迅速发展,使商部落得以强大。王亥服牛驯马发展生产,用马车和牛车拉着货物,到外族部落去搞买卖交易,开创了华夏商业贸易的先河,久而久之,人们就把从事贸易活动的商部落人称为"商人",把用于交换的物品叫"商品",把商人从事的职业叫"商业"。

二、商朝简介

商朝(约公元前 1600 年—约公元前 1046 年),又称殷、殷商,是中国历史上的第二个朝代,是中国第一个有直接文字记载的朝代。自商汤建立商朝以后,经历了两个阶段,第一阶段是"早商"(自汤至阳甲共十九世);第二阶段是"晚商"(自盘庚至纣王共十二世)。

夏朝之诸侯国商部落首领商汤,率诸侯国于鸣条之战消灭了夏朝,在亳(今河南商丘)建立商朝。商朝经历 17 代 31 王:大乙(汤)—太丁—外丙 —仲壬—太甲—沃丁—太庚—小甲—雍己—太戊—仲丁—外壬—河亶甲—祖乙—祖辛—沃甲—祖丁—南庚—阳甲—盘庚—小辛—小乙—武丁—祖庚—祖甲—廪辛—康丁—武乙—文丁—帝乙—帝辛。末代君王商纣王于牧野之战被周武王击败而亡。商朝六百年间,曾五次迁都,五个都城中的四个都在河南境内。目前在河南的偃师市、郑州市、安阳市都发现了城市规模的遗址,在信阳市、温县、辉县、新郑市等许多地方还发现大量商朝文化遗存。

三、商汤

(一)商汤其人(图 6-4)

商汤(? —前 1588),子姓,名履。商朝的创建者,前 1617—前 1588 年在位,在位 30 年,其中 17 年为夏朝商国诸侯王,13 年为商朝国王。今人多称商汤,又称武汤、天乙、成汤、成唐,甲骨文称唐、大乙,又称高祖乙,商人部落首领。

商汤原是夏朝方国商国的君主,在伊尹、仲虺等人的辅助下陆续灭掉邻近的葛国(今河南商丘宁陵)以及夏朝的方国韦(今河南滑县,即后来大彭)、顾(在今河南范县)、昆吾(在今河南许昌)等,十一征而无敌于天下,成为当时的强国,而后作《汤誓》,与桀大战于鸣条(今河南封丘东),最终灭夏。经过三千诸侯大会,汤被推举为天子,定都亳(今河南商丘谷熟镇西南),定国号为"商",成为商朝的开国君主。

商汤吸取夏朝灭亡的经验教训作《汤诰》,要求其臣属有功于民,否则就要"大罚殛汝"。对那些亡国的夏民,则仍保留"夏社",并封其后人。汤注意"以宽治民",因此在他统治期间,阶级矛盾较为缓和,政权较为稳定,国力也日益强盛。《诗·商颂·殷武》称:"昔有成汤,自彼氐羌,莫敢不来享,莫敢不来王,曰商是常。"

图6-4　商汤画像

（二）商汤故事

1. 网开一面（网开三面）

一天,成汤出游野外,看见一个猎人四面张布猎网,并向天祷告说:"从天空飞降,从地下出现,或四方来的禽兽,全都投入我的网里。"成汤看见这情景,感叹说:"嘻！猎人这样捕捉,不止手段残酷,而且不久鸟兽必将绝种,有违背上天好生之德。"因此,命除三面猎网,只留一面,改祝祷说:"愿向左的,快往左逃,愿向右的,快往右逃,愿上飞的,速往上飞,愿下逃者,速向下逃去。只有命该绝的,才进入我的网中。"不久这事传扬天下,四方诸侯,同声赞说:"成汤的仁德实在太大了,竟然普及到禽兽,真是一位仁民爱物,伟大至极的圣贤。"因而归服的诸侯,达四十六国。当时夏桀暴虐,生灵涂炭,成汤上应天意,下顺民心,终于放逐夏桀在南巢,就在亳即位,国号为商。

2. 汤祷桑林

商汤即位后,连续七年的旱灾,使河干井枯,草木枯死,禾苗不生,庄稼无收,白骨遍野。咄咄逼人的旱灾,震撼着整个商王朝。那时的人们都认为是天帝所为。卜辞中就有:"贞(问):不雨,帝隹旱我。"(意思是:不下雨,是天帝给我的旱灾。)此时,商代为"殷人尊神,率民以事神,先鬼而后礼。"(《小戴札·表记篇》)因此,自从旱灾发生后。商王汤就在郊外设立祭坛,天天派人举行祭礼,祈求天帝除旱下雨。这就是"郊祭"。

郊祭最初的仪式是:燃烧木柴,用牛、羊、猪、狗等家畜作上供的牺牲。祭祀时,史官手捧三足鼎,鼎内盛有牛、羊等内脏作供品。商汤命史官虔诚地向天地山川祷告,内容全都是自我反省的问话:"是不是我们王的政事无节制和法度?是不是使人民受了疾苦?是不是因为官吏受贿贪污?是不是因小人谗言流行?是不是有女人干扰政事?是不是因为我们王将宫殿修得太大太美?"然而,祭祀没有效果。尽管商汤命巫官天天祭礼,苦苦哀求,天帝依然无动于衷,没有赐福降雨。

大旱持续到第七年的时候,商汤命巫宫们在一座林木茂盛的山上,选了一个叫桑林的地方设了祭坛,他亲自率领伊尹等大臣举行祭祀求雨。但是祭祀之后也未见下雨,商汤就命巫官占卜。巫宫们占卜后说:"祭祀时除了要用牛羊作牺牲外,还要用人作牺牲。"汤稍稍沉吟后说:"我祭祀占卜求雨,本是为民,怎能用人去焚烧?用我来代替吧!"说罢,命左右把祭祀的柴架起来,然后将自己的头发、指甲剪掉,沐浴洁身,向上天祷告说:"我一人有罪,不能惩罚万民;万民有罪,都在我一人。不要因我一人没有才能,使天帝鬼神伤害人民的性命。"祷告完毕,汤便坐到柴上去。左右正要点火,突然乌云四合。大风乍起,人们望眼欲穿的大雨骤然而至。

天灾的始末与君王的德行息息相关。汤王为民献身的品行顺应了天理,天除旱降雨。人们认定是汤的为民牺牲感动了天帝,才使得天降甘霖,旱情解除。《论语·尧曰》:"予小子履敢用玄牡,敢昭告于皇皇后帝:有罪不敢赦。帝臣不蔽,简在帝心。朕躬有罪,无以万方;万方有罪,罪在朕躬。"(商汤)说:"我小子履谨用黑色的公牛来祭祀,向伟大的天帝祷告:有罪的人我不敢擅自赦免,天帝的臣仆我也不敢掩蔽,都由天帝的心来分辨、选择。我本人若有罪,不要牵连天下万方,天下万方若有罪,都归我一个人承担。"

（三）商汤陵

商汤陵墓有很多处,有山东曹县汤王陵、洛阳偃师汤王陵、扶风汤陵、宝鼎汤陵、虞城汤陵、商丘汤陵、亳州汤陵等等。其中山东曹县汤王陵和洛阳偃师汤王陵最著名。

商汤雕像

图 6-5　汤陵、汤庙遗址

四、伊尹

(一)简介

伊尹,姓伊,一说名挚,小名阿衡(图 6-5)。生于公元前 18 世纪末至公元前 17 世纪初,夏朝末年生于空桑(一说今河南杞县,一说今洛阳伊川),因其母居伊水之上,故以伊为氏。伊尹为中国商朝初年著名丞相、政治家,是中华厨祖,中原菜系创始人,尹是右相之意。约公元前 1600 年,他辅助商汤灭夏朝,为商朝建立立下汗马功劳。他任丞相期间,整顿史治,洞察民情,使商朝初年经济比较繁荣,政治比较清明,商朝国力迅速强盛。

伊尹辅助商朝五代君王:商汤、外丙、仲壬、太甲、沃丁五十余年,为商朝强盛立下汗马功劳。沃丁八年(前 1549 年),伊尹逝世,终年 100 岁。沃丁以天子之礼把伊尹安葬在商汤陵寝旁,以表彰他对商朝做出的伟大贡献。

图 6-5 伊尹画像

孟子说:"伊尹,圣之任者也。""任"是指完成大任的意思,指伊尹有志向,肯负责任,积极向前。

他虽身为奴隶,却乐尧舜之道,胸怀经世治国之才。成汤与有莘氏联姻,他以陪嫁男仆的身份到了汤的身边,给汤当厨师。他向汤讲述远古帝王的业绩和九类君主不同的作为及结局,汤很赞赏,就任他为相。

伊尹辅佐商汤努力发展农业、手工业及商业,制订典章制度,使官吏尽心尽力;任用贤人,施行仁政,取信于民,使商部落政治安定,百姓乐业。在此情况下,又帮助商汤讨伐其他诸侯,攻打夏桀。先后经过11次战争,终于灭夏。辅佐商汤登上天子位,建立了商朝,并出现了国泰民安的大治景象。

汤死后,王位三传至嫡长孙太甲。伊尹复相太甲,教其尊祖训,行汤政。太甲开始还能按祖先的制度、规矩办事,可三年之后,却忘乎所以,一意孤行,转而昏庸,并镇压百姓。伊尹多次好言相劝,不见好转,就把他赶下台,逐至桐宫,自己代理政务,主持国家大事。三年后,太甲悔过自新,伊尹又将他接回复位。伊尹为此写了《太甲训》多篇,赞扬太甲,并称之为太宗。

伊尹死后,商王沃丁葬以天子之礼。据《书序》称,《尚书》中之《汝鸠》《汝方》《汤誓》《咸有一德》《伊训》《太甲训》等篇皆为伊尹所著。

(二)古迹

伊尹墓有两处:一处在河南省商丘市虞城县,一处在山东菏泽市曹县(图6-6)。

河南省商丘市虞城县伊尹墓位于虞城县西南20公里的魏崮堆村。墓高3米,周长46米。坟墓四周有高大的古柏180余棵。其中有鸟柏一株,枝叶酷似鸟形,据说其年轮花纹也为鸟形,甚为罕见。墓前伊尹祠,原有祭殿、卷棚、钟楼、配房、大门、围墙等,现仅存两座大殿和花戏楼。每逢农历二月二、四月八、九月九,邻近几省的乡民前来赶庙会,人流如云,热闹非常。

山东菏泽市曹县伊尹墓位于山东菏泽市曹县大集镇殷庙村,为山东省省级文物保护单位。史书记载,伊尹逝世,沃丁以天子之礼把伊尹安葬在商汤陵寝旁(伊尹墓在曹县殷庙村西望汤陵,汤陵在曹县土山集村),以表彰他对商朝做出的巨大贡献。明代,曹县知县范希正在伊尹墓前重修伊尹祠,祠为三进院落,历代立碑碣数十通。

1994 年,民众募资重修元圣祠墓,县政府公布为县级重点文物保护单位,2013 年 10 月被山东省人民政府批准为省级文物保护单位。以伊尹生日为期,每年阴历二月二十一日庙会,庙会上唱戏娱乐,人山人海,苏鲁豫皖近万人蜂拥至此祈求平安。现已成为曹县旅游景点,周围数十里百姓常来求子祈福。目前,伊尹墓通过整修,庙宇焕然一新。

图 6-6 伊尹墓

另外,山东省聊城市莘县也建有伊尹庙。山东省聊城市莘县伊尹庙位于县城内。清光绪十三年(1887)《续修莘县志》载:"莘之北门曰伊尹田,伊尹田之北八里有莘亭,世传伊尹躬耕处也。"清康熙五十五年(1676),东昌知府程光珠访求古迹,大书"莘伊尹躬耕处"六字,题曰:"尧舜之道,畎亩之中,圣作物睹,龙云虎风。"在今莘县大里王村西,仍立有"莘亭伊尹耕处"碑。在莘亭东古有伊尹庙,又称任圣祠。为汉时创建,后多次移址重修。清代移于城内。有正堂三间,门一间,周环垣墙,院内松柏参天,气象幽森,古为莘县八景之一,曰:"伊庙松风。"

第三节 西 周

一、周族先王

（一）后稷——弃

后稷是周的先祖，黄帝的后代。后稷是帝喾元妃姜嫄的儿子名"后稷"，又称"弃"，是尧舜时期掌管农业之官。后稷出生于稷山（今山西省稷山县），被称为稷王（也做稷神或者农神）。弃曾经被尧举为"农师"，被舜命为后稷。后稷教民耕种，被认为是开始种稷和麦的人。可见，其氏族是一个善于农业耕作的部落，这大大促进了经济发展。

为什么后稷又叫"弃"？传说有一日，其母姜嫄趋郊信步而游，碰见一个巨人足印，其大小远胜常人，正惊疑间，顿觉一股暖流在气海泉涌，冲击遍身穴位，竟有说不出的畅快和舒坦，并莫名地产生一种踩踏这个大足迹的强烈欲望。她将她的脚套在巨人足印的大拇指上，俄顷，就感到腹中微动，好似胎儿动作一般。她又惊又怕，却毫无办法，十月后产下一子。姜嫄以为儿子是妖，就把他抛入隘巷；可一连串奇怪的现象发生。起先是隘巷中过往牛马都自觉避开，绝不踩到婴儿身上。后来姜嫄派人把他丢到山林中去，可正巧碰上山中人多，没丢成。最后将婴儿抛到河冰上，又忽然飞来一只大鸟，用自己丰满的羽翼把婴儿盖住，以防婴儿冻僵。姜嫄得知后，以为这是神的指示，便将婴儿抱回精心抚养。因最初本是要抛弃他，所以给他起名叫"弃"。

商朝初年，弃的后代公刘率族人从邰（陕西省武功县西南）迁到磁（幽，河北）。到古公亶父时，又迁到岐山（陕西）南边的周原，自称为周。

（二）古公亶父

古公，姬姓，名亶父，又被尊称为"周太王"。据推算古公亶父是轩辕黄帝的第 35 代孙，是周祖后稷的第 12 代孙。古公亶父在周人发展史上是一个上承后稷、公刘之伟业，下启文王、武王之盛世的关键人物，他是中国上古周族领袖。周文王的祖父。亶父"积德行义，国人皆戴之"，而戎、狄等游牧部落却常侵逼。

古公亶父有三个儿子：太伯（也称泰伯）、虞仲和季历。古公亶父在位时，非常喜欢孙子姬昌（即周文王），想让姬昌以后能继承王位，但是周人的传统是长子为裔，而姬昌是他三儿子季历儿子。太伯、虞仲明白古公亶父的心思，就欲让位给季历，出游荆楚，在夷蛮之地断发文身，失去了消息。于是古公亶父去世后，他的小儿子季历继位，后来季历又传位给姬昌。周武王姬发在位时，尊古公亶父为周太王，而太伯最后在东部沿海建立了吴国。孔子在《论语》中极力称赞太伯的品德，子曰："泰伯，其可谓至德也已矣。三以天下让，民无得而称焉。"古公亶父知道三子季历的儿子姬昌有圣德，想传位给季历，泰伯知道后便与二弟仲雍一起避居到吴。古公亶父死，泰伯不回来奔丧，后来又断发文身，表示终身不返，把君位让给了季历，季历传给姬昌，即周文王。武王时，灭了殷商，统一了天下。这一历史事件在孔子看来，是值得津津乐道的，三让天下的泰伯是道德最高尚的人。只有天下让与贤者、圣者，才有可能得到治理，而让位者则显示出高尚的品格，老百姓对他们是称赞无比的。

（三）周文王

周文王（前 1152—前 1056），殷商西伯侯，意是西方诸侯之长，是周季历（周朝建立后，尊为王季）之子，姬姓，名昌（图 6-7）。

周族有着悠久的历史，长期在陕甘一带活动，后以岐山之南的周原为主要的根据地。至公元前 11 世纪初，周族的力量日益强大。它一面征伐附近小国，扩充实力；一面把它的都邑从周原迁到今天长安县沣水西岸，建成丰京。它不断向东进逼的势态，加剧了与商朝的矛

图 6-7　周文王画像

盾。商王帝辛一度将西伯昌（文王）囚于羑里。周臣用美女、珍宝进献
商王，帝辛才放了西伯昌。西伯昌回到国内后，进一步加紧了伐商的
准备。此时，商王朝政治腐败，内外矛盾空前尖锐。文王认为伐商条
件已成熟，临终前嘱太子发（武王）积极准备伐商。

　　周文王在被商纣王囚于羑里期间，将伏羲氏先天八卦推演出后
天八卦和六十四卦，完成了周易经的卦辞著述。《周易》及后天八卦
图（图 6-8）出于文王和周公之手。《史记·周本纪》记载："西伯盖即位
五十五年，其囚羑里，盖益八卦（易）之八卦为六十四卦。"

图 6-8　后天八卦图

据传说,周易是由三个圣人完成的著作,周文王写了《周易》六十四卦的经辞,周公写了每一个卦里六爻的爻辞,孔子五百年后给经和爻续写了《易传》。

二、西周简介

周朝,是中国历史上继商朝之后的一个世袭王朝,分为"西周"(公元前1046—前771年)与"东周"(公元前770—前256年)两个时期。西周由周武王姬发创建,定都镐京,成王时期营建洛邑;西周末年,周平王姬宜臼从镐京东迁洛邑后,史称东周。其中东周时期又称"春秋战国",分为"春秋"及"战国"两部分。周王朝存在的时间从前1046年至前256年,共传30代37王,共计存在约为791年。其中西周是中国第三个也是最后一个世袭分封制王朝,史书常将西周和东周合称为"两周"。

西周,是由周文王之子周武王姬发灭商后所建立,定都于镐京(今陕西省西安市西部)。由于周朝后来将都城东迁洛邑(今河南洛阳)称东周,所以称这一时期的周朝为西周。西周,从公元前1046年周武王灭商朝起至公元前771年,周幽王被申侯和犬戎所杀为止,共经历11代12王,大约历经276年。

三、西周诸王

(一)周武王(图6-9)

周武王姬发,西周王朝开国君主,周文王次子。因其兄伯邑考被商纣王所杀,故得以继位。他继承父亲遗志,于西元前11世纪消灭商朝,夺取全国政权,建立了西周王朝,表现出卓越的军事、政治才能,成为中国历史上的一代明君。死后谥号"武",史称周武王。

1. 牧野之战

武王即位以后,趁商朝主力征战在外之际,出兵车300乘、士卒4.5万人、虎贲(冲锋兵)3000人,浩浩荡荡地向东进发。庸、蜀、羌、髳、微、卢、彭、濮等许多小国也率兵配合。周武王在牧野誓师,历数商

图 6-9　周武王画像

纣之罪。商纣王临时组织奴隶 17 万与周军对阵,但军士们无心战斗,阵前倒戈,引导周军攻纣。商纣王仓皇逃遁,在鹿台自焚而死,商朝遂亡。从此,中国历史进入了周王朝时代。

2.战后治理

武王克商以后,基本上控制了商朝原来的统治地区,又征服了四周的许多小国。但如何牢固控制东方的大片领土,成了武王面临的一个严重问题。于是,他采用"分封亲戚、以藩屏周"的政策,把他的同姓宗亲和功臣谋士分封各地,建立诸侯国。一个个诸侯国成为对一方土地进行统治的据点,它们对周王室也起到拱卫的作用。武王把商纣之子武庚(禄父)封于商都,借以控制商人;封其弟管叔、蔡叔、霍叔为侯,监督武庚;姜尚封于齐,召公封于燕。

(二)周公

古代周公说的是周代的爵位,得爵者辅佐周王治理天下。历史上的第一代周公姓姬名旦(约公元前 1100 年),亦称叔旦,周文王姬昌第四子(图 6-10)。因封地在周(今陕西岐山北),故称周公或周公旦。周公姬旦是西周初期杰出的政治家、军事家和思想家,被尊为儒学奠基人,也是孔子一生最崇敬的古代圣人之一。

图 6-10　周公画像

　　周公在灭商之战中,"常左翼武王,用事居多"。灭商 2 年后,武王病死,其子成王年幼,由周公摄政。武王的另外两个弟弟管叔和蔡叔心中不服。他们散布流言蜚语,说周公有野心,有可能谋害成王,篡夺王位。周公闻言,便对太公望和召公说:"我所以不顾个人得失而承担摄政重任,是怕天下不稳。如果江山变乱,生灵涂炭,我怎么能对得起列祖列宗和武王对我的重托呢?"周公旦又对将要袭其爵到鲁国封地居住的儿子伯禽说:"我是文王之子、武王之弟、成王之叔父,论身份地位,在国中是很高的了。但是我时刻注意勤奋俭朴,谦诚待士,唯恐失去天下的贤人。你到鲁国去,千万不要骄狂无忌。"

　　后来,周公其兄弟管叔、蔡叔和霍叔等人勾结商纣子武庚和徐、奄等东方夷族反叛。他奉命出师,三年后平叛,并将势力扩展至东海。后建成周洛邑,作为东都。相传他制礼作乐,建立典章制度。其言论见于《尚书》诸篇。

　　周公是中国古代史上一位伟大的政治家,同时又是中国古代教育开创时期的杰出代表。孔子和周公在教育思想上存在着渊源关系,在教育实践上也存在着继承关系。周公生活于三千多年前,他对中国古代教育的发展曾经起过巨大作用。如果说孔子是中国古代教育的伟大奠基人,那么周公则是中国古代教育的伟大开创者。

周公被尊为儒学奠基人,是孔子最崇敬的古代圣人,孔子推崇周公,向往周公的事业,盛赞周公之才,赞叹"周公之才之美"。子曰:"甚矣吾衰也!久矣吾不复梦见周公。""文武周公"是孔子最为推崇的人物,所谓,文王奠基、武王定鼎、周公主政。正是由于文王、武王作为君主,而周公为周朝制定了礼乐等级典章制度,孔子继续继承和弘扬周公的事业,使得儒家学派奉周公、孔子为宗,之后历代文庙也以周公为主祀,孔子等先贤为陪祀。但是在唐开元时期,掌控欲极强的唐玄宗李隆基,作为皇帝不能容忍周公在武王逝世、成王年幼时期主政以及西周末期周厉王出奔后的"周召共和",于是下令取消周公文庙供奉的资格,改以孔子为主。

孟子首称周公为"古圣人",将周公与孔子并论,足见尊崇之甚。荀子以周公为大儒,在《儒效》篇中赞颂了周公的德才。汉代刘歆、王莽将《周官》改名《周礼》,认为是周公所作,是其致西周于太平盛世之业绩,将周公的地位驾于孔子之上。唐代韩愈为辟佛老之说,大力宣扬儒家道统,提出尧、舜、禹、汤、文、武、周公、孔子、孟子的统序。由于这些大儒们的倡导,人们常以周孔并称,在教育上则有"周孔之教"的概念。总之,言孔子必及周公,这是古代尊崇周公的情况。这种尊崇除了政治上的某种需要之外,其主要方面则反映了古人对西周优秀传统文化教育的珍视,以及对周公这位伟人的真诚敬仰。这在历史上曾经为弘扬、继承、发展中华民族的优秀文化教育起过积极作用。

(三)周厉王

周厉王(? —前 828)西周第十位国王(前 878 年—前 841 年在位),姬姓,名胡。周夷王的儿子。周厉王在位 37 年。周厉王在位时,横征暴敛,加重了对劳动人民的剥削,同时还剥夺了一些贵族的权力,任用荣夷为卿士,实行"专利",将社会财富和资源垄断起来。因此招致了贵族和平民的不满。他还不断南征荆楚,西北方面又防御游牧部落,西北戎狄,特别是猃狁,不时入侵。与周边的少数民族也有矛盾。曾臣服于周的东南淮夷不堪承受压榨,奋起反抗。周厉王为压制国人的不满,任用卫巫监视口出怨言的人,发现就立即杀死,这些引得国内各项矛盾愈来愈尖锐。公元前841年,发生了国人暴动,人民包围了王宫,袭击厉王,他仓皇而逃,后于公元前828年死于彘(今山西霍县)。他出逃后,召公(召穆公虎)、周公(周定公)管理朝政,号为共和。自共和元年(前841)中国历史有了明确纪年。

第四节 周公的贡献与思想

一、周公的贡献

(一)临危受命、治国理政

灭商归来,在镐京武王同周公商议在洛水和伊水之间的平原地带建立新都,以便控制东方。由于日夜操劳,武王身染重病,周公虔诚地向祖先太王、王季、文王祈祷。他说:你们的元孙得了危暴重病,如果你们欠了上天一个孩子,那就让我去代替他。我有仁德,又多才多艺。你们的元孙不如我多才多艺,不能侍奉鬼神。今天我们看来,觉得这种祈祷是好笑的,可是对三千多年前相信天命鬼神的周人来说,那是十分真诚无私的。祈祷以后,武王的病虽然有所好转,但不久还是病故了。武王在临终前,愿意把王位传给有德有才的叔旦——周公,并且说这事不须占卜,可以当面决定。周公涕泣不止,不肯接受。武王死后,太子诵继位,是为成王。成王不过是个十多岁的孩子。面对国家初立,尚未稳固,内忧外患接踵而来的复杂形势,成王是绝对应付不了的。武王之死使整个国家失去了重心,形势迫切需要一位既有才干又有威望的能及时处理问题的人来收拾这种局面,这个责任便落到了周公肩上。周公执政称王,发挥了王的作用。这在当时是自然的事情。古书中有不少周公称王的记载,只是到了汉代,大一统和君权至上局面形成之后,周公称王变成不可思议,于是才有周公是"摄政""假王"等等说法。

(二)东征叛国、平定三监

武王灭商后,分商王畿为三部分,设三监治理。三监的具体人物及辖地,说法不一。一说为纣王子武庚和武王弟管叔、蔡叔,一说为周公弟管叔、蔡叔、霍叔。前说出现较早,较可信。三监地域,一般认为,商都以北地区为邶;商都以南地区为鄘;商都以东地区为卫。周武王死后,其子继位。因成王年幼,由周公摄政。管叔、蔡叔对周公不满,散布流言,说周公意在谋取王位。不久,武庚与管、蔡串通一起,并联合东方的徐、奄、薄姑等国发动叛乱。周公调大军东征,用了三年时间,终于平定了武庚与管、蔡之乱,杀了武庚和管叔,流放了蔡叔。东征取得全面胜利,使周王朝的统治得到巩固。

(三)尊重人才、礼贤下士

古书上记载周公办事十分认真,做人谦虚讲礼貌,虚心听取别人意见,遇到为难事宁愿自己受点委屈也要顾全大局。史书上说周公一沐三握发,一食而三吐哺,犹恐失天下之士的故事,就是生动的例子。据说,有一天周公正在吃饭,忽然外面通报有人要找他,他把口中正吃着的饭吐出来,急忙出去会客。这一天一连有三次客人来会,他三次停下吃饭去会见客人。又有一天,他正在洗头,通报来了客人,他连忙把正洗的头发握在手里出去会客,也是一连三次。后来他用这件事教育他的儿子伯禽说:"我接见客人,三吐哺和三握发,还怕慢待了天下贤士。一个人有了地位,尤其应当注意自己待人的态度,决不可妄自尊大。"这件事后来成了历史上的美谈。周公身为辅政大臣,对年幼的成王教育十分严格,但他身为臣下,在古代奴隶社会里对王是不能过分责备的。他的儿子伯禽是成王的好朋友,两人常常一起玩耍,周公便利用这种关系,当成王做了不好的事情,把伯禽和成王一起找来,当着成王的面严厉责打伯禽。伯禽虽觉得很冤屈,但成王却因此于心不忍,深感惭愧,以后也就自觉地不再犯类似的错误了。

（四）制礼作乐、以礼治国

礼是规矩和法制，功能是分，建立等级和秩序。乐是修养、境界，功能是和，注重德育和教化。西周的"礼治"思想，即"为国以礼"的思想，是指以礼作为治国的根本大法和根本制度，对人们的思想、言论、行为进行价值判断和价值评价悉以礼为准则的思想。

礼主要内容是伦理道德，同时又是法律规范。所以，"以礼治国"就是"以德治国"和"依法治国"有机统一。由于周礼调整的范围十分广泛，所以，大到国家的政治行为，小到人们的日常生活，无不受到礼的规范和制约。个人、家庭、国家的一切活动都受到礼的支配。整个社会受着礼的统治。"道德仁义，非礼不成；教训正俗，非礼不备。分争辩讼，非礼不决；君臣上下父子兄弟，非礼不定；宦学事师，非礼不亲；班朝治军，莅官行法，非礼威严不行；祷祠祭祀，供给鬼神，非礼不诚不庄。"①周公重视以礼乐治国方面是注重以教化为主要手段，并以教育立国，周公教化的方法是礼乐，周公教育的内容也是礼乐。所以，周公是中国古代礼乐文化的集大成者。

（五）让位成王、有始有终

周公制礼作乐第二年，也就是周公称王的第七年，周公把王位彻底交给了成王。《尚书·召诰·洛诰》中周公和成王的对话，大概是在举行周公退位，成王亲政的仪式上由史官记下的。在国家危难的时候，不避艰辛挺身而出，担当起王的重任；当国家转危为安，走上顺利发展的时候，毅然让出了王位，这种无畏无私的精神，始终被后代称颂。但是，周公并没有因退位而放手不管，成王固然对他挽留，而他也不断向成王提出告诫，最有名的是《尚书·无逸》。无逸，不要贪图安逸。

（六）分封诸侯、成康之治

由于周公旦在宗周摄政，鲁侯之爵由他的长子伯禽就封。鲁国的地望在今天的山东曲阜，已发现鲁城遗址；姜尚所封的齐国，在今

---

① 《礼记·曲礼上》。

山东临淄；召公所封的燕国在今北京房山，也已发现城址和燕侯墓地；武庚叛乱被平息后，该地封给武王之弟康叔，为卫侯，已在河南浚县发现卫国遗址；纣的庶兄微子启未参与武庚叛乱，他作为商族的后裔被封为宋侯，其地在今河南商丘；在卫国的西边，还有个晋国，成王攻灭唐国后，以其地封给他的兄弟唐叔虞，在今山西翼城与曲沃交界处已发现其遗址。这些诸侯国的封地往往形成掎角之势，互有联系，互相制约，因而在早期阶段对政治局面的稳定确曾起到一定的作用。文献中所说"成康之际，四十年刑措不用"，正说明成王平定武庚叛乱后，周王朝出现了一段安定的局面。

二、周公的思想

周族部落作为商朝的一个诸侯国，凭什么把一个承受天之命的商朝给推翻了？它的道德根据和法理基础是什么？如果对以上问题不能很好地回答，那么周族人就不能合理合法地接受天之天命以统治天下，也就不能得到天下老百姓的理解和支持。所以，在推翻商朝政权之后，迫切需要从理论上找到推翻商王朝的道德根据和法理基础，来说明西周王朝自己权力的合法性和合理性，以便使天下百姓信服。这个任务周公完成了，周公从周族人以少胜多、以弱胜强，商朝不堪一击的现实，反思商朝灭亡的原因，他悟出一个道理："天""帝"虽然存在，但只有有德才能"克配上帝"，享有天命。商纣"惟不敬厥德，乃早坠厥命。"而文王、武王有德，"昊天有成命，二后受之。"失德者失天下，有德者得天下。于是他对天命神权作了新的诠释，提出了"以德配天""敬德保民""明德慎罚"等一系列思想。

（一）以德配天

以德配天包括：皇天无亲、天命靡常、唯德是辅三个方面。

1. 皇天无亲

应该说在夏朝之前，中国人就有信仰上天，拜天祭天的习俗，到了夏朝，人们更加重视祭祀上天，到了商朝的时候有所变化，人们在祭祀上天的同时，又特别注重祭祀祖先神。因为商族人认为，他们的

祖先死了以后,升天成为天帝最要好的朋友,因此,上天之神最眷顾
商族人,才能不断地把统治天下的权力交给商族人,于是商族人就是
天下唯一上帝授权统治天下的族人。周公针对商族人这个传统观念
提出了尖锐的批判。周公将至上天神或"上帝"与商族祖先神分离。
认为"天"或"上帝"并不是商族的祖先神,或者上天神与商族祖先神
并没有什么特殊的关系,上天神是公正的,对天下各个族群的人都是
平等的,是天下各族的共有之神。这种观念无疑是一大进步。

2.天命靡常

周公接着指出,既然皇天是无亲的,那么天命并非永恒不变,天
命在一定条件下是可以转移的。

3.唯德是辅

周公认为,天命是可以转移的,天命转移的条件是"德"。商族的
先辈有德,因此拥有天命。商纣失德,而文王有德,所以皇天"大命文
王",天命归周。德是"以德配天"说的核心所在。

(二)敬德保民

"敬德保民"是周公提出的一个政治新概念,是周公之德的重要
内容。敬德就是敬天,就是完成和实现天命。而敬天之德就是要敬
民即保民、惠民。不保民就是不敬天,不敬天,就会失天命,要拥有天
命就必须敬民、保民。因此,周公反复强调统治者要"用康保民",保惠
于庶民"怀保小民"。"天畏棐忱,民情大可见。""天视自我民视,天听
自我民听。""民之所欲,天必从之。"

1.敬德

"天畏棐忱",畏是敬畏、可怕;棐:辅助;忱:诚信。所以,他警告统
治者,必须以民为鉴:"人无于水监,当于民监。"

2.保民

周公的保民思想开启了中国古代相传几千年的民本思想的先河,
而民本思想则是中国古代春秋之后,儒家思想中最基本的价值观之一。

（三）明德慎罚

"以德配天"说是周公改造夏商天命神权的优秀成果,这一学说具体运用到法律领域就是"明德慎罚"思想。"明德慎罚"是指统治者要崇尚德教,实行德政,要谨慎地使用刑罚。

1. 明德

周公提倡"明德",要求统治者对民众以教化为先,不以刑杀为要。

2. 慎罚

周公鉴于商纣刑罚滥酷的教训,在"明德"的基础上,特别强调谨慎使用刑罚。

第五节　周礼简介

一、礼的产生

礼最初产生于祭祀,后来,礼成为一种行为规范。其实,礼就是天与人关系之"理"——人性的日常表现,礼是应人性、人情、人事而产生和应用的。

二、礼的本质

礼的本质是"理",是天与人关系之理——人符合于天的法则——道。道决定人的德,德就是人得(符合)道的意思。道和德是礼的内容,礼是道和德形式,是人在处理与外界(天地人)关系时,符合于道的一种德的表现。

三、礼的地位

在思想和文化方面,礼是德的具体化,是德落实于实际社会生活的表现,礼制思想在西周达到完善,从此贯穿于整个中国古代社会,它是中华民族的伦理道德和价值观,是中华传统思想文化的核心,成为中华民族精神的重要内涵。在政治、法律方面——相当于现代的政治制度、宪法与行政法制度,即国家的根本大法,体现国家根本政治制度。

四、礼与乐的功能

礼的功能是"分",分就是社会秩序,按照每个人的出身、品德、能力等划分的社会地位;乐的功能是"和",就是将各个等级的人们往一起凝聚汇集,形成和谐的力量和氛围,从而达到精神统一,团结一致的目的。

五、礼的原则

(一)"出礼入刑"原则

礼通常表现为正面、积极的引导。根据礼制,违反了礼就要受到舆论的谴责,严重违礼或违反比较重要的礼,就会受到法律甚至刑罚的惩罚,所谓"出于礼,入于刑,礼之所去,刑之所取,失礼则入刑"。

(二)"宗法伦理"原则

"礼制"以确立和维护"君君、臣臣、父父、子子、兄兄、弟弟"的政治、经济和法律等秩序为依归。因此,宗法伦理道德就成为西周之礼或西周之法的主要内容,宗法伦理原则也就成为建立和维护政治、经济和法律等秩序的指导。宗法理论原则贯穿西周的立法、执法、司法和人们的一切活动之中,所以,"宗法伦理"原则是周代"礼治"思想中最根本的原则,其基本精神体现为"亲亲"和"尊尊"两个方面。

1.“亲亲”

"亲亲"是指血缘家族内部成员必须亲爱自己的亲属,要"父慈子孝,兄爱弟敬,夫和妻柔,姑慈妇听。"重点是小宗必须服从大宗,卑亲必须服从尊亲。尤其是子必须孝父,即所谓"亲亲父为首"。

2.“尊尊”

"尊尊"是指在国家中要确立人们政治上的尊卑贵贱等级,要"君令臣共、君仁臣忠"。重点是卑贱者必须服从尊贵者。尤其是所有臣民必须遵从天下的共主——天子,即所谓"尊尊君为首"。

3.二者关系

"亲亲"重孝,旨在维护父权;"尊尊"重忠,旨在维护君权。由于西周社会是一个家国一体的宗法社会,家族中的等级决定政治上的等级,因此,"亲亲"和"尊尊"紧密结合在一起,"尊尊"以"亲亲"为基础,"亲亲"以"尊尊"为归宿。

(三)"礼不下庶人,刑不上大夫"

《礼记·曲礼上》说:"国君抚式,大夫下之。大夫抚式,士下之。礼不下庶人,刑不上大夫,刑人不在君侧。"意思是国君与大夫乘车路过宗庙,君主在车上抚轼低头,行抚轼礼,以示对祖先的敬意,大夫则下车行礼,以示尊敬和有别。大夫与士同行,大夫行抚式礼,士下车行礼。庶人无车,故不行此礼。肉刑不为贵族专设,受肉刑之人不得在君侧。所以,《礼记·曲礼上》原文"礼不下庶人","刑不上大夫",是指庶人不行下车之礼,肉刑不用于贵族。但是,对于这句话,应该做广义理解:庶人没有贵族的特权,即不享受贵族之礼,但要承担一般社会家庭之礼的各种义务;贵族严重违礼者也要受到刑法制裁。

六、礼的内容

周礼内容广泛、体系完备。所谓:"经礼三百,曲礼三千","礼仪三百,威仪三千"。主要的礼有三百条之多,次要的礼有三千条之多。

礼的核心内容包括宗法制、分封制和嫡长子继承制三种制度。

1.宗法制

宗法制又称宗法等级制,是指以宗法血缘为纽带,调整家族内部关系和国家组织关系。由于中国古代社会是家国一体化(国是放大的家,家是缩小的国),所以,宗法制除了调整家族关系之外,还以此来调整国家内部组织关系。因此,宗法制是维护家长、族长和皇权贵族的统治地位和世袭特权的行为规范。

礼的作用是维护父权、族长权、君权。在国家方面,皇权至上;在贵族方面,大宗率小宗、领导小宗,小宗拱卫、服从大宗。在家族方面,族长至上。在家庭方面,父权至上。

2.分封制

分封制又称封邦建国制,是周王室按照"封建亲戚,以藩屏周"为目的,对国家土地进行封赏和划分,从而确立中央与地方关系的国家制度。

西周初期诸侯国有三类:

一是原有蛮夷戎狄部落或方国(犬戎、昆吾等),二是襃封的诸侯国(黄帝、尧帝等先王后裔),三是新封建的亲戚功臣诸侯国。

周公平叛管叔、蔡叔联合武庚叛乱以后,分封了一大批诸侯国。周公"立七十一国,姬姓独居五十三人",功臣之国十八个。有据可查的有以下几个:

鲁国:周公长子伯禽的封国,都曲阜(今山东曲阜);

齐国:姜尚的封国,都营丘(今山东昌乐),后迁临菑(今山东临淄);

卫国:武王之弟康叔的封国,都朝歌(今河南淇县),主要统治殷遗民;

晋国:成王之弟叔虞的封国,都于唐(今山西翼城),后改国号晋;

燕国:召公奭的封国,可能原建都于今北京房山区的董家林一带,后迁至蓟,即北京城西南角附近;

宋国:纣王之兄微子启的封国,都商丘(今河南商丘)。平息武庚叛乱后,周公把原商王畿的一部分封给微子启,让他统治殷遗民。

3.嫡长子继承制

嫡长子继承制是宗法制度一项具体原则,即王位(包括爵位)和财产必须由嫡长子继承,嫡长子是嫡妻(正妻)所生的长子。

(二)礼的一般内容

礼的内容非常丰富,大到国家的政治、经济、军事、文化制度小到个人的言行视听,社会的风俗习惯,礼节仪式,无不包括在其内。主要包括:五礼、六礼和九礼。五礼:吉礼、凶礼、宾礼、军礼、嘉礼。吉礼——祭祀之礼;凶礼——丧葬之礼;宾礼——宾客之礼;军礼——军队之礼;嘉礼——冠婚之礼。六礼:冠、婚、丧、祭、乡饮酒、相见。九礼:冠、婚、丧、祭、朝、聘、军旅、宾盟、乡饮酒。

第七章 信史时代

第一节 信史时代概述

一、信史时代的特点

公元前841年,中国历史上真正有了史官,在西周天子身边有两个史官:左史官、右史官。《礼记·玉藻》说:"动则左史书之,言则右史书之。"《汉书·艺文志》则说:"左史记言,右史记事。"两书虽然把左右史的职掌说得相反,但却反映了古代的史官随时记录统治者的"言"和"事"。

公元前841年(西周共和元年),中国历史的文字记载,开始获得保存。一直到二十世纪,没有间断,这是中华民族对人类文明最伟大的贡献之一。因为同时代的其他所有的文明古国,或者根本没有记载,或者虽有记载而记载已经湮没,全靠考古学家辛苦的发掘,才能得到片断。

信史时代开始时,是西周末期,西周到东周还有70年时间,这70年时间里西周还有最后两个天子,即第十一任君主周宣王和第十二任国王周幽王。

二、周宣王

共和十四年（前 828 年），厉王死，太子静即位，是为第十一任君主周宣王。周宣王，姬姓，名静，一作靖，周厉王之子，在位共 46 年。宣王励精图治，朝政有明显起色。周宣王继位后，政治上任用召穆公、尹吉甫、仲山甫、程伯休父、虢文公、申伯、韩侯、显父、仍叔、张仲一帮贤臣辅佐朝政。军事上借助诸侯之力，任用南仲、召穆公、尹吉甫、方叔陆续讨伐猃狁西戎、淮夷、徐国和楚国，使西周的国力得到短暂恢复，史称"宣王中兴"。但是，宣王晚年，周王朝重新出现了衰象。宣王干涉鲁国的君位继承，用武力强立鲁孝公，引起诸侯不睦。周宣王晚年对外用兵接连遭受失败，尤其在千亩之战大败于姜戎，南国（今长江与汉江之间的地区）之师全军覆没，加之独断专行、不进忠言、滥杀大臣，宣王中兴遂成昙花一现，也为西周在周幽王时期的灭亡埋下伏笔。

三、周幽王

公元前 781 年，第十二任君主姬宫湦继位，史称周幽王。周幽王姬宫湦（前 795 年—前 771 年），姬姓，名宫湦（一作宫生），周宣王姬静之子，母姜后，西周第十二任君主，前 782 年—前 771 年在位。

周幽王继位后，立妃子申后为王后，申后所生之子姬宜臼为王太子。

幽王贪婪腐败，不问政事，任用虢石父为卿士，执掌政事。虢石父为人奸佞乖巧，善于奉承，贪图财利，但周幽王却很重用他，因此引起百姓强烈不满。

周幽王任用好利的虢石父执政，朝政腐败，激起国人怨恨；三年（前 779 年），伐六济之戎失败；同时天灾频仍，周朝统治内外交困。幽王三年，美女褒姒入宫（褒姒，姓姒，古褒国人。褒国立国之地就在今汉中平川中部、留坝县以南地区，因此她算是一个陕西人。褒国"礼妇人称国及姓"，所以她就被叫做褒姒了），得到幽王宠爱，并生下一子伯服。

周幽王听信谗言，废其正室申后与太子宜臼，改立褒姒为后，以其子伯服做太子。太子宜臼逃奔申国，让申后的父亲申侯很愤怒。

《史记》记载，褒姒不爱笑，周幽王想出各种办法让她笑，但褒姒始终不笑。周幽王设置烽火台和大鼓，有敌人来到就点燃烽火召集援兵。有一次，周幽王点燃烽火，诸侯都率兵赶来。诸侯到后却发现没有敌人，褒姒看到诸侯惊慌失措的样子，果然哈哈大笑。周幽王非常高兴，因此多次点燃烽火。后来诸侯们不再相信，渐渐不肯应召而来。

周幽王十一年（前771年），申国联合缯国、西夷犬戎攻打周幽王，周幽王点燃烽火召集诸侯援救，诸侯却没有前来援救。犬戎最终在骊山之下杀死周幽王，俘虏褒姒，西周灭亡。《诗经》云："赫赫宗周，褒姒灭之。"

《诗经·小雅》曰："赫赫宗周，褒姒灭之。""妃子一笑，百媚俱生。"

第二节　历史朝代更替的原因

纵观中国几千年的历史，可以发现一个规律，那就是：每当一个朝代在最初取得政权的时候，统治者往往重视民生、关心老百姓的疾苦，就会得到天下老百姓的拥护和支持，国家就会进入昌盛；每当一个朝代进入末期的时候，统治者就会腐化堕落，加重盘剥百姓，使得老百姓苦不堪言、民不聊生，民众纷纷起义，欲推翻统治者的统治，国家也就会出现岌岌可危的局面，这就是历代各朝代的灭亡的根本原因。

"得民心者得天下，失民心者失天下"，这是万古不变的真理。由于每个朝代末期的统治者，都会更加肆无忌惮地压榨和盘剥老百姓，使得老百姓无法生存，在无路可走、被逼无奈的情况下，不得不起来造反。历史上几次著名的农民起义，都是导致统治者灭亡或者使得其急速衰退的主要原因。

陈胜、吴广农民大起义导致了秦朝灭亡,绿林赤眉军起义导致了西汉王莽政权的灭亡,黄巾农民起义导致了东汉急速衰败,瓦岗寨农民起义导致了隋朝灭亡,黄巢起义导致了唐朝灭亡,红巾军抗元起义导致了元朝灭亡,李自成、张献忠起义导致了明朝灭亡,太平天国起义导致了清朝急速衰败。历史教训不可不谓深刻和惨痛!

(一)秦朝农民大起义——陈胜、吴广起义

陈胜、吴广起义是在秦朝末年,以陈胜、吴广为首领的中国历史上第一次大规模农民起义。公元前 209 年,陈胜、吴广与九百闾左同赴渔阳戍边,至大泽乡,因雨受阻,失期当斩。"今亡亦死,举大计亦死,等死,死国可乎!"陈胜、吴广遂智杀校尉,率众斩木为兵,揭竿为旗,筑坛盟誓,诛伐暴秦。成为反秦义军的先驱。

不久,陈胜就被拥戴称了王,国号叫作"张楚",建立张楚政权。秦始皇为了抵抗匈奴,派人修造长城,发兵三十万,征集了民夫几十万;为了开发南方,动员了军民三十万。他又用七十万囚犯,动工建造一座巨大豪华的阿房宫。到了二世即位,从各地征调了几十万囚犯和民夫,大规模修造秦始皇的陵墓。

陈胜派出周文率领的起义军向西进攻,很快攻进关中(指函谷关以西地区),逼近秦朝都城咸阳。秦二世惊慌失措,赶快派大将章邯把在骊山做苦役的囚犯、奴隶放了出来,编成一支军队,向起义军反扑。原来的六国贵族各自占据自己的地盘,谁也不去支援起义军。周文的起义军孤军作战,终于失败。吴广在荥阳被部下杀死。陈胜亲自督战,终未能挽回败局,于十二月退至下城父(今安徽涡阳东南)。

陈胜、吴广起义持续六个月,宣告失败。后被秦将章邯所败,庄贾接受了秦军将领章邯的诱惑,叛变并杀死了陈胜,后来陈胜旧部吕臣收复陈县后处死了庄贾。陈胜死后被辗转埋葬在芒砀山。刘邦称帝后,追封陈胜为"隐王"。

（二）西汉末年农民大起义——绿林赤眉军起义

绿林赤眉军起义是西汉末年王莽篡权时发生的农民起义，后来与刘演、刘秀起义军会合，成为光武中兴的源头。

新莽末年，因其推行的改革盲目崇古，不切实际，又触动了上至豪强、下及平民的利益；加之水、旱等天灾不断，广袤中原赤地千里、哀鸿遍野。终于，在新莽天凤年间，赤眉、绿林、铜马等数十股大小农民军纷纷揭竿而起，大批豪强地主也乘势开始倒莽。那时候，荆州南郡（今湖北荆门、洪湖一带），江夏郡（今湖北安陆、钟祥一带）闹大饥荒。老百姓为了活命，纷纷来到野泽中挖野荸荠充饥。可是，人多野荸荠少，为了争食，引起了纠纷。新市（今湖北京山东北）人王匡、王凤出面调解，深受饥民的拥护。这批走投无路的穷苦农民推举王匡、王凤做首领，拉旗起义了。

公元 7 年，起义军由数百人一下子发展到七、八千人。王匡、王凤率领这支农民军占领了绿林山（今湖北大洪山），把这里作为根据地，继续发展队伍对抗朝廷。这就是历史上有名的"绿林军"。

地皇二年（公元 21 年），新莽荆州牧发兵 2 万人进攻绿林军，绿林军击败莽军，部众增至数万人。次年，绿林山一带发生疫病，起义军分兵转移，一路由王常、成丹率领，西入南郡，称下江兵；一路由王匡、王凤、马武率领，北上南阳，称新市兵。这时候，平林（今湖北安陆北）人陈牧、廖湛聚兵起义，号称"千林兵"。农民起义军一下子由一支变成了三支，各占一块地盘，队伍又渐渐壮大起来。

另一个起义领袖樊崇带领几百个人占领了泰山。不到一年工夫，就发展到一万多人，义军一直打到泰山郡（今山东泰安）。公元 22 年，王莽派太师王匡（和绿林军中的王匡是两个人）和将军廉丹率领十万大军去镇压樊崇起义军。樊崇做好准备，跟官兵大战。为了避免起义兵士跟王莽的兵士混杂，樊崇叫他的部下都在自己的眉毛上涂上红颜色，作为识别的记号。这样，樊崇的起义军得了一个别名，叫"赤眉军"。他们大败王莽派去的镇压部队，在与官兵的斗争中，队伍发展到十余万人。

后来,汉室后裔刘秀统一了起义军,推翻了王莽政权,建立了东汉政权。

(三)东汉末年农民大起义——黄巾起义

黄巾起义是东汉晚期的农民起义,也是中国历史上规模最大的一次宗教形式组织的农民起义。黄巾起义开始于汉灵帝光和七年(公元184年),当时朝廷腐败,宦官外戚争斗不止,边疆战事不断,国势日趋疲弱,又因全国大旱,颗粒不收而赋税不减,走投无路的贫苦农民在巨鹿人张角的号令下,纷纷揭竿而起,他们头扎黄巾,高喊"苍天已死,黄天当立,岁在甲子,天下大吉"的口号,向官僚地主发动了猛烈攻击,并对东汉朝廷的统治产生了巨大的冲击。为平息叛乱,各地拥兵自重,虽最终起义以失败而告终,但军阀割据、东汉名存实亡的局面也不可挽回,最终导致三国局面的形成。

张角(? —184年),钜鹿(治今河北省邢台市巨鹿县)人。中国东汉末年农民起义军"黄巾军"的领袖,太平道的创始人。他因得到道士于吉等人所传《太平清领书》(即《太平经》),遂以宗教救世为己任,利用其中的某些宗教观念和社会政治思想,组织群众,约于灵帝建宁(168—172)初传道。

(四)隋朝农民大起义——瓦岗寨起义

隋朝末年,隋炀帝骄奢淫逸,荒废朝政,穷兵黩武,百姓苦不堪言,各地农民纷纷揭竿而起。611年,震动全国的以翟让为首的瓦岗寨(今河南滑县瓦岗寨乡一带),农民大起义爆发了,号称瓦岗军。从公元614年到617年间,农民起义军汇成三支主力:河南的瓦岗军,河北的窦建德军,江淮地区的杜伏威军。

瓦岗军战果的不断扩大,内部也逐渐出现了分裂,不久,瓦岗军被王世充击溃,李密率残部投唐。轰轰烈烈的瓦岗寨农民起义至此失败。八年的浴血奋战,终使腐朽的隋王朝灰飞烟灭,为唐王朝的建立做出了杰出的贡献。作为隋末起义军中最大的一支,瓦岗军的作用不可忽略。

(五)唐朝末年农民大起义——黄巢起义

黄巢农民起义指的是乾符五年(公元878年)至中和四年(公元884年)由黄巢领导的农民起义,是王仙芝起义的后续,也是唐末民变中,历时最久,遍及最大,影响最深远的一场农民起义。黄巢之乱祸延大唐半壁江山,导致唐末国力大衰。

从公元859年的裴甫发动浙东叛乱开始,到公元884年黄巢之乱被平定而结束,历时25年,农民军席卷了现在的山东、河南、江苏、安徽、福建、浙江、广西、广东、湖北、湖南、陕西等十二行省,沉重地打击了唐朝的统治,加速了唐朝的灭亡。

(六)元朝末年农民大起义——红巾军起义

元末,民族矛盾以及阶级矛盾日益激化,再加上天灾频繁,走投无路的贫苦农民铤而走险,奋起反抗,其中最著名的是红巾军起义。红巾军又称作红军,是元朝末年反抗元朝的主要武装力量,该农民武装最初是与明教、弥勒教、白莲教等民间宗教结合所发动的,因打红旗,头扎红巾,故称作"红巾"或"红军",又因焚香聚众,又被称作"香军"。

元末1351年爆发的红巾军大起义,主要分为两支,一支起于颍州,领导人是刘福通;一支起于蕲、黄,领导人是徐寿辉、彭莹玉(即彭和尚)。至正十一年(1351)五月,韩山童、刘福通在颍州揭竿而起,士兵们头裹红巾,号称"红巾军",并推韩山童为明王。接着,徐寿辉起于蕲州,李二、彭大、赵均用起于徐州。几个月之间,各地纷纷响应。第二年,定远土豪郭子兴联合孙德崖等人起兵,数万百姓起而响应。郭子兴聚众烧香,成为当地白莲会的首领。起义军攻下濠州后,郭子兴自称元帅。

后来,朱元璋参加了郭子兴的起义部队,由于朱元璋具有很强的军事才能,能征善战,1356年被部下诸将奉为吴国公。同年,朱元璋率部攻占集庆路,将其改为应天府。1367年朱元璋命徐达、常遇春以"驱逐胡虏,恢复中华"为号召,北伐中原,结束元朝在中国的统治,丢失四百年的燕云十六州也被收回。1368 年朱元璋在应天府称帝,国号大明,年号洪武,后先平定西南、西北、东北等地,最终统一中国。

(七)明末农民大起义——李自成起义

李自成起义军是明末农民起义的重要一支。明天启、崇祯年间,陕北连年旱荒,农民纷起暴动。崇祯二年(1629 年)起义,李自成为闯王高迎祥部下的闯将,勇猛有识略。李岩提出"均田免赋"等口号,获得广大人民的欢迎,散布"迎闯王,不纳粮"的歌谣。部队发展到百万之众,成为农民战争中的主力军。高迎祥牺牲后,他继称闯王。

李自成 1643 年在襄阳称新顺王,并在河南汝州歼灭明陕西总督孙传庭的主力,旋乘胜进占西安。次年正月,建立大顺政权,年号永昌。不久攻克北京,推翻明王朝,致使明思宗朱由检自缢于煤山。由于吴三桂献关降清,清朝贵族入关,联合进攻农民军。李自成迎战失利,退出北京,率军在河南、陕西抗击。五月十七日,李自成在湖北通城县遭到当地乡勇误杀。李自成余部继续抗清斗争。

(八)清朝末年农民大起义——太平天国运动

太平天国运动是清朝咸丰元年到同治三年(1851—1864 年)之间,由洪秀全、杨秀清、萧朝贵、冯云山、韦昌辉、石达开组成的领导集团从广西金田村率先发起的反对清朝封建统治和外国资本主义侵略的农民起义战争,是 19 世纪中叶中国的一场大规模反清运动。

鸦片战争后,中国开始沦为半殖民地半封建社会。西方列强凭借《南京条约》等一系列不平等条约,从政治、经济各方面大肆侵华。清政府为了支付高达 2800 万元的战争赔款和赎城费,弥补由于鸦片大量输入而造成的财政亏空(道光二十七年至二十八年平均每年流出白银 1000 万元),加紧横征暴敛,增加税收一至三倍以上。兼之外国工业品大量倾销,使中国城乡手工业受到摧残,农民和手工业者纷纷破产。地主阶级乘机兼并土地,加重剥削。

民族矛盾的加剧,促进了国内阶级矛盾的激化,广大农民饥寒交迫,纷纷揭竿而起,鸦片战争后十年间,各族人民自发的反清起义达

100 多次。

　　1864 年，太平天国首都天京陷落，标志着运动失败。太平天国革命是中国历史上规模最大的农民革命，从 1851 年起共坚持了 14 年，势力扩展到 17 省，有力地打击了清王朝的封建统治和外国的侵略，促进了封建社会的崩溃，阻止了中国殖民化的进程，在中国历史上留下极其重要的一页。

第三篇

传承篇

第八章 中华传统文化的流派

　　中华文化发展到春秋战国时期形成了诸子百家,诸子百家是对春秋战国时期各种学术派别的总称,其实流传较广、影响较大、最为著名的不过十家而已,有法家、道家、墨家、儒家、阴阳家、名家、杂家、农家、小说家、纵横家。后来又经过秦、汉、魏晋南北朝、隋唐的发展,最后能够代表中华文化的有三家或五家。三家是儒家、道家、佛家;五家是儒家、道家、佛家、医家、武家。

　　五家总体的特点可以概括为:儒家强调的是人与人(社会关系)之间的关系要和谐,最高典范是孔子;道家强调人与自然的关系要和谐,最高典范是老子;佛家强调人与生命的关系要和谐,最高典范是释迦牟尼佛;医家强调如何看待和处理人与疾病、养生及生命的关系,最高典范是黄帝等;武家强调如何看待和处理人和暴力的关系,最高典范是中国历史上出现的有名或无名的大德们。

　　下面我们重点介绍儒、释、道三家。

第一节　儒　家

一、儒家及其思想

1. 儒家

儒家是先秦诸子百家之一,其创始人是孔子。"儒"最初指的是祭祀的司仪,后来逐步发展为以君子为做人原则和标准,以行道为人生目标的学团组织,经过数千年的发展,成为中国影响最大的流派,儒家思想也成为中国古代的主流思想。

2. 儒家思想

儒家思想是关于人性和人与人之间即社会关系的观念及学说,是中国古代处理社会人伦宗法关系的理论体系,是中华民族古代智慧的结晶。它不同于经过科学分类的近代思想体系,而是治文、史、哲、政、经、法,以及教育、军事等于一炉的综合体。[①]"治"是治理的意思,一个"治"字,区别了与之相对应的西方文化的思想理论,表明西方文化的思想理论是纯理论的,而中华文化的思想理论是注重实践的,是"活"的思想观念和理论。

儒家思想由先秦儒家经过两千多年,也在不断发展变化,几乎每个朝代都有新的流派出现,或者与道家、佛家结合为新的学派,有两汉经学、魏晋玄学、唐代道统思想、宋代程朱理学、宋明陆王心学、清代考据学等。儒家思想理论体系虽然经过两千多年的发展演变,但其中的基本理念和核心观念是没有改变的。下面介绍一下两千多年没有改变的儒家思想的理论体系。

---

① 俞荣根. 中国法律思想史. 北京:法律出版社,2000:355.

二、儒家思想的理论体系

从学术理论上来分析,儒家思想理论体系至少有五论:价值论、方法论、治国论、人性论、修养论。

(一)价值论

1.儒家思想的最高价值目标——天下本位

(1)天下的含义

儒家的"天下"一词,以地理意义为基本义,兼含有"人民"义、"民心"义、"道德"义。它是王道政治范畴体系中的一个重要概念,集中体现了儒家心系天下的忧患意识和博大情怀,是其伦理法思想最基本的出发点和归宿点,亦是其最高的价值目标。

(2)天下本位思想

儒家"法先王"的运思模式为现实社会树立了一种理想。这种理想在价值追求上超越了一家一国的利益,而指向了天下的利益,这就是"大同"世界的"天下为公",或"公天下"。它体现了儒家文化的终极关怀。儒家高扬"天下为公""天下归仁""天下大同"的价值目标,是以天下为本位,而未停留于以国家和民族为本位。

2.儒家思想价值论的王道政治楷模——"法先王"的运思模式

"法先王"是儒家的政治主张。"法"是"效法"的意思,"先王"是一个特定的概念,指尧、舜、禹、汤、文王、武王和周公等。儒教经典《尚书》中记载了这些先王的德政,如尧禅让、舜选贤任能、禹治洪水、汤伐桀、文王仁以待人等。孔子曾对这些古代的圣君表示敬意,而孟子则"言必称尧舜",荀子始将"法先王"概括为儒家的基本路线。西汉以后,儒家成为正统之学,"法先王"也就被历代王朝奉为金科玉律,国家政策或改革措施都须从"先王"那里找到根据。不过,儒家所谓"法先王",并非一切照搬三代以前的成规,《礼记·乐记》就说:"五帝殊时,不相沿乐;三王异世,不相袭礼。"北宋王安石一语中的:"法先王之政者,法其意而已。"用今天的话说,就是法其精神而已。近代康有为始创"托古改制"说,认为中国人有"信古"的传统,不假托古人,就难以取信今人,故孔子假托尧、舜等圣王,以改"乱世之制"。

3.儒家思想价值论的基础——家庭伦理

(1)把家庭伦理作为儒家思想的最基本(有时甚至是最高的)道德标准

作为儒家思想主体的道德论,其实就是家族伦理或宗法人伦。家庭伦理关系是各种社会关系的基石,为了处理好家庭伦理关系,孔子特别创造了一个名词"仁"。什么是"仁"? 仁者爱人,仁就是强调人和人之间,要有情感,要有爱。而这种情感是有远近亲疏的,首先要爱自己的家庭成员,然后扩展到社会。围绕"仁"的概念,儒家提出了一系列的礼(法)的行为规范:义、孝、悌、忠、信、友、智、勇等。

(2)以建设家庭伦理作为实现王道政治的基石和始点

"法先王""法尧舜",首先是法先王之孝道。孔子认为搞好"孝""友"关系就是搞好了政治。孟子进而发挥其义说:"人人亲其亲、长其长,而天下平。"《大学》将"以修身为本"的"修身、齐家、治国、平天下"定位政治纲领,从而在理论上明确了以建设家族伦理为实现王道政治的基石和起点的思想。

(3)构建了一系列的以维系家庭伦理关系理论和制度

由于,儒家把家族伦理作为实现王道政治的基石和起点,这样,儒家就将夏、商、周时代的以"不孝"为大罪,必须"刑之无赦"的罪行观念发展为一种家族伦理主义的伦理法理论,成为儒家之法的基本价值论,并由此延伸出了赞成"父子相隐"、认可"复仇"、子女无异财、罪刑依尊卑身份而定等一系列法律主张。

4.儒家思想价值论的灵魂——民本主义

(1)先秦儒家民本主义思想

儒家理解的"民"不是享有主权的人民,也不是作为权利主体的"公民",而仅仅是"子民"。儒家思想中"民"和"君"的关系是,君主是天下百姓的最高家长,是"君父"。"君父"统治"子民","子民"服从"君父"是完全天经地义的。君礼臣(民)忠就如家庭内的父慈子孝伦理关系一样。

儒家的民本思想是春秋重民观念发展的理论成果。儒家比较关心民瘼，认为富国必须先富民，立国应先立民，反对不教而驱民上战场，不教而向民施刑杀。孔子的"爱人""使民以时""因民之所利而利之""富之""教之"等主张，孟子的"民贵君轻"说、"制民之产"说，荀子的"民水君舟"论，等等，是先秦儒家民本主义的集中表现。

儒家民本主义认为，国家的安危、政治的治乱取决于民心的向背，所以君主是万民的保护者，向万民赐德政。

（2）民本思想是儒家思想的价值灵魂

儒家的民本主义不仅是一种政治主张，同时也是儒家思想价值论的又一重要内容。因为"民"是实现天下大同理想的实现主体，同时也是儒家理想的造福受益对象。所以，民本主义原则实是儒家思想的精华和灵魂。因此，孔、孟、荀对聚敛苛政、滥刑重罚的抨击，要求统治者慎刑省刑，以重民命、时使薄赋以宽民力，都是以民本主义作为其思想的价值标准的。

5. 儒家思想价值论的保证——大一统的君主主义

（1）"大一统"乃是华夏民族固有的思想传统

"大一统"观念并非儒家的专利，也不是《春秋公羊传》的发明创造，而是华夏民族固有的思想传统。西周初年，虽然推行分土而治的封建制（封土建侯），但同时设置了一套自天子、诸侯至士大夫的礼乐制度，对祭祀天地祖宗的仪式、宴乐相见的仪式、车服礼器以及拥有妻子的数目等都有统一的规定。"大一统"是中国自西周以来立国的基本观念之一。《春秋》开篇："隐公元年。春，王正月。"意思是说：鲁隐公元年的春月，就是周王的正月。《公羊传》解释说：为何要说成"王正月"？大一统也。大，意思是尊崇；大一统，就是尊崇一统，而不是"大而一统"。国家无论大小，人口不在多寡，只要历法统一，政令统一，国家统一，民族统一，思想统一，礼仪统一，度量衡统一，以及"车同轨，书同文"等，都是尊崇一统。

春秋以后，诸侯力政，礼崩乐坏，周王朝大一统的政治格局被打破，但大一统的观念却牢不可破。孟子在天下分裂的战国时代预言：

"天下将定于一。"这个"定于一"就是大一统观念的体现。汉代董仲舒以《春秋》"大一统"为依据，说服汉武帝"罢黜百家，独尊儒术"，从此，"大一统"就成为中国历代王朝遵奉的金科玉律。

（2）儒家王道政治的一条重要原则是坚持天下一统，反对分裂割据

儒家认为，天下四分五裂不能统一是天下大乱的主要根源之一，为了防止天下大乱而四分五裂，就必须要天下一统。

（3）天下一统与"尊君权"联系在一起

要想天下一统就必然要求天下只有一个共主，就需要有一个诸侯和万民拥戴的君主。这样，就把大一统与君权联系在一起。孔子的"礼乐征伐自天子出"，孟子的"定于一""行仁政而王""保民而王"，荀子的"隆一而治""一天下""财万物""隆君"等等，都是如此。

（4）尊君权的"君"必须是圣君、仁君、明君

儒家按照儒家的设计，君主必须是圣君、仁君，是万民之父，臣民奉行"以道事君"，"从道不从君"的原则，而对于暴君可以"易位"、可以"放伐"、可以"诛杀"。但是儒家虽然强调君要"正"，可是对如何"正君"却缺乏有力的法律保障机制。

（5）君主与法律的关系

中国古代君主掌握最高立法权，制礼作乐是一种最高立法权力，只有天子享有，诸侯以下只有奉行的权利，故孔子说："天下有道，则礼乐征伐自天子出；天下无道，则礼乐征伐自诸侯出。"

在君主与法律的关系上，不是法律在君主之上，而是君主在法律之上。从这一点上说，儒家的大一统君主主义同一切君主主义一样都通向了人治主义，而不是法治主义。与法家的（法制主义）绝对君主专制主义之间没有本质的区别。

（二）方法论

中庸主义——儒家思想的方法论

1.中庸的基本含义

"中"者"正"也，"庸"者"平常"也。《三字经》："中不偏，庸不易。"

孔子指出,中庸的基本含义是"和",是"无过"也"无不及"。《礼记·中庸》也说,中庸就是"致中和"。郑玄《中庸题解》发挥说,中庸即是"用中为常道也"。

2.中庸的具体应用

中庸在具体应用方面,包含了"权"和"时"两层含义。"权"指通权达变,讲的是不违背原则的灵活性;"时",是审时度势,讲的是顺应时势作不离原则的变通处置。"权"和"时"在《中庸》中称"时中":"君子之中庸也,君子而时中。""权""时"即要求坚定的原则立场,又要求具有把握时势的敏锐的洞察力和应变能力。对那些死抱礼的教条而不知损益发展的人,孔子讥之曰:"可与立,未可与权",认为不合于中庸的要求。孟子更将固执死硬的处置方法斥为"贼盗",意为严重破坏中庸之道。孟子又赞美孔子为"圣之时者"。

所以,中庸是儒家十分得意的也是极为精致的方法论原则。

(三)治国论

治国论是儒家思想的治国方法和模式。儒家思想的治国方法和模式是"礼治主义"——德礼为主、法刑相辅的治理模式。

1.礼治主义是一种治国原则和模式

在礼治和法治、德治和刑罚的关系上,儒家主张礼治、德治为主、以法治、刑罚为辅,即德礼为主,法刑为辅的礼治主义。

孔子论治国之道,认为"道之以政,齐之以刑,民免而无耻;道之以德,齐之以礼,有耻且格。"由此奠定了儒家德礼优于刑政,德礼为主、为本、为体,刑政为辅、为末、为用的治国原则。

孟子论仁政,强调"明人伦""教以人伦",同时又指出,"徒善不足以为政,徒法不能以自行",应趁"国家修暇"之时,"明其刑政"。荀子极言"隆礼",又讲"重法",称道古代的"明德慎罚"。孔、孟、荀的这些主张,汉儒总结为"德主刑辅",成为君主专制社会长期标榜的治国原则和法制模式。《唐律疏议》以"德礼为政教之本,刑罚为政教之用"两句脍炙人口的政治法制格言将其作了总结性概括。

2. 礼治主义包含的两个关系

礼治作为治国原则和主张,它包含着两对中国古代法的规范范畴关系:一是礼与法、德与刑的关系;一是人与法的关系。

(1)礼与法(德与刑)的关系

礼治主义的答案是:礼法并用、德刑相济,但德礼高于法刑,德礼为主,法刑为辅。

(2)人与法的关系

在礼法、德刑关系中还含摄着一个人与法的关系问题。重德礼行德教和礼教,自然需要贤人治国,不然"为上不正"焉能"正人"。

因此,儒家强调人的作用。孔子要求"举贤才",认为"为政在人";孟子强调行仁政必须"尊贤使能,俊杰在位";荀子更是疾言"有治人,无治法"。他们所谓的贤人、治人,都应当是遵礼守法的典范,如此方能德高望重,国治邦安。儒家重视贤人、治人,倒不见得是不要法律和刑罚。但他们在人与法的关系上,确实认为治国的关键是贤人、治人,后人称为任人与任法兼用、并用,但以任人为主。

(3)两个关系合二为一

儒家主张:贤人与良法并重,但贤人更重于良法。而贤人就是德礼的人格化。所以两对范畴可合二为一。

3. 儒家礼治主义的现实意义

若从社会控制、犯罪的预防和矫治的角度来看,德礼为主、法刑为辅带有古人所谓的"标本兼治、重在治本"的政治辩证法,未尝不是一种古老而朴素的综合性犯罪控制学。同时,含有重视官吏道德素质,把法律强制与道德教化结合起来的积极价值。

(四)人性论

1. 相近观(平等观)

孔子说"性相近、习相远"。主张人的本性是相近的,用今天的话说就是人的本性是接近的、平等的。

2. 向善论

孟子主张人的本性是性"向善"的"向善论",而不是"性本善"论。

"性本善"是认为人的本性完全是善的；"向善论"是认为人的本性有向善的方面发展的驱动力。孟子以水做比喻，说明人向善的本性，孟子曰："水信无分于东西，无分于上下乎？人性之善也，犹水之就下也。人无有不善，水无有不下。今夫水，搏而跃之，可使过颡；激而行之，可使在山。是岂水之性哉？其势则然也。人之可使为不善，其性亦犹是也。"孟子认为，人人都具有向善本性的四种端倪，《孟子·公孙丑上》："恻隐之心，仁之端也；羞恶之心，义之端也；辞让之心，礼之端也；是非之心，智之端也。"孟子认为恻隐、羞恶、辞让、是非四种情感是仁义礼智的萌芽，仁义礼智即来自这四种情感，故称四端。

3.有恶论

荀子认为人的本性有恶的方面，是"有恶论"，而不是"性本恶"论，性本恶是指，认为人的本性天生是恶的。"有恶论"是指人的本性具有先天（天生）恶的习惯。所以荀子主张要"化性起伪"，所谓"化性起伪"就是强调人要"伪"——"人为"，即通过后天努力学习，来改变自己的天生不好的（本性）恶习，进而到达至善的目的。

（五）天命观

天命观是孔子提出的儒家的一个核心观念，孔子认为"天"不仅是"自然之天"，同时也是"生命之天"。关于"生命之天"有人说是神学意义上的上帝，其实，在中国的儒家理论中是不正确的。孔子说："天何言哉？四时行焉，百物生焉，天何言哉！"天是一种人无法抗衡的运动，它生化万物，造天设地，以成四时。孔子又说："唯天为大"，"五十而知天命"，"获罪于天，无所祷也"。他相信宇宙中有一种不可解释的秩序安排，一种支配人生和万物的神秘力量，一种还不能把握的规律，所以他"畏天命"，努力于"知天命"。

荀子说，天有"天职"。什么是"天职"？他举例说：星辰的旋转，日月的照耀，四时的交替，阴阳的变化，风雨的博施万物，万物得到它们各方面的调和得以生存，得到它们各方面的滋养得以成长。人们看不见它做什么事情却可以看见其功绩，这就叫作"神"。"神"绝不是人格神，不是上帝，而是自然界、宇宙大系统的功能，即今天常说的"出神入化"的"神",是至高至大至精微的一种运动趋势。

而到了西汉董仲舒时,他把"天"说成是一种人格神,董仲舒说:"天者,百神之大君也"。又把天比作人的"曾祖父"。但董仲舒的"天"同时也是最完善的道德体现,他说:"仁之美者在于天",并且还是一种自然运动的规律:"天之道,有序有时,有度有节,变而有常……"所以,"天"在董仲舒那里也并不是完全神学化的,他把天说得至高至大,是为了让人们敬畏它,尤其是让君主敬畏它。与其说董仲舒把"天"神学化,不如说他将"天"神圣化。

儒家在认识"天"这种"生命之天"本质特性与人的自然生命之间发生联系和作用关系的基础上,提出了"天命"思想,儒家认为天的"生命之天"的本性与人生命的自然本性是相合、相生的关系,即"天人合一"关系,就是"天命"观。再具体点说,天有生命即天的本性,人有生命即人的本性,而且天命和生命的本性是一个。这里有三个概念,天命、人命、本性,三者是统一的,是合一的关系。就是人的生命本性与天的生命本性是一个,二者不可分离,是合一的、相应的、感通的。这就是儒家"天命"思想。

所以,孔子说:"吾五十而知天命……""君子有三畏:畏天命,畏大人,畏圣人之言。小人不知天命而不畏也,狎大人,侮圣人言。""不知命无以为君子。"子思在《中庸》里说:"天命之谓性,率性之谓道,修道之为教。"孟子说:"尽其心者,知其性也。知其性,则知天也。存其心,养其性,所以事天也。夭寿不贰,修身以俟之,所以立命也。"孔子在《易传》提出"穷理尽性以至于命",左丘明在《左传》中说:"乐天知命而不忧"……

(六)修养论

儒家很重视个人的修养,包括修养的方法、修养的阶段、修养的目标等。

1.修养方法论

(1)学习观

孔子提倡学习,以好学者自居。提倡温故知新、学而时习之(在实践中反复地学习）。《论语》："十五有志于学……"；"十室之邑必有忠信如丘者焉,不如丘之好学也。""哀公问:弟子孰为好学？孔子对曰:有颜回者好学,不迁怒,不贰过,不幸短命死矣！今也则亡,未闻好学者也。"

(2)实践观

孔子提倡学而时习之,注重社会实践。后来浙东学派提出的"经世致用"以及阳明学派提出要"知行合一"观念等,都充分反映了儒家的实践观。

(3)教育观

孔子提倡有教无类思想,强调教学要循循善诱、举一反三、诲人不倦。孔子的教育思想一直影响中国两千多年。

2.修养阶段论

在曾子著的儒家"四书"之一的《大学》中,曾子提出了儒家儒学境界八个阶段(八目):格物、致知、诚意、正心、修身、齐家、治国、平天下。

3.修养价值论

儒家的价值论就是儒家的义利观,在处理义和利的关系方面,儒家倡导杀身成仁、舍生取义、轻利重义等价值观。

4.修养目标论

(1)目的论

在目标方面,孔子最先提出要做君子、成圣人的目标；曾子在《大学》中提出儒家的三纲领:明明德、亲民、止于至善。

(2)修道论

儒家修道论与目的论是一个问题的两个方面,目的论从目标的角度来说,修道论是从实现目标的内容角度来看。儒家倡导最高的人生目标就是"道"。孔子说"朝闻道,夕死可""士志于道"等,把"道"以及"修道"看作是儒家的最终目标。

三、儒家思想的历史地位

(一)儒家思想的历史地位

儒家思想在中国历史中基本上处于正统地位,是历朝历代统治者治国理政的指导思想和精神灵魂,同时也是中华文化的精髓和灵魂。

(二)儒家思想的历史作用及其两面性

1.积极作用和正面性

(1)积极作用

儒家思想以天下为本位,把价值目标定得很高,理想主义色彩很浓。为历代君王和官吏树立了最高伦理规范和道德楷模,也为一般普通人树立了最高世界观、价值观,激励他们终生为之奋斗不已。儒家倡导的三不朽:立德,立功,立言。鲁迅曾说过:"中华民族自古以来,就有埋头苦干的人,就有拼命硬干的人,就有为民请命的人,就有舍身求法的人——他们是中国的脊梁。"张载的"横渠四句":"为天地立心,为生民立命,为往圣继绝学,为万世开太平"——对历朝历代的思想、文化、政治、法律、经济、社会等建设和发展起到了积极的推动作用。尤其在先秦儒家思想中,其思想学说往往是历代王朝季世兴起的社会批判思潮以及社会变动时期的变法维新思潮所能依傍的思想权威,为这些思潮提供了思想武器。

(2)正面性

儒家思想在中国历史中处于正统地位,是中国古代政治、经济、社会历史及文化传统诸因素综合作用的结果,不是儒家的主观臆造。恰恰相反,是儒家对上述诸因素交错形成的历史合力的积极适应。汉代以后,儒家思想成为中国文化的主流思想,这从思想文化发展的角度看,正是说明了儒家思想比起其他学派来,创造了更为适应中国国情、政情、民情的思想体系。因此,汉代统治者的"独尊儒术"的选择,不应仅仅看作是当时帝王及其统治集团决策层的选择,更不是这些人凭主观好恶的随意选择,而更应看作是历史的选择、民族的选择。

2.消极作用和负面性

(1)消极作用

由于,儒家价值目标过于理想,所以又表现为过于迂阔、空疏。尤其是汉代以后的儒家对先秦儒家思想作了偏离人性发展的理解和修改,使得汉代以后的儒家成为君主专制的工具。通过皇权政治对儒家思想恶的运用,使得儒家思想越到君主专制的后期,越起到阻碍社会进步、影响文化创新的负面作用。确实,从历史的实际考察看,君主专制社会形成的"三纲五常"对人性的漠视和对人自身的摧残,礼教的以礼杀人,君主专制的野蛮,无疑同儒家思想伦理法学说有着一定的联系。

(2)负面性

儒家伦理法中没有"公民"的范畴,也没有"公民"意思的生长点,只有"子民"的范畴、"子民"意思,这是儒家君主主义原则和家族伦理原则结合的衍生物。

儒家关于法的问题思考中,一味强调圣君贤相和"治人"的作用,并用泛道德主义倾向,不注意法律制度的建设。

第二节 道家与道教

一、道家简介

春秋时期,老子集古圣先贤之大智慧,总结了古老的道家思想的精华,形成了"道法自然"的道德理论,标志着道家思想已经正式成型。先秦道家,创始于老子,而大成于庄子,人们习惯把"老庄"作为道家的代名词。道家以"道"为核心,认为天道无为,主张道法自然,提出无为而治、以雌守雄、以柔克刚、刚柔并济等治国策略,具有朴素的辩证法思想,是"诸子百家"中一门极为重要的哲学流派,在中华各文化各流派中,具有鲜明的特点,对中国乃至世界的文化都产生了巨大的影响。

道家思想哲学发展大致经历了五个阶段:先秦道家、秦汉黄老之学、魏晋玄学、隋唐重玄学与宋元内丹生命学等五种历史形态。

道家思想曾经几度成为中华主流文化,魏晋玄学过后,道家虽然不再占据主流,然而儒显道隐的儒道互补的华夏文化内涵,几千多年来长居于社会思想文化的正宗和主导地位。而道家哲学思想主要通过道教、儒学以及中国化佛学而得以不同程度的体现。

二、道教简介

中国的道教与道家不是同时产生的,道教的创立是东汉后期的事情。道教是中国主要宗教之一,道教是中国本土宗教。道教以"道"为最高信仰,认为"道"是化生宇宙万物的本原,故名"道教"。道教在中国古代鬼神崇拜观念上,以黄、老道家思想为理论根据,承袭战国以来的神仙方术衍化形成。

道教正式有道教实体活动是在东汉末年太平道和五斗米道的出现,而东汉张道陵创立的"五斗米道"为道教的定型化之始。南北朝时宗教形式逐渐完备。奉老聃为教祖,尊称"太上老君"。以《道德经》(即《老子》)、《正一经》和《太平洞经》为主要经典。奉玉皇上帝为最高的神。要人脱离现实,炼丹成仙。

道教内部门派众多,因分派标准不同而名称各异。

据学理分有积善派、经典派、符箓派、丹鼎派(金丹派)、占验派五类。

按地区分有龙门派、崂山派(又叫金山派)、随山派、遇山派、华山派、嵛山派、老华山派、鹤山派、霍山派、武当派等。

按人划分则有少阳派(王玄甫)、正阳派(钟离汉)、纯阳派(吕洞宾)、海蟾派(刘操)、三丰派(张三丰)、萨祖派(萨守坚)、紫阳派(张伯端)、伍柳派(伍冲虚、柳华阳)、重阳派(王重阳)、尹喜派(关尹)、金山派(孙玄清)、阎祖派(阎希言)等。

按道门分有太一教(萧抱珍)、全真教(王重阳)、正一教(张宗演)、真空派(鼓祖)、铁冠派(周祖)、日新派、自然派(张三丰)、先天派、广慧派等。

还有正一道(张道陵)、全真南宗(吕纯阳)、全真北宗(王重阳)、真大宗(张清志)、太一宗(黄洞一)、五大宗之分法和天师道、全真道、灵宝道、清微道四大派的分法。还有道德、先天、灵宝、正一、清微、净明、玉堂、天心八派的说法。

而今许多教派式微,尚存的著名教派有全真龙门派、全真华山派、全真金山派、全真嵛山派、全真南无派、武当三丰派、武当玄武派、正一天师道、正一清微派、正一茅山教、正一净明道、闾山教等等及香港、台湾的民间道教派别。

值得一提的是,在古代每当一个朝代末期即将被新的朝代更替时,一般总是有一个或几个道家或道教人物出现,辅助新朝代的君主打下江山或坐稳江山。如秦朝末期的张良辅助汉高主刘邦,隋朝末期的徐茂公、魏征辅助唐太宗李世民,南宋末期的长春真人丘处机劝成吉思汗戒杀,元朝时期的刘伯温辅助朱元璋,等等。

三、道家思想(见第十章老子思想与智慧)

四、儒家与道家的关系

儒家与道家都是产生于春秋战国的先秦时期,都属于当时的诸子百家之一。尽管儒家和道家有很大区别,但是,它们二者即属于同根同源,又阴阳互补,即儒道同源、儒道互补的关系。这从儒家、道家与《周易》的关系就可以了解。儒家和道家都产生于《周易》,儒道互补奠定了中国传统文化的核心构架。所以,道家和儒家都要注释周易,都通过注释周易来发挥和宣扬各种的学说。儒家更多地继承和放大了《周易》中阳刚的一面,比如说人生观和价值观,《周易》的乾卦在《易经》说"君子终日乾乾",乾乾就是渐渐,就是不间断地实践、努力。到了《易传》就是"天行健君子自强不息",在孔子那里就是知其不可而为之。真正做到三不朽。而道家更多地继承了周易中阴柔的一面,所以古人说老子偷得《周易》半部,如坤卦。元亨,利牝马之贞。

儒家与道家的主要区别还在于,前者是积极入世,后者是消极出世。前者三不朽,知其不可而为之,立德、立功、立言;后者自我超越,用一种无为的生活方式,无所凭借地、顺其自然地生活在人世间,知其不可奈何而安之若命,达到无己、无功、无名。

第三节　佛家与佛教

一、佛家(佛教)简介

佛学或佛教产生于距今 2500 多年前,由迦毗罗卫国(今尼泊尔境内)王子乔达摩·悉达多所创。佛教是世界三大宗教之一。什么是佛?"佛"是"佛陀"的简称,是梵语,是指觉悟的人,觉行圆满的意思。什么是菩萨? 菩萨是"菩提萨埵"之略称,也是梵语。菩提萨埵中"菩提"是觉、智、道之意;"萨埵"是众生、有情之意。菩萨就是觉有情的意思。"佛"在佛经里有十种称谓:如来、应供、正遍知、明行足、善逝、世间解、无上士、调御丈夫、天人师、世尊。

释迦牟尼生于公元前 560 年,入灭于公元前 480 年,古印度迦毗罗卫国的太子,是释迦族人,属刹帝利种姓。父为净饭王,母为摩耶夫人,原名悉达多·乔达摩,意为"一切义成就者"。成佛后被称为释迦牟尼,"释迦"是其种族名,意思是"能";"牟尼"意思是"仁""儒""忍""寂"。"释迦牟尼"合起来就是"能仁""能儒""能忍""能寂"等,也即是"释迦族的圣人"的意思。尊称为佛陀,简称"佛",意思是大彻大悟的人、觉悟的人。据佛经记载,释迦牟尼在 29 岁时,有感于人世生、老、病、死等诸多苦恼,舍弃王族生活,出家苦修六年。35 岁时,他在菩提树下大彻大悟,静坐 49 天,出定后睹明星而悟道成佛。释迦牟尼出定后,说了第一句话是:"众生平等,众生皆有佛性。"遂出世弘法,创立佛教,随即在印度北部、中部恒河流域一带传教,传授佛家修行方法。年 80 岁在拘尸那迦城涅槃(图 8-1)。

佛教重视人类心灵和道德的进步和觉悟。佛教信徒修习佛教的目的即在于依照悉达多所悟到修行方法,发现生命和宇宙的真相,最

图 8-1　释迦牟尼佛画像

终超越生死和苦,断尽一切烦恼,得到彻底解脱。

　　佛家和佛教的关系是二合一的关系,佛家是从文化的宗法理论和理念上说,佛教是从宗教的教派、团体组织上说,统一两者的是佛法,所以,两者是一回事。因此,佛家与佛教的关系虽然有所区别,但是,不像道家与道教的关系区分那么明显。

二、佛家(佛教)在中国的发展

　　佛教传入中国的确切年代尚无定论,异说颇多,最广泛的说法是东汉永平十年(67 年),汉明帝派遣使者至西域广求佛像及经典,并迎请迦叶摩腾、竺法兰等僧至洛阳,在洛阳建立第一座官办寺庙——白马寺,为我国寺院的发祥地,并于此寺完成我国最早传译的佛典《四十二章经》。

　　从南北朝开始中国佛教进入兴盛发展阶段。南北朝时佛教已遍布全国,出家、在家佛教徒数量增加很快,北魏《洛阳伽蓝记》记载,洛阳城中寺庙鼎盛时达到 1367 所,而北方的长安僧尼过万,南方的建业

(今南京)也有佛寺数百座。

隋唐时期是中国佛教鼎盛之时。隋朝皇室崇信佛教,唐朝皇帝崇信道教,但对佛教等其他诸多宗教都采取宽容、保护政策。

隋唐以来,中国佛学、佛教逐步发展成熟。印度佛学、佛教传入中国以后与中国文化相互交流碰撞,逐步与中国的儒家和道家相融合发展,印度的佛学、佛教已经完全中国化了,形成了具有中国特色的中国佛学。自隋唐以来,我们中国的佛教(佛家)已经是真正的佛祖释迦牟尼的传承者,而佛教(佛学)在印度却从 9 世纪开始逐渐衰落,至 13 世纪时,已经几乎绝迹了。

中国佛教流派

佛教自传入中国以来,逐步与中国文化交流融合,在不同的历史阶段形成了不同的流派。虽然流派不同,但是都以"成就度众"为根本目的和宗旨。佛教各种流派是佛法——"不变随缘,随缘不变"的体现。尽管中国佛教众总,但总体上有三大分类:即以内、外、密三种形式传播和传承。

在印度,佛涅槃后的四、五百年间,小乘的上座、大众就有二十部派之多;大乘有中观、瑜伽、空有二宗等。佛教传入中国后,起初没有区分大小乘经典,立宗立派也没有区别,后来逐渐成形的有:律宗、成实宗、俱舍宗、三论宗、涅槃宗、地论宗、禅宗、摄论宗、天台宗、净土宗、唯识宗、华严宗、密宗这十三宗派。这十三宗中,涅槃宗归入天台宗;地论宗归入华严宗;摄论宗归入唯识宗。流传迄今者,实唯十宗。后来科判这十宗中的俱舍宗、成实宗列属小乘经典。故中土大乘宗派中,有影响的、现今仍流行的实属八大宗派:三论宗、天台宗、华严宗、唯识宗、律宗、禅宗、净土宗、密宗。

说到佛教(佛学)在中国的传播和发展,不得不提到在中国历史上最与佛教有缘的两个皇帝,一个是梁武帝萧衍,另一个是隋文帝杨坚。

皇帝菩萨——梁武帝（图 8-2）①

梁武帝萧衍（464—549 年），字叔达，小字练儿，生于建康（今南京），籍贯南兰陵郡武进县东城里（今江苏省丹阳市访仙镇），南北朝时期梁朝政权的建立者。

图 8-2　梁武帝画像

东晋之后先后有四个朝代（宋、齐、梁、陈）的政权出现，第三个朝代南梁（502—557 年）。南梁国都建安（南京）当时就有 480 多个佛教寺庙，其中之首的萧衍佛寺（又称同泰寺），寺里生活着几千名僧人，这一天寺院里来了一个看似身份高贵的人，他来这里，一不为游玩，二不为烧香拜佛，而是要舍身为奴。他就是统治萧梁长达 48 年之久的梁武帝萧衍。

据史书记载，梁武帝先后于公元 527 年、529 年、546 年和 547 年共 4 次舍身同泰寺，而每次都由群臣用"钱一万亿重金"将他赎出，四次下来一共用了四万亿钱（两万两白银），并在群臣齐集同泰寺东门或凤庄门，再三叩请的情况下，才回皇宫执政。

_____

①　此部分由中央电视台大型百集纪录片《中国通史》整理而成。

　　即位不久，深谋远虑的梁武帝就下令修建了很多寺庙，其中有两座格外令人瞩目，这两座寺庙的出名不是因为他们的华丽，而是梁武帝以自己父母的名义建立的。为父建造的大爱敬寺，建造得非常华丽，宛若天宫一样，从中院到大门就有七里之远，两旁是三十六院，里面供养着一千多名僧人。而为其母建造大智度寺，也是殿堂宏伟宽敞，有一七层宝塔，房屋与走廊相接间不时点缀着花果，有五百尼姑不时讲诵。寺院建成后，梁武帝为父母举行了盛大法事，每月初一、十五还亲自祭拜。梁武帝这样的孝行不仅感动了身边的大臣，也震撼了全国百姓。之后，他走进当时的佛教重地栖霞精舍，领悟佛教真谛。并且于即位后的第三年四月初八，也就是释迦牟尼诞辰之日，在佛前颁布了一道诏令："愿使未来世中，童男出家，广弘经教，化度含识，同共成佛，并号召公卿百官宗室信佛。"这等于说定佛教为国教，他又一次开了历史先河，赢得了老百姓的拥戴，一时间全国信佛之人激增。

　　梁武帝还提倡儒家治国，组织文人制定礼仪制度，同时，组织僧人制定编撰在家菩萨戒，儒家的礼仪制度规范的是人的行为，而在家菩萨戒规范的是人的心灵。梁武帝领导编撰在家菩萨戒，他也身体力行，切切实实按照戒律行事和生活。他很勤政，无论冬夏春秋，总是五更天就起床，批改公文奏章，甚至冬天把手都冻裂了，还依然勤于政务。他很节俭，平时穿布衣，一顶帽子戴了三年，盖的棉被两年才换一次，他吃素食，并且每天只吃一顿饭，梁武帝这些行为感染了身边的大臣。

　　今天在中国僧人的饮食中看不到荤腥，就源自一千多年前的梁武帝倡导吃素的理念，当年，他为了修养心性，曾撰写断酒肉文，下诏所有佛教徒断绝酒肉，并召集一千名僧人宣唱此文。在他不断推动下，逐渐演变成汉族僧人吃素的独特传统，而这一传统一直延续至今，并逐步演化为社会各阶层的素食文化。

　　梁武帝以身行戒，加速了在家受菩萨戒的编撰进程，历时七年之后，建康教团完成了编撰工作。而在当年的四月初八即释迦牟尼佛诞辰日这一天，梁武帝又亲受菩萨戒，法名冠达，并且大赦天下，全国同贺菩萨戒弟子皇上的诞生，自此梁武帝有了另外一个称呼"皇帝菩萨"。

梁武帝在重视佛教的同时,还推行儒家思想,发展经济,使得萧梁在文化和经济方面一片盛景。很多国家都仰慕梁朝的繁华,纷纷派使者前来朝贡,当时向梁朝进献方物的国家多达 29 个。源源不断来到萧梁的外国人,还有许多外国僧人,其中就有来自南天竺的菩提达摩。当年他漂洋过海来到梁国,与梁武帝有过一席交谈,后来成为中国禅宗的始祖。外国僧侣不断地到中国交流,促使了梁朝佛教的空前兴盛。据资料统计单单梁武帝统治下的南梁就建有佛寺 2846 所,仅京城建康一地就超过 500 多所。其中最大的寺庙是梁武帝于公元 527 年,在皇宫旁边为自己建的同泰寺。同泰寺建成后,梁武帝为此举行了盛大的典礼,但令很多人没有想到的是,梁武帝也就此舍身寺庙。僧人是出家人,而舍身并不是出家,是把自己捐献给寺庙,为寺庙服务,做杂役。梁武帝舍身同泰寺后住的是破屋烂床,干的是粗活累活,但他毫无怨言。

为什么梁武帝放着好好的皇帝不当非要舍身寺庙呢?梁武帝治理国家无疑是成功的,但是,他的家族人士做出了很多违反伦理的事情,他认为是自己没有做好的原因,而努力修行,以此来改变他们。同时他也看破了红尘,厌倦了争夺权力的宫廷争斗甚至杀戮。65 岁的梁武帝有了舍身的念头后,就把大量的精力都投放在佛教上,并且在他的余生中四次舍身到同泰寺。但是,国不可一日无君,到寺庙散心几天是可以的,时间长了国家终将乱套。于是每次在大臣苦苦相劝无果后,都用重金把他赎回来,四次算下来光赎他的钱就达到四万亿钱。在梁武帝舍身期间,并没有大臣篡权和部下叛乱的事情。可见梁武帝以佛教和儒家思想治国取得的成功。在寺庙里,梁武帝在干活和念经之余,有时还迫不得已地处理一些奏章,因此出现了在寺庙批奏章的奇特场景,而真正成了皇帝菩萨。

金刚皇帝——隋文帝(图 8-3)[①]

隋文帝杨坚(公元 541 年 7 月 21 日—公元 604 年 8 月 13 日),隋朝开国皇帝。汉族,今陕西省华阴市人,汉太尉杨震十四世孙。普六

[①] 此故事来源于中央电视台大型百集纪录片《中国通史》。

茹鲜卑姓氏是其父杨忠受西魏恭帝所赐。后杨坚掌权后恢复汉姓"杨",并让宇文泰鲜卑化政策中改姓的汉人恢复汉姓。杨坚在位期间,军事上攻灭陈国,成功地统一了严重分裂数百年的中国,击破突厥,被尊为"圣人可汗";内政方面,开创先进的选官制度,发展文化经济,使得中国成为盛世之国。

图 8-3 隋文帝画像

在中国历史上,从魏朝(曹魏)到隋朝的近 400 年(220—590 年,历时 370 年)的时间,这是中国王朝更迭最频繁的时期,期间经历五胡十六国,该时期,你方唱罢我登场,最短的只存在过 8 年。之后,北魏(386—557 历时 171 年),鲜卑族拓跋氏建立政权,南方是东晋政权。后来,北魏分裂为东魏和西魏,东晋又经历宋、齐、梁、陈四个政权。然而,统一是历史的趋势,是政治的需要,经济的要求,文明的向往,人民的渴望。

但此时的南朝由于政治腐朽昏庸,无心统一,北朝则受游牧民族的牵制无力统一,山河分裂,天下犹如一盘乱棋。那么如何解开这个三百多年来无法解开的困局呢? 破局解开的棋子没有落在南朝的政治中心建康,也没有落在北魏的政治中心洛阳,而是落在了这一片荒凉苦寒之地。位于大青山北麓的土城梁村,距离呼和浩特市西北25公里,往北是一望无际的草原,再往北是荒凉寂寥的大漠。谁能想到这一段段寂寞的黄土梁所怀抱的——武川镇。

公元398年北魏占领中原的大部分地区,这个由游牧民族拓跋鲜卑建立的政权将国都迁至平成(今天的山西大同)。为了抵抗北部游牧民族柔然的攻击,拱卫平成,北魏在长城沿线设立了一系列军镇,其中有六个最为重要,除武川镇外,另外5个分别是沃野、怀朔、抚冥、柔玄、怀荒。这就是著名北方六镇。北魏抵抗柔然的军事主力集中在北方六镇,六镇军将多由拓跋氏贵戚贤臣充任,具有很高的社会地位,他们虽然远离政治核心,却不影响仕途,常被特别提拔,因此,当时人物,欣慕为之。曾经是北魏的军事要塞"武川镇"。后人感叹武川镇乃王气所具,在这个区区弹丸之地,先后走出北周、隋、唐三朝皇室,左右了中国三百多年的历史。

然而,公元493年,北魏孝文帝拓跋宏迁都洛阳后,北方六镇地位一落千丈,镇守边疆的勇士们逐渐被遗忘,成为孝文帝汉化政治的弃儿,空间的距离扩大了政治身份的差距,留居京者得上品通官,在镇者变为清途所隔。流连于繁华富庶的中原,谁会想到那荒凉苦寒的边塞。六镇的军将不但失去了往日的荣耀,镇兵镇民们被归入了贱民的行列。

地位的反差使得六镇军民有一种危机感,随着统治者的昏庸腐败,他们无路可退,他们不得不奋起反抗,最后终于爆发了六镇大起义。经过一系列军阀混战之后,来自怀朔镇的高欢和来自武川镇的宇文泰,主宰了北魏王朝的命运,这两位乱世枭雄,最终将北魏分割为东魏和西魏两个相互对峙的政权。

北魏的分裂削弱了北方的力量,再加上塞外新兴的突厥,不作为的南朝,中国陷入了更为混乱的政治割据中,国家统一的前途更加渺茫。历史在黑暗中蜗行摸索,他在呼唤一个强势人物,一个真正一统天下的君主。

公元541年7月的一个深夜,在西魏冯翊城中响起一阵婴儿的清澈而响亮的哭声,同州刺史杨忠夫人吕氏在这里诞生了一个健壮的婴儿,他就是后来的隋文帝杨坚。

杨坚这个家族从五代祖开始就世代在武川镇为武将,到了杨坚父亲杨忠这一辈,这个家族开始兴盛起来。因为,杨忠是一个非常了不起的人,他身材魁梧,武艺绝伦,见识深远。后来,他随宇文泰到了关西,在对东魏的战争中,战功卓著,成为非常重要的一个军事将领,被封为隋国公。后来杨坚建立的王朝叫隋朝就是从这里来的。杨坚就是出身在这么一个显赫的家族。

就在杨坚出生这天晚上,有一个神秘人物出现了,这个人名叫智仙,是个尼姑,她特意从山西渡过黄河,星夜兼程来到同州,求见杨坚的父亲杨忠。她告诉杨忠,此儿大有来历,不可养于俗人之家,杨忠相信了这位素昧平生的尼姑,决定把自家宅院辟为尼寺,将儿子交给智仙抚育。由于杨忠常年跟随宇文泰征战在外,杨坚的青少年时期大都是跟随智仙度过的,智仙还给杨坚起了一个非常佛教化的小名,那罗延,意为"金刚力士"。历史已经无从探究智仙的具体来历,但她却对杨坚的一生影响巨大,将杨坚历练成一个真正勇猛精进、刚毅沉着的金刚力士。一代枭雄宇文泰曾夸赞杨坚,"此儿风骨,不似代间人"。后来果真成为统一中国建立隋朝的开国皇帝隋文帝!

公元581年北周静帝将王位禅让给杨坚即隋文帝,定国号为隋,北周覆亡。公元589年2月10日(开皇九年正月二十甲申日),陈将任忠引韩擒虎攻入建康城,捉住陈叔宝,陈朝灭亡。公元590年(开皇十年)八月,隋派使臣韦洸等人安抚岭南,冼夫人率众迎接隋使,岭南诸州悉为隋地。至此,天下一统。

第九章 孔子的思想与智慧

第一节 孔子其人

孔子,名丘,字仲尼(图 9-1)。孔子出生于公元前 551 年 9 月 28 日,他是春秋时期鲁国人。孔子祖籍宋国夏邑(今河南省商丘市夏邑县),出生在春秋时期鲁国陬邑(今山东省曲阜市)。孔子享年 73 岁,他死后葬于曲阜城北泗水上,今孔林所在地。孔子言行主要载于语录体散文集《论语》《孔子家语》及《史记·孔子世家》。

要想了解孔子的思想,首先应该了解孔子是什么样的人?了解孔子是什么样的人,我们至少要从十个方面来认识孔子:传承文明、中华灵魂、述而不作、忧国忧民、济世良方、入世行道、教育济世、评价其人、得道成圣、君子小人(价值观)。

一、传承文明

孔子曾经做过最伟大的一项事业,一项丰功伟绩的事业,就是传承文明。因为他传承了文明,到目前为止,他的影响力越来越深,所以说他是我们中华民族的灵魂。

宋朝大儒朱熹说过一句话:"天不生仲尼,万古长如夜。"把孔子

图 9-1　孔子画像

的历史地位抬到这么高程度,是不是过头了呢? 其实不然,如果说这
个表达我们觉得过了一些,我就给他改一下,我反过来讲:"天生了仲
尼,万古文明传",这么说就不过分了。为什么说不过分呢? 因为,在
世界各民族和国家文明发展的历史当中,中华民族是世界上唯一没
有间断文化、文明传承的民族,这是我们值得骄傲的。我们的文化、
文明没有间断过,而其他民族、国家的文明都间断过或出现不同程度
的断裂。中国有五千多年文字记载的文明发展历史,实际上不止五
千年,我们谦虚地说五千年。大家知道,就在离浙江省宁波市区不远
的余姚河姆渡文化就有七千多年历史。之所以我们的文明历史没有
间断过,是与出生在两千五百多年的一位起着承上启下、继往开来历
史作用的文化巨匠和至圣先师的毕生贡献分不开的,他就是我国古
代的伟大思想家、教育家和政治家,儒家学派创始人、世界最著名的
文化名人之一——孔子。

　　总结孔子的一生,如果他从政不算成功,那么,传承文化(整理古
籍经典)和从事教育(培养人才)却是取得了很大的成功。所以说朱

老夫子说的那句话："天不生仲尼，万古长如夜。"如果我们更客观一点说就是："天生了仲尼，万古文明传！"

二、中华灵魂

正因为孔子传承了中华文明，所以说，孔子堪称中华民族的灵魂。因为，两千多年来，孔子借他那谦虚好学、孜孜不倦的文化学者风度；用他那从政以德、为国以礼的治国理念；凭他那仁爱忠信、恭良俭让的君子人格；以他那循循善诱、诲人不倦的师圣魅力，影响、激励和感染着我们中华民族的每一个子孙。可以说直到今天，我们每一个人的思想意识、言谈举止都渗透着他的气息，打着他烙印。孔子堪称我们中华民族的灵魂。难道不是吗？大家想想，我们日常习惯当中，我们思想意识当中，那些"孝"，要对父母尽孝；"信"，对朋友要讲信用；"忠"对工作、对领导要尽职尽责；"仁"，对子女、亲人、他人要有爱心……这些理念已经深深地融化在我们的思想里面了，成为我们中华民族每一个子孙行为习惯，甚至成为我们中华文化的基因，成为我们中华子孙的生活方式和活动宗旨。再说语言，在《论语》当中，我整理一下，成为我们现代成语的，有一百多个，比如说："是可忍孰不可忍""道不同不相为谋"等等，我们语言当中有许多成语是孔子说的。孔子的思想、精神和智慧已经固化成为我们日常用语和说话当中……

三、述而不作

那么孔子是如何传承中华文化的呢？由于西周以后，礼坏乐崩，中华文化的典籍大部分已经失传了，那么，要想传承中华文化，就必须对古代文化古籍进行整理、编撰。孔子当时对古代文化典籍进行了大量而系统地整理和编撰，他整理和编撰的原则就是"述而不作"。这是孔子传承中华文化的一个原则，什么是"述而不作"？就是只传承、传播而不创造。孔子继承、整理、传播了自西周以来的礼乐文化和制度。实际上孔子在传播中也有"作"，即有创造（解释、选择表达了自己观点而影响后世），是寓创造于传播之中。也可以说，孔子在整理、继承、传播的过程当中，他也表达了个人的观点、思想。经过孔子整理和编撰的文化典籍有哪些？即孔子当时的学术成果是什么？这些是孔子遵循"述而不作"的原则，对华夏古文化中古籍的整理、编撰工作的成果。这些成果被后人总结为：孔子修《诗》《书》，定《礼》《乐》，序《周易》、作《春秋》。《诗经》《尚书》《礼经》《乐经》《易经》《春秋经》构成儒家"六经"。到了宋朝儒家有"四书五经"之说。为什么少了一经？是因为据说《乐经》是在秦始皇焚书坑儒时候，被秦始皇一把火给烧了，《乐经》失传了，只剩五经了，所以变成"五经"。与"四书"合起来就是"四书五经"。这些是儒家的著名经典。"四书"包括《大学》《中庸》《论语》《孟子》。六经经过孔子整理，根据"述而不作"的原则，形成孔子的思想，也是孔子当时的学生学习的主要内容，这些典籍对后世中华文化继承、传播产生极其重要的影响！

四、忧国忧民

"忧国忧民"是圣人的品格，圣人有什么品格呢？他首先要忧国忧民，当时孔子所处的历史背景是什么样的呢？春秋时期，天下大乱，礼坏乐崩，人皆争利，民不聊生，犯上作乱。当时孔子就对这些现象发出感慨，子曰："德之不修，学之不讲，闻义不能徙，不善不能改，是吾忧也。"（《述而第七·3》）我忧虑什么呀？道德不修，学问不讲，闻义而不能实施，不善的人还不能改，我非常忧虑！接着说，子曰："居上不宽，为礼不敬，临丧不哀，吾何以观之哉？"（《八佾第三·26》）我看不下去！我简直是看不下去！怎么说啊？为上不宽。当领导的，当官的不宽容。为礼不敬。实施礼仪，但是你的心不敬，不恭敬。临丧，参加丧事时你没有哀伤，我怎么能看得下去呢？人心丑恶，人的关系出了问题，社会就出了问题，怎么办呢？孔子要救世济民，孔子就要开出救世良方。

五、救世良方

孔子要救世济民,孔子开出的救世良方是什么呢? 这些表现在孔子的思想体系之中,孔子的思想体系包括四个方面:"体仁,修礼,中庸,行道。""仁"的思想是孔子思想当中一个核心的思想。"仁",就是人和人的关系要讲爱,所以,最根本就是要以"仁"为"体"。"体"和"用"是哲学的范畴,"体"是本体,"用"是作用。那么,人的行为规范要表现出礼,"礼"就是用,"礼"和"仁"关系是:仁是内容,是本体;礼是形式,人的行为要符合于礼,人就要修礼。"修"就是指要学礼、用礼。而"礼"的内容就是"仁",体现"仁"、仁爱思想。那么,我们有了仁爱,有了礼,要怎么做呢? 作为知识分子,尤其是对作为教师的知识分子来说具有什么意义呢? 就是要行道,小善独善其身,大善兼善天下,就要修身、齐家、治国、平天下,这是儒家的理想。那么如何行道呢? 就是要做官,做事情了,要为官从政,实现自己的理想和抱负,实现仁爱、修礼。那么怎样才能做得恰如其分呢? 要不偏不倚,无过无不及,这就是孔子提出的中庸思想。中庸不是老好人,而是处理事情的最高理想境界,要处理得恰当、合适,中正不倚,而且永远保持这个状态,叫作中庸之道。中庸是孔子提出来的最高哲学智慧和境界,是孔子提出的一个方法论。

六、入世行道

那么,有了思想,有了办法,不实践,不实施等于白搭。所以孔子主张要力行,要弘道,身体力行,入世行道,为官从政,当官,用当官来实现自己的政治理想抱负,这就是"行道"。

那么孔子最理想的是要实现什么状态的社会呢? 达到什么程度呢? 孔子的理想是要实现"公天下"。在《礼记》里有一篇《礼运篇》,是这样形容的:"大道之行也,天下为公。"那是什么情况? 那个社会太好了,什么样呢? 尧舜统治天下的时候,路不拾遗,夜不闭户,也没有必要公布法律,也没必要有军队,大家都不用计谋,不用军队,彼此之间和睦的像一家人一样,就是公天下,这是孔子最理想的社会形态。但是孔子也是务实的,他看到当时的社会环境和背景,公天下是不可能实现的,那怎么办呢?退而求其次吧!"家天下",也就是说,从禹开始,传王位和政权都是以家来传的,就是家天下,也就是有法律,有礼仪,有军队,人们有计谋,这是家天下,属于小康社会。家天下也可以啊!孔子就退而求其次,实现小康社会。小康社会、和谐社会,都是孔子的理想,小康社会就是法制文明,道德文明和经济富裕的社会。

孔子为了实现行道的理想就要从政做官,孔子51岁才开始当上比较大的官,叫中都宰。中都宰相当于什么官呢?相当于首都管司法的官或公安局局长。由于孔子的政绩突出,到52岁至54岁就升为司空。司空是什么官呢?相当于我们国家现在的建设部长,管理土地和城市建设,权力很大。后来又升为大司寇,大司寇相当于什么官呢?相当于我们现在的最高法院院长,最高检察院检察长,公安部部长,司法部长,这四职集于一身!那时候是行政司法不分,大司寇是管司法最大的官。但是,他为官的经历并不顺利,他的政治主张往往遭到士大夫们的反对。孔子到了55岁的时候,也是他为官四年的时候,发生了使他最担忧的事情!就是鲁敬公,他接受了齐国的美女,陶醉于美女声乐之中,不理国政。孔子无奈只能辞官不做,孔子要利用有限的时间,用来施展他的政治抱负!于是孔子就离开鲁国来到卫国,开始了周游列国的历程。

七、教育济世

孔子虽然做了很大的官,但是,在仕途的道路当中屡屡受挫,所以为官从政的理想没有很好地实现。那么孔子怎么办呢?退而求其次吧!教育济世,办学!孔子自己办学,自己培养人才。教育济世是一个救世的最好办法,孔子周游列国14年,68岁回到鲁国,可以说孔子毕生从事教育,培养弟子3000多人,当时3000人了不得了!人才都在他那儿呢!有72贤人。而且是第一家私人办学的私塾,不是官办的。孔子开创了私人办学的先例。孔子实际上30岁开始就收徒讲学了,但是68岁周游列国回国以后,专心致力于教育和文献整理工作,一直到他去世。孔子开创了儒学一派,成为中华文化儒、释、道、医、武五大流派的主要一派。可以说孔子教育济世、传承文明这一工作成功了!孔子在这方面成功了,堪称一代圣人、至圣先师。

八、评价其人

孔子到底是什么样的 ·个人呢?有的人说孔子是圣人,有的人说孔子是俗人,还有人说孔子是学人。说孔子是学人,是易中天的观点,易中天说孔子既不是俗人也不是圣人,是学人,好学习的人。我不同意这个观点,圣人就是圣人,但是同时,他也是生活在当时历史环境的平凡人,他首先是平凡人,他得吃、得穿、得睡觉啊!得和人接触啊!但是,平常当中有不平常,就是比别人高那么一些!高出来的就是普通人不具备的,那就是圣人的品格。具体来说,可以用他人的评价来说明。

(一)弟子评价

孔子是个什么样的人,我们怎么说都没有发言权,谁最有发言权呢?应该是孔子的学生,包括他自己。有很多人对孔子做过评价,比较有意义的有孔子弟子、历代帝王和老子等。

孔子的弟子对孔子的评价很多。关于子贡对其老师——孔子的评价,子禽问于子贡曰:"夫子至于是邦也,必闻其政,求之与,抑与之与?"子贡曰:"夫子温、良、恭、俭、让以得之。夫子之求之也,其诸异乎人之求之与?"(《学而第一·10》)子勤是谁呢?孔子的学生,姓陈名刚,字子勤,问孔子的学生子贡。子贡姓端木,名赐,字子贡。在《论语》里面,子禽经常跟子贡对话,有人怀疑!这个子勤到底是不是孔子的学生?怀疑是子贡的学生,有道理!往后边讲,这个子勤实际上是子贡的学生,就是孔子学生的学生,他经常跟子贡对话。子贡这个人很了不起,他有两方面了不起,第一口才好,伶牙俐齿。他当时就做了一件惊天动地的伟大事情，当时齐国很强大，鲁国受到齐国威胁，齐国要灭掉鲁国，那么鲁国的国王很害怕。子贡成为孔子学生之前，就很有名了。因为子贡口才好，能说会道，所以他很善辩，由于他善辩、会讲话，他就会处理国家事情，用现在的话说他是著名的外交家。因此，鲁国国王就派他到五个国家出使游说，他一动而使得五国的政治都被他牵动了，他一出使，凭口才达到了定鲁、乱齐、破吴、强晋、霸越的目的，这五个国家都被他搞定了，轻松也解决了鲁国当时的困境。子贡的第二个才能，就是特别会做生意，买卖一做一个准，那个银子挣得哗哗的！当时孔子都夸他。由于子贡很有钱，所以很讲排场。子贡每次出门，他的车马堪与士大夫相比，阵容非常豪华。没钱不行，没钱怎么去世界各国旅游！怎么周游列国！据说孔子周游列国14年的费用都是子贡给提供的。由于子贡爱讲排场，也给孔子和其弟子装了门面，给儒家弟子创了品牌。孔子及其儒家的弟子当时就很有名了，这大概与子贡有钱爱讲排场、讲门面有一定关系。

由于子贡是个能人，能人就容易骄傲，子贡很骄傲，据说他当年拜孔子为师时候，第一年认为孔子不如他，第二年自己觉得跟老师一样，第三年才觉得自己不如老师了。子贡这个人还有个毛病，就是爱跟人比。所以，论语上说："子贡方人。"由于子贡有这样的毛病，所以，他的老师就要修理他，敲打他。有一次，孔子对子贡说，你为什么老跟人比啊？你不就这点能耐吗，我可没那么多时间跟别人比。还有一次，孔子问子贡，你和颜回比怎么样？子贡很会说话，说，我哪里敢和颜回比啊！颜回闻一知十，我也就闻一知二啊！我可不如颜回。孔子说，你说对了！我和你都不如颜回啊！

"夫子至于是邦也，必闻其政，求之与，抑与之与？"是什么意思？我们老夫子（老先生）到一个国家就必须听一听这个国家的政治情况怎么样，是不是文明的啊？是不是腐败的啊？那么是靠什么得来的呢？是靠主动向人家打听呢？还是别人主动告诉他的呢？是主动还是被动的呢？子贡曰："夫子温、良、恭、俭、让以得之。"就是说我们的老师是靠温、良、恭、俭、让这五个品德，这五个方面的修养来得到的！

至于他主动去问别人还是别人主动告诉他的,这个问题已经不重要了。

再一个就是颜回,颜回,字子渊。颜回是孔子最喜欢的学生,颜回能闻一知十,谁不喜欢这样的好学生,修养好,品德好,孔子曾经多次赞美颜回,"贤哉,回也! 贤哉,回也! 一箪食,一瓢饮,身居陋巷,人不堪其忧,回不改其乐,贤哉,回也! 贤哉,回也!"(《雍也第六·11》)意思呢? 颜回太优秀了! 颜回你太优秀了! 一箪食,一瓢饮,箪食大家知道,我们现在吃饭有好几个菜,但是颜回当时家里很困难,只能吃到一碗干饭,没有什么菜,然后喝一口凉水。身居陋巷,贫民区里,非常苦,环境非常恶劣,别人都人堪其忧,只有颜回觉得很快乐。所以孔子赞美颜回:贤哉,回也! 贤哉,回也! 在《论语》里,孔子还赞美颜回说:不迁怒,不贰过。就是颜回发脾气不会转嫁给别人,他犯错误不会犯第二次,颜回就是这么优秀! 那么颜回是怎么评价他的老师的呢?"颜渊喟然叹曰:'仰之弥高,钻之弥坚;瞻之在前,忽焉在后。夫子循循然善诱人,博我以文,约我以礼。欲罢不能,既竭吾才,如有所立卓尔。虽欲从之,末由也已。'"(《子罕第九·11》)颜渊感叹说"仰之弥高",仰望老师的形象,越看越高大。"钻之弥坚",我钻研老师教给我的学问,越钻研越精深。"瞻乎在前",看见老师好像在前面,"乎焉在后",老师就好像跑我后边去了。"夫子循循然善诱人,博我以文,约我以力。"我的老师循循善诱,善于引导人,用文学来使我博大精深,用礼仪来约束我,使我"欲罢不能",我想停止都停止不了。"既竭吾才",我用我全身的力气,用尽我所有的才能,"如有所立卓尔",老师那种光辉的形象,那种人格的魅力,还在那里立着呢! 我怎么做不到呢!"虽欲从之",我想找一个方法,去跟从老师去学习,"末由也已",找不着路啊! 老师境界就这么高!

下面讲还是那个子禽,论语里说,陈子禽谓子贡曰:"子为恭也,仲尼岂贤于子乎?"子贡曰:"君子一言以为知,一言以为不知,言不可不慎也。夫子之不可及也,犹天之不可阶而升也。夫子之得邦家者,所谓立之斯立,道之斯行,绥之斯来,动之斯和。其生也荣,其死也哀,如之何其可及也?"(《子张第十九·25》)陈子禽对子贡说:"子为恭也,仲尼岂贤于子乎?"这里就有问题了,有人说陈子禽是子贡的学生不是孔子的学生,这话是正确的。他说"子为恭也",也就是子禽称子贡为"子","子"在古代就是老师的意思。子禽对子贡说:老师啊,你做事情太恭敬了! 你做得太好了! 做得太优秀了! 仲尼恐怕也不如你贤吧? 不如你好吧? 他这么说就可以看出,陈子禽是子贡的学生而不是孔子的学生。子贡一听他的话就来气了,子贡曰:"君子一言以为知,一言以为不知。"什么意思呢? 君子说一句话,就要知道一句话是明智的还是不明智的。子贡生气了,"言不可不慎也",你说话要小心、谨慎的!"夫子之不可及也,犹天之不可阶而升也。"夫子的高度是不可能达到的,就像你想用梯子去登天,你能登得上去吗? 子贡把孔子比做天一样。"夫子之得邦家者,所谓立之斯立,道之斯行,绥之斯来,动之斯和。"(《子张第十九·25》)什么意思啊? 就是夫子要想国家好,他想确立的就一定能够确立,道能够实行,人民就能够归顺,他要一行动人民就跟随他,就有领袖的魅力,伟人的人格魅力。"其生也荣,其死也哀",他的生是我们的光荣,他的死是我们的悲哀。"如之何其可及也?"怎么能够赶得上老师呢!

又有人评价孔子了,那子贡又不高兴了,谁呢? 叔孙武叔语大夫于朝曰:"子贡贤于仲尼。"子服景伯以告子贡,子贡曰:"譬之宫墙。赐之墙也及肩,窥见室家之好。夫子之墙数仞,不得其门而入,不见宗庙之美,百官之富。得其门者或寡矣。夫子之云,不亦宜乎?"(《子张第十九·23》)苏孙武叔语大夫于朝曰,什么意思? 苏孙武叔是鲁国的一个大夫,鲁国当时有三个大夫专权,称"鲁国三桓"。当时"三桓"当权,鲁哀公也就没什么权了,权力都到了三个大夫手上,苏孙武叔是其中一个。他在朝中对其他大夫说,子贡贤于仲尼,就是说子贡比仲尼还要优秀,"子服景伯以告子贡",有个叫子服景伯的大夫,就把这些话告诉了子贡。子贡说:"壁之宫墙,赐之墙也及肩,窥见室家之好",什么意思啊? 我的这点能耐和学问比喻成宫墙,这围墙只够到人的肩膀一样高。"夫子之墙数仞"，而夫子的学问和品德以围墙做比喻，这墙有数仞高。"不得其门而入，不见宗庙之美，百官之富。"找不到门，无法进去，你就看不到这围墙里面好的宝贝啊！也看不到里面的美德和学问啊！你看不到。"得其门者或寡矣。夫子之云，不亦宜乎？"能找到门进去的人很少啊！所以说，苏孙武叔说的话不就好理解了吗？

还是这个人，苏孙武叔毁仲尼，子贡听了又不高兴了。叔孙武叔毁仲尼，子贡曰："无以为也。仲尼，不可毁也。他人之贤者，丘陵也，犹可逾也。仲尼，日月也，无得而逾焉。人虽欲自绝，其何伤于日月乎？多见其不知量也"。(《子张第十九·24》)"无以为也，仲尼，不可毁也"，就是他们怎么诋毁仲尼都没有用的！仲尼是不能诋毁得了的！我老师不可以诋毁！"他人之贤者，丘陵也"，其他人的贤能就像丘陵那么高，"犹可逾焉"，可以超越；"仲尼，日月也"，我的老师的品德啊，就像太阳和月亮，"无得而逾焉"，你是得不到的而且永远也超越不了！"人虽欲自绝，岂可伤于日月乎？"你人要自绝于日月，那么对日月有什么伤害呢？你要想绝日月，对日月有伤害吗？"多见其不自量也。"真是不自量力啊！

《论语》当中还有个地方评价孔子，是谁评价的《论语》里面没有介绍，可能是孔子的学生。"子绝四——毋意，毋必，毋固，毋我。"(《子罕第九·4》)什么意思呢？孔子杜绝四种毛病，这四种毛病我们每个人都有，因为我们不是圣人啊！我们都是普通人。"毋意"，就是不主观臆断；"毋必"，就是不绝对肯定；"毋固"，就是不固执己见；"毋我"，就是不唯我独尊，自以为是。

下面还有，有人说，"子之燕居，申申如也，夭夭如也。"(《述而第七·4》)什么意思啊？孔子平常起居怎么样啊？申申如也，"申"什么意思，舒展，很舒展，很放得开。"夭夭如也"，颜色和悦、很快乐的样子，孔子平常居住的时候很快乐、很舒展、很和悦。

论语里面还有个地方评价孔子，有人说，"子温而厉，威而不猛，恭而安。"(《述而第七·38》)。孔子温和但又很严厉，威严而不凶悍，恭敬而又很安详。

(二)自我评价

如果说孔子的学生对他评价过高的话，那我们看看孔子如何自我评价的呢？子曰："十室之邑，必有忠信如丘者焉，不如丘之好学焉。"(《公冶长第五.28》)"十室之邑"，就是有十户人家这么个地方，"必有忠信如丘者焉"，一定能找到像我这么讲忠、讲信的人(道德品质上)，但是不如我这么好学呀！看来，孔子比较谦虚。

子曰："述而不作，信而好古，窃比于我老彭。"(《述而第七·1》)"述而不作"已经给大家解释了，"信而好古"就是说对古代文献、文明有坚定的信念和信仰。"窃比于我老彭"，我私下里，把我自己比作老子和彭祖。

叶公问孔子于子路，子路不对。子曰："女奚不曰，其为人也，发愤忘食，乐以忘忧，不知老之将至云尔。"(《述而第七·19》)叶公(叶公就是"叶公好龙"的那个叶公，叶公喜欢龙，天天画龙，龙真的来了他却被吓跑了)向子路问孔子是什么样的人？子路当时没有回答。子路这个人性格比较坦率，特别勇敢，愣头愣脑的，说话不会转弯。子路还回来跟老师说，孔子对子路说："你怎么不说呢？"你就说："我这个人啊，平时工作起来发愤把吃饭都忘了，快乐的时候都忘了忧愁，不知道老了快要来临，不知道年龄有多大，就这么一个人呗，你咋不说呢？"

子曰："我非生而知之者，好古，敏以求之者也。"(《述而第七·20》)我不是天生就知道的，我的智慧是有限的，不是生而知之的，而是学而知之者。"好古"，喜欢古代文化，喜欢传统的。"敏以求之者也"，就是勤奋而追求真理的人。

达巷党人曰："大哉孔子！博学而无所成名。"子闻之，谓门弟子曰："吾何执？执御乎？执射乎？吾执御矣。"(《子罕第九·6》)。"达"是一个地名，"巷"就是街道的意思，"党"五百家为一党，就是在达巷这地方有个人说："大哉孔子！博学而无所成名。"这句话意思？孔子太了不起啦！太伟大了吗！"博学而无所成名"，什么意思呢？学问是很渊博，但是没啥专长啊！孔子听说了以后，就对着弟子说："吾何执？

执御乎？执射乎？吾执御矣。"什么意思？"我有什么专业特长呢？我是能驾车还是能射箭呢？我还是驾车吧？"孔子主张"君子不器"，君子不能只从事一门技能，只有一门专长。君子放到哪里都可以，做什么职业都可以，做什么都能做得好！子贡很优秀，但是在孔子眼里子贡还不够优秀，曾经有一次，子贡问曰："赐也何如？"子曰："女，器也。"曰："何器也？"曰："瑚琏也。"（《公冶长第五·4》）老师啊，我这个人怎么样？子贡想要得到老师表扬，因为他很有能力啊！孔子却说：你是个器具，你有专长。就是说孔子认为子贡还算不上君子，因为"君子不器"。然后子贡接着问："何器也？"孔子说："瑚琏也。"什么是瑚琏呢？就是祭祀时装粮食的器具，外观是很华丽的、很漂亮。就是说子贡虽然很有才，但是在孔子看来，那只是外在的东西，君子更看中内在的修养。

太宰问于子贡曰："夫子圣者与？何其多能也？"子贡曰："固天纵之将圣，又多能也。"子闻之，曰："太宰知我乎！吾少也贱，故多能鄙事。君子多乎哉？不多也。"（《子罕第九·6》）太宰问于子贡曰："夫子圣者与？"太宰是个官名，就是有个做太宰的这个人问子贡说：夫子是圣人吗？为什么他有这么多能力呢？子贡曰："固天纵之将圣，又多能也。"大概是老天爷要让我们的老师成为圣人，所以他有很多能力。子闻之，曰："太宰知我乎！"太宰他了解我吗？"吾少也贱"，我年少的时候从事很多低贱的工作，"故多能鄙事"，所以能从事普通老百姓做的事。"君子多乎哉？不多也。"君子能有这么多的技能吗？不可能有这么多技能！

子曰："凤鸟不至，河不出图，吾已矣夫！"（《子罕第九·9》)这是什么意思呢？古代传说凤凰出现是吉祥的征兆，河图是什么呢？河图是八卦里的符号，八卦在推演之前有个征兆，就是河出图、洛出书，有一个乌龟壳驮着的图案，古人按此推演出八卦图，象征着古代文明。就是说吉祥鸟不出现啊！黄河也不出现乌龟的图案，古代文明的征兆没有了。"吾已矣夫"，我要完了！实际上这里孔子暗喻自己与凤凰、河图相比，是以传统文化、文明的代表和传播者来自居。

(三)老子评价

当时孔子在世的时候,老子也在世,老子比孔子大 20 多岁,孔子曾经去拜访过老子,老子给孔子做了评价,孔子也给老子做过评价。老子当时是东周藏室之史,周藏室史相当于现在国家图书馆馆长。老子这个人非常有学问,这和他的职业有关系,国家图书馆藏书量应该很多!他有时间、有机会、也有条件研究学问。当时老子学问非常高,闻名遐迩。那么,当时孔子三十多岁,孔子就听说了,就去拜访老子,问礼于老子。老子怎么说呢?老子和孔子进行了一番交流,最后老子送给孔子一句话,老子曰:"子所言者,其人与骨皆已朽矣,独其言在耳。且君子得其时则驾,不得其时则蓬累而行。吾闻之,良贾深藏若虚,君子盛德,容貌若愚。去子之骄气与多欲,态色与淫志,是皆无益于子之身。吾所以告子,若是而已。"(《史记·老子韩非列传》)"子所言者,其人与骨皆已朽矣,独其言在耳",什么意思呢?你所说的礼,倡导它的人和骨头都已经腐烂了,只有他的言论还在。"且君子得其时则驾,不得其时则蓬累而行",况且君子生逢其时就驾着车出去做官,生不逢时,就像蓬草一样随风飘转。"吾闻之,良费深藏若虚,君子盛德,容貌若愚",意思就是说:听说,善于经商的人把货物隐藏起来,好像什么东西也没有,君子具有高尚的品德,容貌看起来却像愚钝的人。"去子之骄气与多欲,态色与淫志,是皆无益于子之身,吾所以告子,若是而已。"什么意思呢?去掉您的骄气和过多的欲望,还有情态神色和过分的志向,这些对于您自身都是没有好处的。我能告诉您的,就这些罢了。

其实,老子和孔子的思想是有差别的,老子的思想是无为,是道家思想,道家追求的是人与自然的一种和谐状态。所以,老子的思想充满了对生命的深刻认识和对人生的大智大慧。而孔子是入世有为,是儒家的思想。儒家追求的是人与人之间一种和谐的社会关系。所以孔子要实现齐家、治国、平天下的伟大理想和抱负,这也是一次思想碰撞,是道家和儒家的思想碰撞,是必然的。就是说当时孔子到老子那儿好像什么也没得到,还挨了一顿数落,还挨了一顿挖苦、讽刺，其实，我们看孔子晚年的思想，无形中也受到老子思想的影响。

但是孔子对老子又是怎么评价的呢，孔子回来了，他的弟子赶紧围过来，问老师老子到底是个怎么样的人啊？孔子对弟子说："鸟，吾知其能飞；鱼，吾知其能游；兽，吾知其能走。走者可以为罔，游者可以为纶，飞者可以为矰。至于龙，吾不能知其乘风云而上天。吾今日见老子，其犹龙邪！"（《史记·老子韩非列传》）鸟，我知道它能飞；鱼，我知道它能游；兽，我知道它能跑。会跑的可以用网去捕它，会游的可以用丝线去钓它，会飞的可以用箭去射它。至于龙，就不是我所能知道的了，它是乘风驾云而飞腾升天的。我今天见到的老子，就如同龙一样吧！形容老子像龙一样，神龙见首不见尾，高深莫测！

（四）帝王封号

由于，孔子在中华文化之中的伟大贡献，孔子创造的儒家思想，自西汉武帝以来，成为中国两千多年的主流思想。所以，孔子被历代帝王所封号，这是在我国历史上唯一能有此殊荣的人。通过各个朝代帝王的加封，孔子的地位越来越显赫。见下表：

朝代	年代	帝王	封谥
东周	周敬王四十一年（前479年）	鲁哀公	尼父
西汉	元始元年（公元元年）	汉平帝	褒成宣尼公
北魏	太和十六年（492年）	北魏孝文帝	文圣尼父
北周	大象二年（580年）	北周静帝	邹国公
隋朝	开皇元年（581年）	隋文帝	先师尼父
唐朝	贞观二年（628年）	唐太宗	先圣
唐朝	贞观十一年（637年）	唐太宗	宣父
唐朝	乾封元年（666年）	唐高宗	太师
武周	天绶元年（690年）	武则天	隆道公
唐朝	开元二十七年（739年）	唐玄宗	文宣王
宋朝	大中祥符元年（1008年）	宋真宗	玄圣文宣王
宋朝	大中祥符五年（1012年）	宋真宗	至圣文宣王
元朝	大德十一年（1307年）	元成宗	大成至圣文宣王

朝代	年代	帝王	封谥
明朝	嘉靖九年（1530年）	明世宗	至圣先师
清朝	顺治二年（1645年）	清世祖	大成至圣文宣先师
清朝	顺治十四年（1657年）	清世祖	至圣先师

（五）国外人评价

英国有个著名的历史学家叫汤因比，被称作二十世纪知名的史学家和伟大的智者，他写了一本书叫《展望二十一世纪》。他在这本书中说，今天的人类社会已经到了最危险的时代，而且还是人类咎由自取的结果，他说："拯救二十一世纪人类社会的只有中国的儒家思想和大乘佛法，所以二十一世纪是中国的世纪。"汤因比认为，以儒家思想为核心的中华文化是拯救世界危机的希望。汤因比博士还说："如果有来生，我将在中国。"他相信来生，我有来生的话，我就到中国去，因为中国文化太好了！

那么世界各国顶尖的科学家又是怎么评价孔子的呢？1988年世界各国诺贝尔得主在法国巴黎集会，会后宣言："人类要在二十一世纪生存下去，必须回到二千五百三十年前中国的孔子那里去寻找智慧。"这是世界顶尖的科学家在一起开会发表的一个宣言，指出现在的科学技术不仅不能给人类带来真正的幸福，而且可能走向反面，例如：现在世界自然灾害很多，有一些原因，就是当今人们太强调用科学技术征服自然的结果。孔子被西方国家列为世界十大思想家之首，说明孔子的影响深远！

在世界各国，凡有中国人和华人的地方，都有孔子的雕像，在东亚和东南亚一些国家还有"孔教"和"孔教学校"。美国加州把9月28日定为"孔子日"。联合国教科文组织设立了"孔子奖"，奖励在世界范围内对教育文化事业做出了杰出贡献的人士。日本企业界对孔子也顶礼膜拜，日本"近代工业之父"，涩泽荣一首先将《论语》运用到企业管理，总结企业管理的经营之道是"论语加算盘"，这是典型的"儒商"。日本人还要学中国的儒家，从中悟出儒商之道，而现在我们国家的商人还有很多不了解儒家思想。

关于外国对待中华文化及其孔子方面，值得一提的是，目前我们国家在国外建立的孔子学院。孔子学院（Confucius Institute）是中国国家对外汉语教学领导小组办公室在世界各地设立的推广汉语和传播中国文化与国学的教育和文化交流机构。孔子学院最重要的一项工作就是给世界各地的汉语学习者提供规范、权威的现代汉语教材；提供最正规、最主要的汉语教学渠道。首家孔子学院于2004年11月21日在韩国首尔成立，截至2014年9月，中国国家汉办已在全球122国家合作开办了457所孔子学院和707个孔子课堂。截至2015年7月，孔子学院已达490余所。

九、得道成圣

孔子到底是什么样的人呢？我们说是圣人，那么什么是圣人呢？孔子又是什么时候成为圣人呢？通过孔子这句话，我们可以了解，他说："吾十有五而志于学，三十而立，四十而不惑，五十而知天命，六十而耳顺，七十而从心所欲，不逾矩。"（《为政第二》）这是孔子自我评价自己成长的经历，同时也揭示一个秘密，揭示了孔子什么时候成圣人，什么叫得道。

首先要明白什么叫"道"。老子说："道可道，非常道。"用语言能说明的那个"道"就不是恒常不变的"道"了，就是说"道"是不能用语言来说清楚的，"道"很微妙、很玄奥！我们勉强用今天的语言说，"道"在天叫天命，在宇宙叫本源，在人类就是人性，在物就是本体，在事就是本质。那么就哲学来说就是真理，就是有一个东西永远存在，见到它，认识到它，获得它，就是见道、证道。道和圣人是有关系的。什么是圣人呢？我们现在说"圣"这个字，看"圣"的繁体字是怎么写的呢？"聖"，一个耳朵的耳，加一个口，下面一个王，也就是说圣人的境界和人的五官有关系，和六根有关系。所以耳朵和口与圣人的境界有关系，那么什么关系呢？"耳"，孔子讲耳顺，一般人达不到这个境界，什么叫"耳顺"呢？好话不骄傲，坏话也顺耳，就是骂你，你也不生气，这样才是圣人的境界。耳顺，我们一般人做不到，耳朵顺是对好话和坏话没有分辨心，听到好话坏话都一样，对圣人来说没有什么分别，平常心对待。那么圣人和"口"什么关系呢？圣人说话要谨慎，说话有分寸。就是知道什么话该说，什么话不该说。也知道审时度势，而且说话要负责，一言九鼎。那么下面一个王，"王"是什么意思呢？圣人具有王的品德，君王也具有圣人的品德，中国有句古话叫"内圣外王"，能做到王的人一定具有圣人的品德，反过来说，圣人具有王的品格。那么"王"三横一竖不是那么简单的，代表传统文化。第一横代表"天"，下面一横代表"地"，中间一横代表人——人民。中间一竖表示"通达""贯通"。"三横"就是天、地、人"三才"，"一竖"就是"贯通""感通"。如果把这三横一竖统一起来就是王。圣人具有王的品德。那么孔子说："三十而立，四十而不惑，五十而知天命"，天命就是道，是天理，天的使命，天的道理，这就是见道、悟道的境界。六十而耳顺，是证道的境界，是圣人的境界，听什么话都是顺耳的。见道，悟道进一步而证道，即成道，孔子六十岁成道，达到了圣人的境界，七十岁就运道自如了，随心所欲但心境却不超越"道"的规矩、规范。

　　那么对于圣人，孔子是怎么自我评价的呢？子曰："若圣与仁，则吾岂敢。抑为之不厌，诲人不倦，则可谓云尔已矣。"公西华曰："正唯弟子不能学也。"（《述而第七·23》）孔子说，圣和仁，我可不敢当啊！我就是做事情不知厌倦，教别人不知疲倦，也就这些吧！他的弟子公西华说，这正是弟子学不来的啊！

　　孔子还说，子曰："君子道者三，我无能焉。仁者不忧，知者不惑，勇者不惧。"子贡曰："夫子自道也。"（《宪问第十四·28》）孔子说，君子能做到三个方面，我做不到，"仁者不忧，知者不惑，勇者不惧"，我做不到，孔子说我做不到，子贡听说这话说道：这正是我们老师在自我表述啊！（告诉我们什么才是真正的君子啊！）

　　十、君子小人（孔子的价值观）

　　把人分成圣人、贤人、君子和小人，是孔子对于人的评价，表达了孔子和儒家的价值观。孔子当时将人主要分成三大类：一是圣人，二是君子，三是小人。什么人可以称为君子？什么人可以称为小人？其实，君子和小人在中国古代社会是与品德没太大关系的，君子主要说的是贵族，小人就是平民老百姓。那么到了孔子这里，他把君子和小人赋予价值上的判断。孔子强调君子主要不是地位的象征而是具有品德、修养的一种人。孔子认为君子具有高尚的品德，而小人则很卑微，最主要的是小人心胸、气度狭小，且自私自利。关于君子和小人，在《论语》里面孔子举了很多君子和小人的区别。

子曰：君子周而不比，小人比而不周。（《为政第二·14》）孔子说："君子合群而不与人勾结，小人与人勾结而不合群。"

子曰："君子怀德，小人怀土。君子怀刑，小人怀惠。"（《里仁第四·11》）孔子说："君子思念的是道德，小人思念的是乡土；君子想的是法制，小人想的是恩惠。"

子曰："君子坦荡荡，小人长戚戚。"（《述而第七·36》）孔子说："君子心胸宽广，小人经常忧愁。"

子曰："君子和而不同，小人同而不和。"（《子路第十三·23》）孔子说："君子讲求和谐而不同流合污，小人苟同，而不讲和谐。"

子曰："君子易事而难说也。说之不以其道，不说也；及其使人也，器之。小人难事而易说也。说之虽不以道，说之；及其使人也，求备焉。"（《子路第十三·25》）孔子说，为君子办事很容易，但很难取得他的欢喜。不按正道去讨他的喜欢，他是不会喜欢的。但是，当他使用人的时候，总是量才而用人；为小人办事很难，但要取得他的欢喜则是很容易的。不按正道去讨他的喜欢，也会得到他的喜欢。但等到他使用人的时候，却是求全责备。

子曰："君子泰而不骄，小人骄而不泰。"（《子路第十三·26》）孔子说："君子安静坦然而不傲慢无礼，小人傲慢无礼而不安静坦然。"

子曰："君子而不仁者有矣夫，未有小人而仁者也。"（《宪问第十四·6》）孔子说："君子（贵族或有地位身份的人）中没有仁德的人是有的，而小人（心胸气度狭小的人）中有仁德的人是没有的。"

子曰:"君子上达,小人下达。"(《宪问第十四·23》)孔子说:"君子向上通达仁义,小人向下通达财利。"

子曰:"君子求诸己,小人求诸人。"(《卫灵公第十五·21》)孔子说:"君子求之于自己,小人求之于别人。"

子曰:"君子义以为质,礼以行之,孙以出之,信以成之。君子哉!"(《卫灵公第十五·18》)孔子说:"君子以义作为根本,用礼加以推行,用谦逊的语言来表达,用忠诚的态度来完成,这就是君子了。"

子曰:"君子病无能焉,不病人之不己知也。"(《卫灵公第十五·19》)孔子说:"君子只怕自己没有才能,不怕别人不知道自己。"

子曰:"君子疾没世而名不称焉。"(《卫灵公第十五·20》)孔子说:"君子担心死亡以后他的名字不为人们所称颂。"

子曰:"君子矜而不争,群而不党。"(《卫灵公第十五·22》)孔子说:"君子庄重而不与别人争执,合群而不结党营私。"

总结起来,孔子这一生主要做了三项伟大的工作。第一,文化的整理编撰,孔子对古籍的整理和编撰,他编撰的原则就是"述而不作"。他做的另外两件事情就是:因为忧国忧民、需要拯救社会,为了拯救社会而开出了济世良方,开出良方就是教育和培养传承中华文化人才。要想救世必须付诸实践,怎么实践?就是从政为官,实现它宏伟的政治抱负,这是第三件事情。孔子曾经做过官,但是官场并不得意,这是当时的历史环境造成,没有办法实现他的政治理想和抱负。所以,他转而以教育济世,就是办学来挽救社会,培养人才。这三件事,第一就是传承文明,就是整理文化古籍为一件,第二件事是入世行道、为官从政,第三件就是培养人才、教育济世。

第二节　孔子的思想

何为思想?何为智慧?我们研究古汉语,首先要研究汉字的字义。"思"心上有个"田",就是心上有个空间,有块地方,有想象的空间，这就是"思"。"想"，心上有个相，心中成相就是"想"。"思想"合起来是人的意识活动。普通人的思想是零散的、浅显的而缺少理性，而思想家的思想是系统的、深刻的、富有理性的。智慧就是人对认识对象的一种觉悟，一般表现为人的正确思想、语言、行为。思想和智慧是什么关系是呢？思想不一定是正确的，而智慧一般是正确的。思想只是一种意识活动，而智慧本质上是一种意识，但往往表现在语言、行为之中。孔子的思想包括智慧，孔子的语言和行为反映了孔子的思想，更体现了孔子的智慧。

孔子的思想和智慧，包括："道"的思想，"德"的思想，"仁"的思想，"礼"的思想，"中庸"的思想和"教育"的思想等。

一、孔子"道"的思想

（一）论语中"道"的含义

论语中"道"的字义有六种含义：第一是"原则"，第二是"方法"，第三"是说（表明）"，第四是"道路"，第五是"道义（道德）"，第六是"本性（本原、本体、天性、天命）"。

第一是"原则"。子曰："笃信好学，守死善道。危邦不入，乱邦不居，天下有道则见，无道则隐。邦有道，贫且贱焉，耻也。邦无道，富且贵焉，耻也。"（《泰伯第八·14》）孔子说："坚定信念并努力学习，誓死守卫并完善治国与为人的大道。不进入政局不稳的国家，不居住在动乱的国家。天下有道就出来做官；天下无道就隐居不出。国家有道而自己贫贱，是耻辱；国家无道而自己富贵，也是耻辱。"其中"守死善道"的"道"就是原则的意思。

第二是"方法"。子张问善人之道。子曰："不践迹，亦不入于室。"（《先进第十一·19》）子张问做善人的方法。孔子说："如果不沿着前人的脚印走，其学问和修养就不到家。"

第三是"说（表示）"。子曰："君子道者三，我无能焉。仁者不忧，知者不惑，勇者不惧。"子贡曰："夫子自道也。"（《宪问第十四·28》）孔子说，君子之道有三个方面，我都未能做到：仁德的人不忧愁，聪明的人不迷惑，勇敢的人不畏惧。子贡说，这正是老师的自我表述啊！"夫子自道也"中的"道"是说明的意思。

第四是"道路"。子曰："道听而途说，德之弃也。"(《阳货第十七·13》)孔子说，在路上听到传言就到处去传播，这是道德所唾弃的。

第五是"道义"。子曰：父在，观其志。父没，观其行。三年无改于父之道，可谓孝矣。(《学而第一·11》)孔子说，当他父亲在世的时候(因为他无权独立行动)，要观察他的志向；在他父亲死后，要考察他的行为；若是他对他父亲的"道义"长期坚守，这样的人可以说是尽到孝了。

第六是"本性(本原、本体、本质、天性、天命、真理)"。子曰："朝闻道，夕死可矣。"(《里仁第四·8》)孔子说，早晨得知了道，就是当天晚上死去也心甘。

(二)士志于道

"士"，是作为封建社会中最基础的贵族，也是最高级的百姓。在孔子时代，"士"一般指具有较高文化素养、从事精神文化活动的知识分子。孔子主张知识分子要以承担道义、弘扬道义为己任。子曰："士志于道，而耻恶衣恶食者，未足与议也。"(《里仁第四·9》)孔子说，士立志于学习和实行圣人之道，而如果以自己吃穿得不好为耻辱这种人，是不值得与他谈论道的。这里的"道"主要是指要确立正确的人生目标，就是儒家所主张的成为圣贤的目标。也就是曾子在《大学》说的："大学之道，在明明德，在亲民，在止于至善。"

以"道"为根本，孔子要求他的学生要在四个方面做到。子曰："志于道，据于德，依于仁，游于艺。"(《述而第七·6》)孔子说："以道为志向，以德为根据，以仁为凭借，活动于(礼、乐等)六艺的范围之中。"其中"道"是根本。

(三)夫子罕言道

孔子对人性和天道的本质很少谈及，只是对人性的特点和天道的作用做出了概括性的评价，至于人性的本质是善的还是恶的没有做出回答。子曰："性相近也,习相远也。"子曰："唯上智与下愚不移。"(《阳货第十七·2》)孔子说,人的本性是相近的,由于习染不同才相互有了差别。孔子说,只有上等的智者与下等的愚者是改变不了的。孔子曰："不知命,无以为君子也;不知礼,无以立也;不知言,无以知人也。"(《尧曰第二十·3》)孔子说,不懂得天命,就不能做君子;不知道礼仪,就不能立身处世;不善于分辨别人的话语,就不能真正了解他。

由于孔子对于人性和天道很少谈及,所以,子贡曰："夫子之文章,可得而闻也,夫子之言性与天道,不可得而闻也。"(《公冶长第五·13》)子贡说,老师讲授的礼、乐、诗、书的知识,依靠耳闻是能够学到的;老师讲授的人性和天道的理论,依靠耳闻是不能够学到的。在子贡看来,孔子所讲的礼、乐、诗、书等具体知识是有形的,只靠耳闻就可以学到了,但关于人性与天道的理论,深奥神秘,不是通过耳闻就可以学到的,必须从内心当中体验,才有可能把握得住。

但是,孔子的孙子子思,曾参的学生(儒教的第三代心传者)所著的《中庸》里面开宗明义就说道:"天命之谓性,率性之谓道,修道之谓教。道也者,不可须臾离也,可离非道也。"(《中庸》)人的自然禀赋叫作"性",顺着本性行事叫作"道",按照"道"的原则修养叫作"教"。"道"是不可以片刻离开的,如果可以离开,那就不是"道"了。

(四)道法心传

道和本性的问题是很玄妙深刻的,也很难理解、很难说清楚,所以孔子罕言道。只有智慧特别高的人,才能悟得。所以一般只是心传而不能口传。我们大家知道佛家有佛法心传的故事,就是释迦牟尼佛拈花微笑的故事。一天,释迦牟尼佛在灵山会上说法。可是,释迦牟尼佛一言不发,只是用手拈波罗花遍示大众,从容不迫,意态安详。当时,会中所有的人都不能领会佛祖的意思,唯有佛的大弟子——摩诃迦叶尊者妙悟其意,破颜为笑。于是,释迦牟尼将花交给迦叶,嘱告他说:吾有正法眼藏,涅槃秒心,实相无相,微妙法门,不立文字,教外别转之旨,以心印心之法传给你。于是摩诃迦叶尊者成为禅宗一祖,开创了禅宗一派。其实在儒家也有孔子传心法的故事。孔子将心法传给了曾子。子曰:"参乎,吾道一以贯之。"曾子曰:"唯。"子出,门人问曰:"何谓也?"曾子曰:"夫子之道,忠恕而已矣。"(《里仁第四·15》)孔子说,参啊,我讲的道是由一个基本的思想贯彻始终的。曾子说,是。孔子出去之后,同学便问曾子这是什么意思?曾子说,老师的道,就是忠恕罢了。当时孔子只讲我的"道""一"以贯之,但是没有说这"一"是什么,当时在孔子的弟子中,只有曾参理解了老师的意思,所以,曾子听老师说"以一贯之"的时候,曾子心领神会,说道"唯",就是我心里明白了! 同样,当孔子还是讲此话的时候,非常聪明的子贡却没有明白老师的意思,子曰:"赐也,如以予为多学而识之者与?"对曰:"然。非与?"曰:"非也。予(道)一以贯之。"(《卫灵公第十五·3》)孔子说,赐啊! 你以为我是学习得多了才一一记住的吗? 子贡答道,是啊,难道不是这样吗? 孔子说,不是的。我是用一个根本的东西把它们贯彻始终的。而平时显得很愚钝的曾参却能理解老师意思,真所谓老子讲的大智若愚啊! 因此,有了孔子的心传,才有了以后的曾子传子思,子思再传孟子,形成了儒家的"思孟学派",使得儒家的学说广为流传!

二、孔子"德"的思想

(一)"德"的字义

在甲骨文中,"德"字的左边是"彳"形符号,它在古文中是表示道路,亦是表示行动的符号,其右边是一只眼睛,眼睛之上是一条垂直线,这是表示目光直射之意。所以这个字的意思是:行动要正,而且"目不斜视",这就是"德"。"目"下面又加了"心",这就是说:目正、心正才算"德"。在小篆中仍然是会意:其右边的上方变成了"直","直心"为"德"。还有一种解释是:"德"者"得"也,从"道"而得的意思。

(二)德与道

"德"与"道"的关系,老子说在《道德经》里说得很明确,老子所讲的"德"是指人的意思、语言、行为符合自然之道即为"德"。如："上善若水。水善利万物而不争,处众人之所恶,故几于道。"(《道德经·8》)善的人好像水一样。水善于滋润万物而不与万物相争,停留在众人都不喜欢的地方,所以最接近于"道";"孔德之容,惟道是从。"(《道德经·21》)大德的形态,是由道所决定的;"含德之厚比于赤子。"(《道德经·55》)道德涵养浑厚的人,就好比初生的婴孩。

孔子没有直接谈及"德"与"道"的关系,孔子在谈到人性和天命的时候,以及直接说道义的时候,"德"也暗含其中了,孔子重点讨论的是自身修养和人际关系中的"德"。所以,论语中"德"的含义主要是指人自身修养和人际关系中的道德、品德、德行。

(三)为政以德

孔子主张"为政以德",强调君主和当权者的表率作用。子曰:"为政以德,譬如北辰,居其所而众星共之。"(《为政第二·1》)孔子说,(周君)以道德教化来治理政事,就会像北极星那样,自己居于一定的方位,而群星都会环绕在它的周围。有一次,季康子问政于孔子曰:"如杀无道,以就有道何如?"孔子对曰:"子为政,焉用杀?子欲善而民善矣。君子之德风,小人之德草。草上之风,必偃。"(《颜渊第十二·19》)季康子问孔子如何治理政事,季康子问道:如果杀掉无道的人来成全有道的人,怎么样?孔子说:您治理政事,哪里用得着杀戮的手段呢?您只要想行善,老百姓也会跟着行善。在位者的品德好比风,在下的人的品德好比草,风吹到草上,草就必定跟着倒。

(四)德治与法制

由于孔子做过鲁国的大司寇,大司寇主要是管理国家的司法、法律的,所以,孔子对法律和法制是比较有发言权的。孔子不仅是伟大的思想家,而且还是伟大的法学家。他早在2500多年前就精辟地论述了德治与法制的关系。孔子特别强调德治的重要性,同时又看到了法制的不足。子曰:"道之以政,齐之以刑,民免而无耻;道之以德,齐之以礼,有耻且格。"(《为政第二·3》)孔子说:用法制禁令去引导百姓,使用刑法来约束他们,老百姓只是求得免于犯罪受惩,却失去了廉耻之心;而用道德教化引导百姓,使用礼制去统一百姓的言行,百姓不仅会有羞耻之心,而且会主动守规矩了。

(五)中庸至德

孔子特别推崇中庸的道德境界,认为中庸是人最高的一种道德标准和境界。子曰:"中庸之为德也,其至矣乎!民鲜久矣。"(《雍也第六·29》)孔子说,中庸作为一种道德,该是最高的了吧!人们缺少这种道德已经为时很久了。孔子认为,这种至德在古代有一个典型的例子,子曰:"泰伯,其可谓至德也已矣。三以天下让,民无得而称焉。"(《泰伯第八·1》)孔子说,泰伯可以说是品德最高尚的人了,几次把王位让给季历,老百姓都找不到合适的词句来称赞他。传说周文王的祖父古公亶父知道三子季历的儿子姬昌有圣德,想传位给季历,泰伯知道后便与二弟仲雍一起避居到吴。古公亶父死,泰伯不回来奔丧,后来又断发文身,表示终身不返,把君位让给了季历,季历传给姬昌,即周文王。武王灭了殷商,统一了天下。这一历史事件在孔子看来,是值得津津乐道的,三让天下的泰伯是道德最高尚的人。只有天下让与贤者、圣者,才有可能得到治理,而让位者则显示出高尚的品格,老百姓对他们是称赞无比的。

(六)修身以德

孔子强调修身的方法就是"修身以德"。子曰:"德不孤,必有邻。"(《里仁第四·25》)孔子说:"有道德的人是不会孤立的,一定会有思想一致的人与他相处。"子曰:"乡愿,德之贼也。"(《阳货第十七·13》)孔子说:没有正义感的道德修养只是伪君子,他们是破坏道德的人。

子张曰:"执德不弘,信道不笃,焉能为有?焉能为亡?"(《子张第十九·2》)子张说:实行德而不能发扬光大,信仰道而不忠实坚定,(这样的人)怎么能说有(德和道),又怎么说他没有(德和道)呢?

子夏曰:"大德不逾闲,小德出入可也。"(《子张第十九·11》)子夏说,大节上不能超越界限,小节上有些出入是可以的。

或曰:"以德报怨,何如?"子曰:"何以报德? 以直报怨,以德报德。"(《宪问第十四·34》)有人说:用恩德来报答怨恨怎么样? 孔子说,用什么来报答恩德呢? 应该是用正直来报答怨恨,用恩德来报答恩德。子曰:"由! 知德者鲜矣。"(《卫灵公第十五·4》)孔子说,由啊! 懂得德的人太少了。子曰:"已矣乎! 吾未见好德如好色者也。"(《卫灵公第十五·13》)孔子说:完了,我从来没有见像好色那样好德的人。

三、孔子"仁"的思想

(一)仁的字义与含义

"仁"的字义,体现了人和人之间的爱与和谐的关系。"仁"是孔子创设的一个道德范畴和语言概念。他是根据"道"而产生的"德"在人与人之间关系的具体体现,仁的本质含义指人与人之间相互亲爱的情感。

孔子把"仁"作为评价和检验人的最高的道德原则、道德标准和道德境界。他第一个把整体的道德规范集于一体,形成了以"仁"为核心的伦理思想结构,它包括孝、悌、忠、义、恕、礼、知、勇、恭、宽、信、敏、惠等内容。其中孝悌是仁的基础,是仁学思想体系的基本支柱之一。

所以说"仁"的含义在表面上很简单,就是人与人相处要有爱心,但是,在具体的方面却是很不确定的,有多种含义,包括:表面是恨,但是内心可能却是一种很深情的爱心。同时,孔子也提出了"仁"的最低标准。所以,孔子对"仁"解释是根据问话人的不同情况,会做出不同回答。

1. 仁者爱人

樊迟问仁。子曰:"爱人。"问知。子曰:"知人。"樊迟未答。子曰:"举直错诸枉,能使枉者直。"樊迟退,见子夏曰:"乡也吾见于夫子而问知",子曰"举直错诸枉,能使枉者直",何谓也?子夏曰:"富哉言乎!

舜有天下,选于众,举皋陶,不仁者远矣。汤有天下,选于众,举伊尹,不仁者远矣。"(《颜渊第十二·22》)樊迟问什么是仁。孔子说:"爱人。"樊迟问什么是智,孔子说:"了解人。"樊迟还不明白。孔子说:"选拔正直的人,罢黜邪恶的人,这样就能使邪者归正。"樊迟退出来,见到子夏说,刚才我见到老师,问他什么是智,他说,选拔正直的人,罢黜邪恶的人,这样就能使邪者归正。这是什么意思? 子夏说,这话说得多么深刻呀! 舜有天下,在众人中挑选人才,把皋陶选拔出来,不仁的人就被疏远了。汤有了天下,在众人中挑选人才,把伊尹选拔出来,不仁的人就被疏远了。

又有一次,樊迟问仁。子曰:"居处恭,执事敬,与人忠。虽之夷狄,不可弃也。"(《子路第十三·19》)樊迟问怎样才是仁? 孔子说:平常在家规规矩矩,办事严肃认真,待人忠心诚意。即使到了夷狄之地,也不可背弃。

2. 仁者恶人

子曰:"唯仁者能好人,能恶人。"(《里仁第四·3》)孔子说:只有那些有仁德的人,才能做到真正的爱人和恨人。

子曰:"我未见好仁者,恶不仁者。好仁者,无以尚之;恶不仁者,其为仁矣,不使不仁者加乎其身。有能一日用其力于仁矣乎? 我未见力不足者。盖有之矣,我未之见也。"(《里仁第四·6》)孔子说,我没有见过爱好仁德的人,也没有见过厌恶不仁的人。爱好仁德的人,是不能再好的了;厌恶不仁的人,在实行仁德的时候,不让不仁德的人影响自己。有能一天把自己的力量用在实行仁德上吗? 我还没有看见力量不够的。这种人可能还是有的,但我没见过。

(二)仁的最低标准

孔子从正反两个方面来说明"仁"的最低标准。

正面说,子贡曰:"如有博施于民而能济众,何如? 可谓仁乎?"子曰:"何事于仁,必也圣乎! 尧舜其犹病诸。夫仁者,己欲立而立人,己欲达而达人。能近取譬,可谓仁之方也已。"(《雍也第六·30》)子贡说,假若有一个人,他能给老百姓很多好处又能周济大众,怎么样?

可以算是仁人了吗？孔子说：岂止是仁人，简直是圣人了！就连尧、舜尚且难以做到呢。至于仁人，就是要想自己确立，也要帮助人家一同确立；要想自己过得好，也要帮助人家一同过得好。凡事能以自己作比，而推己及人，可谓实行仁的方法了。

反面说，仲弓问仁。子曰："出门如见大宾，使民如承大祭。己所不欲，勿施于人。在邦无怨，在家无怨。"（《颜渊第十二·2》）仲弓问怎样做才是仁？孔子说，出门办事如同去接待贵宾，使唤百姓如同去进行重大的祭祀，自己不要的，不要强加于别人；做到在诸侯的朝廷上没人怨恨（自己）；在卿大夫的封地里也没人怨恨（自己）。仲弓说，我虽然笨，也要照您的话去做。

（三）仁的性格

具有"仁"的品格的人应该具有什么样的性格呢？子曰："巧言令色，鲜矣仁！"（《学而第一·3》）孔子说，花言巧语，装出和颜悦色的样子，这种人的仁心就很少了。

子曰："刚毅木讷近仁。"（《子路第十三·27》）孔子说：刚强、果敢、朴实、谨慎，这四种品德接近于仁。

子曰："不仁者不可以久处约，不可以长处乐。仁者安仁，知者利仁。"（《里仁第四·2》）孔子说，没有仁德的人不能长久地处在贫困中，也不能长久地处在安乐中。仁人是安于仁道的，有智慧的人则是知道仁对自己有利才去行仁的。

司马牛问仁。子曰："仁者，其言也讱。"曰："其言也讱，斯谓之仁已乎？"子曰："为之难，言之得无讱乎？"（《颜渊第十二·3》）司马牛问怎样做才是仁？孔子说，仁人说话是慎重的。司马牛说：说话慎重，这就叫做仁了吗？孔子说，做起来很困难，说起来能不慎重吗？

（四）仁与德

在"仁"和"德"的关系方面，"仁"属于"德"的一种表现形式，是人在处理人和人之间关系的最高的道德境界，主要表现在行为上。德的含义更广泛，德是人的内在的素养，是人处理与外界关系的善良和美好的境界(自然、社会、生命),主要表现在思想方面(端正内心),但也可以表现在语言、行为上。德决定仁,仁表现德。

(五)仁与礼

孔子还在《论语》里面论述了"仁"和"礼"的关系。子曰:"人而不仁,如礼何? 人而不仁,如乐何?"(《八佾第三·3》)孔子说,一个人没有仁德,他怎么能实行礼呢? 一个人没有仁德,他怎么能运用乐呢?

颜渊问仁。子曰:"克己复礼为仁。一日克己复礼,天下归仁焉。为仁由己,而由人乎哉?"(《颜渊第第十二·1》)颜渊问怎样做才是仁? 孔子说,克制自己,一切都照着礼的要求去做,这就是仁。一旦这样做了,天下的一切就都归于仁了。实行仁德,完全在于自己,难道还在于别人吗?

(六)仁与智

子曰:"知及之,仁不能守之;虽得之,必失之。知及之,仁能守之。不庄以莅之,则民不敬。知及之,仁能守之,庄以莅之,动之不以礼,未善也。"(《卫灵公第十五·33》)孔子说:"凭借聪明才智足以得到它,但仁德不能保持它,即使得到,也一定会丧失。凭借聪明才智足以得到它,仁德可以保持它,不用严肃态度来治理百姓,那么百姓就会不敬;聪明才智足以得到它,仁德可以保持它,能用严肃态度来治理百姓,但动员百姓时不照礼的要求,那也是不完善的。"

从上句话我们可以概括出仁德和智慧的关系,靠聪明智慧可以得到的东西,需要仁德来保留和坚守着。如果没有了仁德,得到的东西早晚会失去。

(七)志士仁人

孔子非常强调知识分子要有大的志向,提倡士志于道,要行道、弘道,同时,知识分子还要有"仁"的道德境界。而且为了保持和追求这种境界可以舍得一切。由此看出儒家对"仁"的追求达到至高无上的境界。

子曰:"志士仁人,无求生以害仁,有杀身以成仁。"(《卫灵公第十五·9》)孔子说:"志士仁人,没有贪生怕死而损害仁的,只有牺牲自己的性命来成全仁的。"

子曰:"苟志于仁矣,无恶也。"(《里仁第四·4》)孔子说:"如果立志于仁,就不会做坏事了。"

曾子曰:"士不可以不弘毅,任重而道远。仁以为己任,不亦重乎?死而后已,不亦远乎?"(《泰伯第八·7》)曾子说,士不可以不具有弘扬刚强而坚毅的精神,因为他责任重大,道路遥远。把实现仁作为自己的责任,难道还不重大吗?奋斗终生,死而后已,难道路程还不遥远吗?

四、孔子"礼"的思想

(一)"礼"的含义

礼的繁体字为"禮","豊"是指行礼之器。礼在中国古代属于社会的典章制度和道德规范。作为典章制度,它是社会政治制度的体现,是维护上层建筑以及与之相适应的人与人交往中的礼节仪式的行为规范,相当于一个国家最高的法律——宪法。作为道德规范,它是国家领导者和贵族等一切行为的标准和要求。

(二)礼与仁

"仁"和"礼"的关系,表现为"仁"是礼的内容,"礼"是仁的形式。子曰:"人而不仁,如礼何? 人而不仁,如乐何?"(《八佾第三·3》)孔子说,一个人没有仁德,他怎么能实行礼呢? 一个人没有仁德,他怎么能运用乐呢?

(三)礼之本

"礼"的根本是什么? 孔子认为"礼"只是形式,而"礼"的内涵和根本却是"仁"。林放问礼之本。子曰:"大哉问! 礼,与其奢也,宁俭;丧,与其易也,宁戚。"(《八佾第三·4》)林放问什么是礼的根本? 孔子回答说,你问的问题意义重大,就礼节仪式的一般情况而言,与其奢侈,不如节俭;就丧事而言,与其仪式上简单,不如内心真正哀伤。

（四）礼之用

儒家认为"礼"的作用是能够使得人们在社会确立自己的应有地位,而且还能使人与人的关系和睦。有子曰:"礼之用,和为贵。先王之道,斯为美,小大由之;有所不行,知和而和,不以礼节之,亦不可行也。"(《学而第一·12》)有子说,礼的应用,以和谐为贵。古代君主的治国方法,最宝贵的地方就在这里。但不论大事小事只顾按和谐的办法去做,有的时候就行不通。因为为和谐而和谐,不以礼来节制和谐,也是不可行的。

子曰:"兴于诗,立于礼,成于乐。"(《泰伯第八·8》)孔子说,(人的修养)开始于《诗》,自立于礼,完成于乐。

孔子曰:"不知命,无以为君子也;不知礼,无以立也;不知言,无以知人也。"(《尧曰二十·3》)孔子说,不懂得天命,就不能做君子;不知道礼仪,就不能立身处世;不善于分辨别人的话语,就不能真正了解他人。

子曰:"上好礼,则民易使也。"(《宪问第十四·41》)孔子说,在上位的人喜好礼,那么百姓就容易指使了。

（五）礼与孝

"礼"表现在日常生活的各个方面,首先子女对父母、晚辈对长辈要讲孝道。如何实行孝道呢?儒家认为要符合于"礼"的要求。

孟懿子问孝。子曰:"无违。"樊迟御,子告之曰:"孟孙问孝于我,我对曰,无违。"樊迟曰:"何谓也?"子曰:"生,事之以礼;死,葬之以礼,祭之以礼。"(《为政第二·5》)孟懿子问什么是孝?孔子说,孝就是不要违背礼。后来樊迟给孔子驾车,孔子告诉他,孟孙问我什么是孝?我回答他说不要违背礼。樊迟说,不要违背礼是什么意思呢?孔子说,父母活着的时候,要按礼侍奉他们;父母去世后,要按礼埋葬他们、祭祀他们。

（六）礼与恭、礼与慎、礼与勇、礼与直

"礼"是人们日常生活的行为规范,是对人的行为方面的一种形式要求。但是一个人实施"礼"的规范,他的内心如果没有恭敬和诚意,那么这种"礼"就只是流于形式的摆设了! 没有任何意义;反过来说,如果只讲恭敬而不符合"礼"的规范和要求,恭敬就会失去仪轨。同时,孔子及其弟子还讲了谨慎、勇敢、正直与礼的关系。

有子曰:"信近于义,言可复也。恭近于礼,远耻辱也。因不失其亲,亦可宗也。"(《学而第一·13》)有子说,所守的诺言如果符合于义,那么所说的话就能够兑现。恭敬、谨慎的态度符合于礼,就不致遭受耻辱。(由于)没有离开"礼"的规范,也就没有离开"礼"与"义"的宗旨。

子曰:"恭而无礼则劳,慎而无礼则葸,勇而无礼则乱,直而无礼则绞。君子笃于亲,则民兴于仁;故旧不遗,则民不偷。"(《泰伯第八·2》)孔子说,只是恭敬而不以礼来指导,就会徒劳无功;只是谨慎而不以礼来指导,就会畏缩拘谨;只是勇猛而不以礼来指导,就会说话尖刻。在上位的人如果厚待自己的亲属,老百姓当中就会兴起仁的风气;君子如果不遗弃老朋友,老百姓就不会对人冷漠无情了。

五、孔子"中庸"思想

(一)中庸的含义

中庸的"中"是正、适度、恰到好处的意思。"庸"是平常,不易、不变的意思。"中庸"的词义为,始终保持无不过、无不及,不偏不倚,恰到好处的状态。"中庸"就是一种处理人、事、物关系时,始终保持一种中正不变、不偏不倚、恰到好处的最高境界和智慧。

子曰:"中庸之为德也,其至矣乎! 民鲜久矣。"(《雍也第六·29》)孔子说,中庸作为一种道德,该是最高的了吧! 人们缺少这种道德已经为时很久了。

子曰:"吾有知乎哉? 无知也。有鄙夫问于我,空空如也。我叩其两端而竭焉。"(《子罕第九·8》)子说,我有知识吗? 其实没有多少。有一个乡下人问我,其实我内心是空荡荡的,我只是从问题的两端开始探究事物的究竟,这样对此问题就可以全部搞清楚了。

子曰:"不得中行而与之,必也狂狷乎! 狂者进取,狷者有所不为也。"(《子路第十三·21》)孔子说,我找不到奉行中庸之道的人和他交往,只能与狂者、狷者相交往了。狂者敢作敢为,狷者对有些事是不肯干的。

尧曰:"咨! 尔舜! 天之历数在尔躬,允执其中。四海困穷,天禄永终。"舜亦以命禹。曰:"予小子履,敢用玄牡,敢昭告于皇皇后帝:有罪不敢赦。帝臣不蔽,简在帝心。朕躬有罪,无以万方;万方有罪,罪在朕躬。"周有大赉,善人是富。"虽有周亲,不如仁人。百姓有过,在予一人。"谨权量,审法度,修废官,四方之政行焉。兴灭国,继绝世,举逸民,天下之民归心焉。所重民、食、丧、祭。宽则得众,信则民任焉。敏则有功,公则说。(《尧曰第二十·1》)尧说,啧啧! 你这位舜! 上天的大命已经落在你的身上了。诚实地保持那中道吧! 假如天下百姓都隐于困苦和贫穷,上天赐给你的禄位也就会永远终止。"舜也这样告诫过禹。(商汤)说,我小子履谨用黑色的公牛来祭祀,向伟大的天帝祷告:有罪的人我不敢擅自赦免,天帝的臣仆我也不敢掩蔽,都由天帝的心来分辨、选择。我本人若有罪,不要牵连天下万方,天下万方若有罪,都归我一个人承担。周朝大封诸侯,使善人都富贵起来。(周武王)说,我虽然有至亲,不如有仁德之人。百姓有过错,都在我一人身上。认真检查度量衡器,周密地制定法度,全国的政令就会通行了。恢复被灭亡了的国家,接续已经断绝了家族,提拔被遗落的人才,天下百姓就会真心归服了。所重视的四件事:人民、粮食、丧礼、祭祀。宽厚就能得到众人的拥护,诚信就能得到别人的任用,勤敏就能取得成绩,公平就会使百姓喜乐。

(二)实用中庸

儒家始终提倡知行合一,强调学以致用。中庸在理论上,人们比较容易理解它的含义,但是,在现实中,中庸的境界却很难把握。孔子在论述人实施各种良好的行为时,强调要把握好中庸的状态,即实用中庸。

子曰:"学而不思则罔,思而不学则殆。"(《为政第二·15》)孔子说,只是读书却不思考,就会茫然无措;只是空想却不读书,就会有(陷入邪说的)危险。

子曰:"质胜文则野,文胜质则史。文质彬彬,然后君子。"(《雍也第六·18》)孔子说,质朴多于文采,就像个乡下人,流于粗俗;文采多于质朴,就流于虚伪、浮夸。只有质朴和文采配合恰当,才是个君子。

子贡问:"师与商也孰贤?"子曰:"师也过,商也不及。"曰:"然则师愈与?"子曰:"过犹不及。"《先进篇第十一·16》子贡问孔子,子张和子夏二人谁更好一些呢?孔子回答说,子张过分,子夏不足。子贡说,那么是子张好一些吗?孔子说,过分和不足是一样的。

六、孔子的"教育"思想

(一)教学对象

孔子的教育对象是有教无类,即不管什么人都可以受到教育,不因为贫富、贵贱、智愚、善恶等原因而把一些人排除在教育对象之外。孔子创办私学,改变了教育的对象范围,给予了地位不高的学生一个学习、发展自我的机会。子曰:"自行束修以上,吾未尝无诲焉。"(《述而第七·7》)孔子说,只要自愿拿着十余干肉为礼来见我的人(愿意认我为老师),我从来没有不给他教诲的。

南郭惠子讥笑性地问子贡说:"夫子之门,何其杂也?"子贡曰:"君子正身以俟,欲来者不距(拒),欲去者不止,且夫良医之门多病人?木隐栝之侧多枉木,是以杂也。"(《荀子法行第十三》)南郭惠子问子贡说:孔夫子的门下,怎么那样混杂呢?子贡说,君子端正自己的身心来等待求学的人,想来的不拒绝,想走的不阻止。况且良医的门前多病人,整形器的旁边多弯木,所以夫子的门下鱼龙混杂啊。

(二)教学内容与重点

"子以四教:文、行、忠、信"(《述而第七》),是指孔子的教学内容包括四个基本方面,以文学、品行、忠诚和诚信教育学生。概括为道德教育、文化知识教育和技能技巧的教育三个部分。孔子对这三方面不是等量齐观的,他认为"行有余力,则以学文",把道德和道德教育放在首位,为三者的重心,也是孔子教育思想的核心。道德、文化知识教育内容是"大六艺","大六艺"作为孔子教学的主要内容,具体是指《书》《诗》《礼》《易》《乐》《春秋》,内容非常丰富,是孔子的主要教学内容和教材。技能、技巧的培养包括礼、乐、射、御、书、数等"小六艺",是孔子教学的主要科目。

(三)教学目的

1.立志弘道

孔子教育的基本目的是培养志道和弘道的志士和君子。他一生以"朝闻道,夕死可矣"的精神追求道。他教育他的学生"人能弘道、非道弘人"(《卫灵公十五·29》);"士志于道,而耻恶衣恶食者,未足与议也"(《里仁第四·9》);"笃信好学,守死善道"(《泰伯第八·14》);"志士仁人,无求生以害人,有杀身以成仁"(《卫灵公十五·29》)。

2.学而优则仕

子夏曰:"仕而优则学,学而优则仕。"子夏说:"做官还有余力的人,就可以去学习,学习成绩优秀的人,就可以去做官。"概括了孔子教育目的另一个重要方面。

孔子鼓励学生们说:"不患无位,患所以立"(《里仁第四·14》)。不必担心没有官做,要担心的是做官所需要的知识本领学好没有。弟子们受到此思想灌输,头脑中普遍存在为做官而学习的念头,既然已学为君子,不做官是没有道理的,子路心直口快说出"不仕无义"。

3.入世原则

孔子积极向当权者推荐有才能的学生去担任政治事务,但他在输送人才时也坚持一些原则:首先,学不优则不能出来做官;其次,国家政治开明才能出来做官,否则宁可隐退。孔子培养的一批弟子,大多或早或迟地参加政治活动,他们"散游诸侯,大者为师傅卿相,小者友教士大夫"。

孔子讲学图

孔庙、孔府、孔林简介

　　孔庙、孔府、孔林位于山东省曲阜市,合称"三孔",是中国历代纪念孔子,推崇儒学的表征,以丰厚的文化积淀、悠久历史、宏大规模、丰富文物珍藏,以及科学艺术价值而著称。

　　孔庙始建于鲁哀公十七年(公元前478年),是孔子死后不久,将故居改为纪念他的庙。经历代增修扩建,与相邻的孔府、城北的孔林合称"三孔"。它是一组具有东方建筑特色、规模宏大、气势雄伟的古代建筑群。曲阜孔庙是祭祀孔子的本庙,东汉永兴元年(153)正式成为国家所立的庙,历朝多有修建。北宋天禧二年(1018)大修孔庙,基本形成现在大中门以北部分的布局。明弘治十二年(1499)毁于火,弘治十七年重建,形成现在的规模。现存建筑除少量金元遗构外,主要是明清建造的。历经2400多年而从未放弃祭祀,是中国使用时间最长的庙宇,也是中国现存最为著名的古建筑群之一。

　　曲阜孔庙又称"阙里至圣庙"与南京夫子庙、北京孔庙和吉林文庙并称为中国四大文庙。西汉以来历代帝王不断给孔子加封谥号,孔庙的规模也越来越大,使曲阜孔庙成为全国最大的孔庙。现存的建筑群绝大部分是明、清两代完成的,占地327亩,前后九进院落。庙内有殿堂、坛阁和门坊等460多间。四周围以红墙四角配以角楼是仿北京故宫样式修建的。1961年国务院把"三孔"列为全国重点文物保护单位。1994年被联合国教科文组织列为"世界文化遗产"。

孔庙占地近10公顷,纵长600米,宽145米,前后有八进庭院,殿、堂、廊、庑等建筑共620余间。前三进都是遍植柏树的庭园,第四进为奎文阁建筑组,第五进为碑亭院,第六、第七进为孔庙主要建筑区,第八进为后院。

衍圣公府(Duke Yansheng Mansion)俗称"孔府",位于曲阜城内孔庙东侧,是我国现在唯一较完整的明代公爵府。衍圣公为孔子嫡裔子孙世袭爵位,其职责为管理孔子的祀事及孔氏的族务。孔府的现有规模形成于明弘治十六年(1503年)。清光绪十一年(1885年)一场大火把孔府的内宅一扫而光,因此留下的明代原物主要是内宅以外的部分建筑物,即大门、仪门、大堂、二堂、三堂、两厢、前上房、内宅门及东路报本堂等。其余均为清代重建或增建。孔府的现有规模形成于明弘治十六年(1503年)。孔子死后,子孙后代世代居庙旁守庙看管孔子遗物,到北宋末期,孔氏后裔住宅已扩大到数十间,到金代,孔子后裔一直在孔庙东边。随着孔子后世官位的升迁和爵封的提高,孔府建筑不断扩大,至宋、明、清达到现在规模。现在孔府占地约7.4公顷,有古建筑480间,分前后九进院落,中、东、西三路布局。

孔林,本称至圣林,位于山东曲阜城北1.5公里处,是孔子及其后裔的家族墓地,是世界上延续时间最长的家族墓地。孔子死后,其弟子们把他葬于鲁城北泗水之上,那时还是"墓而不坟"(无高土隆起)。到了秦汉时期,虽将坟高筑,但仍只有少量的墓地和几家守林人,后来随着孔子地位的日益提高,孔林的规模越来越大。孔林延续使用2400多年,不仅是中国也是世界上沿用时间最长的氏族墓地。孔子嫡孙保有世袭罔替的爵号,历时2100多年,是中国最古老的贵族世家,其府第孔府是中国现存规模最大、保存最好、最为典型的官衙与宅第合一的建筑群。

　　孔庙、孔林、孔府的历史、科学、艺术价值集中体现在它所保存的文物上。300 多座、1300 多间金、元、明、清古建筑反映了各个时期的建筑规制和特点；1000 多件汉画像石、孔子圣迹图、石仪、龙柱等反映了石刻艺术的变化和发展；5000 多块西汉以来的历代碑刻既是中国书法艺术的瑰宝，也是研究中国古代政治、思想、经济、文化、艺术的

孔府

宝贵资料；10余万座历代墓葬是研究墓葬制度的重要实物，17000余株古树名木是研究古代物候学、气象学、生态学的活文物。10余万件馆藏文物中，以元明衣冠、孔子画像、衍圣公及夫人肖像、祭祀礼器最为著名；其中元明衣冠是中国罕有的传世同类文物，对于研究古代服饰、纺织艺术具有重要价值。30万件孔府明清文书档案是中国为丰富的私家档案，是研究明清历史尤其是经济史的重要资料。"三孔"已被联合国教科文组织列入《世界遗产名录》。

孔庙

孔林

第十章　老子的思想与智慧

第一节　老子"道"的思想

根据司马迁《史记·老子韩非列传》记载，老子，又名老聃，姓李，名耳，字伯阳，楚国苦县（今河南省周口鹿邑县）人。约生于前 571 年—？曾做过周朝的守藏史，相当于我们今天的国家图书馆馆长。

据传说，老子出生的时候长相就很老，所以叫"老子"，其实我们分析，老子的"老"字是有智慧的意思，说明老子很有智慧。老子的长相除了"老"外，还有一个特点就是耳朵特别大，所以，名"耳"，耳朵大代表有智慧和有福报（图 10-1）。

老子只有唯一的一部著作《老子》（《道德经》）传给我们后人，《老子》或《道德经》的来历，有一个成语"紫气东来"说的就是这个事情。传说老子西归隐居路过函谷关，关令（守关的长官）尹喜会看天象，见有紫气从东而来，断定将有圣人打此过关。第二天，果然老子骑着青牛而来。尹喜也是一个爱道之人，而且早就听闻老子的大名，于是尹喜就对老子说，请你把你的道留下来，不然我不会让你过关。老子本来不打算留下任何作品，但是没有办法，又看这个年轻人真正喜欢修道，于是也就答应了尹喜的要求，因此才留下了著名的五千言。世人称之为《道德经》五千言。

图 10-1 老子雕像   图 10-2 老子画像

一、什么是"道"("道"的性质和功能)

"道"是道家也是中华传统文化当中最核心的一个概念,老子说,"有物混成,先天地生。寂兮寥兮,独立而不改,周行而不殆,可以为天地母。吾不知其名,强字之曰道"(《老子》第二十五章)。老子说,"有一个东西混然而成,在天地形成以前就已经存在。听不到它的声音也看不见它的形体,寂静而空虚,不依靠任何外力而独立长存,永不停息,循环运行而永不衰竭,可以作为万物的根本。我不知道它的名字,所以勉强把它叫作'道'"。用今天的观念来说,"道"是指宇宙天地万物本质、本体、本原、本性、本来,也可指宇宙天地万物运行发展变化的根本。也就是说道家认为"道"是恒常不变的宇宙本体或本原。但是,"道"这种抽象的万物之理,与人们一般的社会经验和观察所得相差很大,人们基于一般的认识以及根据这些认识所表达出来的观点与"道"的本来也就相差甚远。所以,老子说:"道可道,非常道。名可名,非常名。"(《老子》第一章)老子认为"道"的本性和性质是不可言说的,说出来的就不是恒常不变的"道"了。中国佛家传统一个说法就是:"语言道断,心行处灭。"

但是"道"的表现确是有其特点的,老子说"道冲,而用之或不盈,渊兮似万物之宗"(《老子》第四章)。老子认为"道"的表现就像幽谷一样,使用起来永远不能使用完。"道"太深奥了!一切万事万物的发生发展都离不开它,好像是万物的老祖宗。又说,"大道泛兮,其可左右"。说大道广泛发挥其作用,左右上下无所不到。

在道的表现方面,老子说,"反者,道之动;弱者,道之用"。老子认为,循环往复的运动变化,是道的运动表现,但道的作用却是微妙、柔弱的。

在道的功能方面,老子说,"道生一,一生二,二生三,三生万物"(《老子》第四十二章)。道是一切万物生长之始,从"道"能生长出万物。

如果一定要一样东西来说明什么是"道"的话,那么世界上再没有比"水"更合适了!老子说:"上善若水。水善利万物而不争,处众人之所恶,故几于道。"(《老子》第八章)如果勉强用一个物质(东西)来比喻道的话,那就是"水"这种物质了,因为,水好比最善的道德,水的特性是利于万物而不与万物相争,处在众人(物质)的下面而能滋润万物。所以,水的这种本性太接近于"道"了。

道对人来说,不管是善人还是不善之人都离不开道。老子说,"道者万物之奥。善人之宝,不善人之所保"。"道"是荫庇万物之所,善良之人珍贵它,不善的人也要保持它。

二、天之道　圣人之道

老子在道的基础上,以天来代表"道"的特征,强调"天之道"。"天之道"也就是"自然之道"。"天之道"具有什么样的特征呢?老子说:"天之道,不争而善胜,不言而善应,不召而自来,繟然而善谋。天网恢恢,疏而不失。"(《老子》第七十三章)老子认为,自然之道是,不斗争而善于取胜;不言语而善于应承;不召唤而自动到来,坦然而善于安排筹划。自然之道的范围,宽广无边,虽然宽疏但并不漏失。老子还说:"天之道,其犹张弓欤? 高者抑之,下者举之;有馀者损之,不足者补之。天之道,损有馀而补不足。"(《老子》第七十七章)老子认为,自然之道,不是很像张弓射箭吗? 弦拉高了就把它压低一些,低了就把它举高一些,拉得过满了就把它放松一些,拉得不足了就把它补充一些。自然之道,是减少有余的补给不足的。也就是说"天之道"是最公正平等的。所以,接着老子又说,"天道无亲,常与善人"(《老子》第七十九章)。老子认为,"天之道"对任何人都没有偏爱,永远帮助有德的善人。所以,天之道又是公正而没有偏私的。

在天之道与圣人之道对比来看,老子说,"天之道,利而不害;圣人之道,为而不争"(《老子》八十一章)。老子认为,天之道与圣人之道是一致的。在人对于功名利禄方面,老子认为,"功遂身退,天之道"。人如果成功了、圆满了,不能居功自傲,要注意含藏收敛,这是符合自然之道的。

三、老子的处世之道

在《道德经》五千言里,老子不是单纯地讲述道与德,而是把自己的人生经验和对道与德在自己身上的具体体验告诉大家。老子说,"天下皆谓我道大,似不肖。夫唯大,故似不肖。若肖,久矣其细也夫!我有三宝,持而保之。一曰慈,二曰俭,三曰不敢为天下先。慈故能勇;俭故能广;不敢为天下先,故能成器长。今舍慈且勇;舍俭且广;舍后且先;死矣! 夫慈以战则胜,以守则固。天将救之,以慈卫之"(《老子》六十七章)。天下人都说"我道"伟大,不像任何具体事物的样子。正因为它伟大,所以才不像任何具体的事物。如果它像任何一个具体的事物,那么"道"也就显得很渺小了。我有三件法宝执守而且保全它:第一件叫作慈爱;第二件叫作俭朴;第三件是不敢与他人争先。有了这柔慈,所以能勇武;有了俭朴,所以能大方;不敢居于天下人争先,所以能成为万物之长。现在的人们(当时春秋时期)丢弃了柔慈而追求勇武,丢弃了俭朴而追求大方,舍弃退让而求争先,结果是走向死亡。慈爱,用来征战,就能够胜利,用来守卫就能巩固。天要援助谁,就用柔慈来保护他。

第二节 老子"德"的思想

一、什么是德

老子讲的"德"与我们今天所说的道德(思想道德,社会公德,职业道德)有很大的区别。老子所讲的"德"是建立在"道"基础上的"德",是道的自然理性表现。道表现在人为的方面,就是指人的思想语言行为,如果符合自然之"道",就是有德,否则就是失德,无德。一般人认为,《道德经》分上下两篇,上篇为《道经》,下篇为《德经》,有其道理,但是我认为不能一概而论,在上篇《道经》里面也讲德;在下篇的《德经》里面也讲道。

关于"德"字的字义,前文做过分析,在甲骨文中,"德"字的左边是"彳"形符号,它在古文中是表示道路、亦是表示行动的符号。其右边是"十"加"罒",表示一只眼睛,眼睛之上是一条垂直线,这是表示目光直射之意。所以这个字的意思是:行动要正,而且"目不斜视",这就是"德"。"目"下面又加了"心",这就是说:目正、心正才算"德"。在小篆中仍然是会意:其右边的上方变成了"直","直心"为"德"。还有一种解释是:"德"者"得"也,从"道"而得的意思。

二、道与德的关系

在道与德的关系方面,道与德的功能和分工不同。老子说,"道生之,德畜之,物形之,势成之。是以万物莫不尊道而贵德。道之尊,德之贵,夫莫之命而常自然。故道生之,德畜之;长之育之;成之熟之;

养之覆之。生而不有，为而不恃，长而不宰。是谓玄德"（《老子》第五十一章）。翻译成白话文就是说，道生成万事万物，德养育万事万物。万事万物虽现出各种各样的形态，环境使万事万物成长起来。故此，万事万物莫不尊崇道而珍贵德。道之所以被尊崇，德所以被珍贵，就是由于道生长万物而不加以干涉，德畜养万物而不加以主宰，顺其自然。因而，道生长万物，德养育万物，使万物生长发展，成熟结果，使其受到抚养、保护。生长万物而不据为己有，抚育万物而不自恃有功，导引万物而不主宰，这就是奥妙玄远的德。老子认为，道和德都是自然的表现，道是自然本性的表现，德是自然之道的理性表现，二者不可分离，是统一的。

三、德的表现

"德"表现在做人的方面，老子和一般人认识正好相反，他认为，"上德不德，是以有德；下德不失德，是以无德。上德无为，而无以为；下德为之，而有以为"（《老子》三十八章）。具备"上德"的人不表现为外在的有德，因此实际上是有"德"；具备"下德"的人表现为外在的不离失"德"，因此实际是没有"德"的。"上德"之人顺应自然无心作为，"下德"之人有心作为。老子又说，"上德若谷；大白若辱；广德若不足；建德若偷；质真若渝；大方无隅；大器晚成；大音希声；大象无形；道隐无名。夫唯道，善贷且成"（《老子》第四十一章）。崇高的德好似峡谷；广大的德好像不足；刚健的德好似怠惰；质朴而纯真好像混浊未开。最洁白的东西，反而含有污垢；最方正的东西，反而没有棱角；最大的声响，反而听来无声无息；最大的形象，反而没有形状。道幽隐而没有名称，无名无声。只有"道"，才能使万物善始善终。

四、如何修德

人如何修德？老子认为，"善建者不拔，善抱者不脱，子孙以祭祀不辍。修之于身，其德乃真；修之于家，其德乃馀；修之于乡，其德乃长；修之于邦，其德乃丰；修之于天下，其德乃普。故以身观身，以家观家，以乡观乡，以邦观邦，以天下观天下。吾何以知天下然哉？以此"(《老子》五十四章)。善于建设的人不会拔除，善于抱持的不可以脱落。如果子孙能够祭祀祖先而不间断，那么祖祖孙孙就不会断绝。把这个道理付诸自身修养，他的德行就会是真实纯正的；把这个道理付诸自家修养，他的德行就会是丰盈有余的；把这个道理付诸自乡修养，他的德行就会受到尊崇；把这个道理付诸自邦修养，他的德行就会丰盛硕大；把这个道理付诸天下修养，他的德行就会无限普及。所以，用自身的修身之道来观察别身，以自家察看观照别家，以自乡察看观照别乡，以天下之道察看观照天下。我怎么会知道天下的情况之所以如此呢？就是因为我借鉴了以上的方法。

五、德的作用

真正有德的人会到达什么样的程度？老子说，"含德之厚，比于赤子。蜂虿虺蛇不螫，猛兽不据，攫鸟不搏。骨弱筋柔而握固。未知牝牡之合而全作，精之至也。终日号而不嗄，和之至也"(《老子》第五十五章)。道德涵养深厚的人，就好比初生的婴孩。毒虫不螫他，猛兽不伤害他，凶恶的鸟不搏击他。他的筋骨柔弱，但元气极为充足，生命的根本很牢固。他虽然不知道男女的交合之事，但他的小生殖器却勃然举起，这是因为精气充沛的缘故。他整天啼哭，但嗓子却不会沙哑，这是因为和气淳厚的缘故。

六、如何以德治国

老子从个人身心的修德进一步引申到了治国方面，在治国方面，强调要"以德治国"。在如何用以德治国方面，老子说："治大国，若烹小鲜。以道莅天下，其鬼不神；非其鬼不神，其神不伤人；非其神不伤人，圣人亦不伤人。夫两不相伤，故德交归焉。"(《老子》第六十章)治理大国，好像煎烹小鱼。用"道"治理天下，鬼神不会主宰人类，不是鬼神不起作用，而是鬼怪的作用伤不了人(因为人守道行德)。不但鬼的作用伤害不了人,圣人有道也不会发挥其作用。这样,鬼神和有道的圣人都不发生作用(让道自然发挥作用),所以,就可以让人民享受到德的恩泽。老子又说,"治人事天,莫若啬。夫为啬,是谓早服;早服谓之重积德;重积德则无不克;无不克则莫知其极;莫知其极,可以有国;有国之母,可以长久;是谓深根固柢,长生久视之道"(《老子》第五十九章)。治理百姓和养护身心,没有比爱惜精神更为重要的了。爱惜精神,得以能够做到早作准备;早作准备,就是不断地积"德";不断地积"德",就没有什么不能攻克的;没有什么不能攻克,那就无法估量他的力量;具备了这种无法估量的力量,就可以担负治理国家的重任。有了治理国家的原则和道理,国家就可以长久维持。国运长久,就叫作根深蒂固,符合长久维持之道。

第三节　老子的辩证哲学思想

一、"有"与"无"的关系

老子在《道德经》中阐述了很多他的哲学辩证思想。首先老子阐明了"有"和"无"的关系。老子说:"无,名天地之始;有,名万物之母。故常无,欲以观其妙;常有,欲以观其徼。此两者同出而异名,同谓之玄。玄之又玄,众妙之门"(《老子》第一章)。老子的意思是:"无"可以用来表述天地混沌未开之际的状况;而"有",则是宇宙万物产生之本原的命名。因此,要常从"无"中去观察领悟"道"的奥妙;要常从"有"中去观察体会"道"的端倪。无与有这两者,来源相同而名称相异,都可以称之为玄妙、深远。它不是一般的玄妙、深奥,而是玄妙又玄妙、深远又深远,是宇宙天地万物之奥妙的总门。

关于"有"和"无"的功能和作用,老子说到,"三十辐,共一毂,当其无,有车之用。埏埴以为器,当其无,有器之用。凿户牖以为室,当其无,有室之用。故有之以为利,无之以为用"(《老子》第三十一章）。用今天的话说就是：三十根辐条汇集到一根毂中的孔洞当中，有了车毂中空的地方，才有车的作用。揉合陶土做成器皿，有了器具中空的地方，才有器皿的作用。开凿门窗建造房屋，有了门窗四壁内的空虚部分，才有房屋的作用。所以，"有"给人便利，"无"发挥了它的作用。老子不仅看到"有"的作用，也看到了"无"的作用，真是大智慧啊！

二、事物的对立统一关系

关于哲学上的对立统一的关系，老子在《道德经》阐述的更多。老子说，"天下皆知美之为美，斯恶已。皆知善之为善，斯不善已。有无相生，难易相成，长短相形，高下相倾，音声相和，前后相随"（《老子》第二章）。白话文意思是，天下人都知道美之所以为美，那是由于有丑陋的存在。都知道善之所以为善，那是因为有恶的存在。所以有和无互相转化，难和易互相形成，长和短互相显现，高和下互相充实，音与声互相谐和，前和后互相接随。

关于儒家倡导的仁义、孝慈和忠臣，老子有其智慧的辩证认识，"大道废，有仁义；智慧出，有大伪；六亲不和，有孝慈；国家昏乱，有忠臣"（《老子》第十八章）。大道被废弃了，才有提倡仁义的需要；聪明智巧的现象出现了，伪诈才盛行一时；家庭出现了纠纷，才能显示出孝与慈；国家陷于混乱，才能见出忠臣。老子用他那智慧的眼光告诉人们，不要只执着于表面是善，要全面地观察善的产生发展及其环境条件的变化。

如何辩证地看待一个人？老子也阐述了很多道理。关于善者和辩者、智者和博者关系问题，老子说，"善者不辩，辩者不善。知者不博，博者不知"（《老子》第八十一章）。善良的人不善于辩说，能辩说的人不一定善良。真正有智慧的人不卖弄，卖弄自己懂得多的人不是真有智慧。老子又说："知者不言，言者不知。"（《老子》五十六章）智慧的不多说话，而话太多的人不一定有智慧。

关于如何做人的问题？老子有其辩证及智慧的认识。"曲则全，枉则直,洼则盈,敝则新,少则多,多则惑"(《老子》第二十二章)老子认为,一个人能够忍受委曲,他便会得到保全,受得了冤枉的人总会得到屈伸;就像低洼处便会得到充盈,陈旧的会得到更新;缺少的会获得,贪多的人便会迷惑一样。老子又说,"企者不立,跨者不行"(《老子》第二十四章)。老子认为做人不要急于求成,好高骛远,应该脚踏实地,犹如人踮起脚跟想要站得高,反而站不住;迈起大步想要前进得快,反而不能远行一样。

关于人生祸福的关系,老子深邃地认识到:"祸兮福之所倚,福兮祸之所伏。"(《老子》第五十八章)老子感叹道:灾祸啊,幸福依傍在它的里面;幸福啊,灾祸藏伏在它的里面!

三、量变和质变思想

关于量变与质变的关系,老子论述的非常明白,"图难于其易,为大于其细;天下难事,必作于易,天下大事,必作于细"。老子认为,处理问题要从容易的地方入手,实现远大目标要从细微的地方入手。天下的难事,一定从简易的地方做起;天下的大事,一定从微细的部分开端。又说:"其安易持,其未兆易谋。其脆易泮,其微易散。为之于未有,治之于未乱。合抱之木,生于毫末;九层之台,起于累土;千里之行,始于足下。"(《老子》第六十三章)老子告诫人们:局面安定时容易保持和维护,事变没有出现迹象时容易图谋;事物脆弱时容易消解;事物细微时容易散失;做事情要在它尚未发生以前就处理妥当;治理国政,要在祸乱没有产生以前就早做准备。合抱的大树,生长于细小的萌芽;九层的高台,筑起于每一堆泥土;千里的远行,是从脚下第一步开始走出来的。

四、"弱"与"强"的关系

如何看待"弱"与"强"的关系?老子有自己的独到见解,"天下莫柔弱于水,而攻坚强者莫之能胜,以其无以易之。弱之胜强,柔之胜刚,天下莫不知,莫能行"(《老子》第七十八章)。普天之下再没有什么东西比水更柔弱了,而攻坚克强却没有什么东西可以胜过水。弱胜过强,柔胜过刚,天下没有人不知道,但是没有人能实行。又说,"人之生也柔弱,其死也坚强。草木之生也柔脆,其死也枯槁。故坚强者死之徒,柔弱者生之徒。是以兵强则灭,木强则折。强大处下,柔弱处上"(《老子》第七十六章)。人活着的时候身体是柔软的,死了以后身体就变得僵硬。草木生长时是柔软脆弱的,死了以后就变得干硬枯槁了。所以坚强的东西属于死亡的一类,柔弱的东西属于生长的一类。

第四节　老子的修身和治国思想

一、老子修身思想

关于如何修身的问题? 老子作为道家的主要代表人物,阐述了道家的"修道"观念。"载营魄抱一,能无离乎? 专气致柔,能如婴儿乎? 涤除玄鉴,能无疵乎? 爱民治国,能无为乎? 天门开阖,能为雌乎? 明白四达,能无知乎? 生之畜之,生而不有,为而不恃,长而不宰,是谓玄德"(《老子》第十章)。精神和形体合一,能不分离吗? 聚结精气以致柔和温顺,能像婴儿的无欲状态吗? 清除杂念而深入观察心灵,能没有瑕疵吗? 爱民治国能遵行自然无为的规律吗? 感官与外界的对立变化相接触,能宁静吧? 明白万物之理并能通达运行,能不用心机吗? 让万物生长繁殖,产生万物、养育万物而不占为己有,作万物之长而不主宰他们,这就叫作玄德。

老子又说,"致虚极,守静笃;万物并作,吾以观复。夫物芸芸,各复归其根。归根曰静,静曰复命。复命曰常,知常曰明。不知常,妄作凶。知常容,容乃公,公乃全,全乃天,天乃道,道乃久,没身不殆"(《老子》第十六章)。尽力使心灵的虚寂达到极点,使生活清静坚守不变。万物都一齐蓬勃生长,我从而考察其往复的道理。那万物纷纷芸芸,各自返回它的本根。返回到它的本根就叫作清静,清静就叫作复归于生命。复归于生命就叫自然,认识了自然规律就叫作明智,不认识自然规律的轻妄举止,往往会出乱子和灾凶。认识自然规律的人是无所不包的,无所不包就会坦然公正,公正就能周全,周全才能符合自然的"道",符合自然的道才能长久,终生不会遭到危险。

二、老子的治国思想

关于如何治国的问题? 是老子在《道德经》中重点要论述的问题。应该说老子生活在春秋中后期,当时礼崩乐坏、天下大乱、民不聊生,人民生活在水深火热之中。老子作为圣人和智者看得很清楚但是又无法挽回,只能给未来的统治者出谋划策,让这些未来的统治者们知道如何正确地治理国家,这才是老子写作《道德经》五千言的真实目的所在。

老子告诫统治者说,"不上贤,使民不争;不贵难得之货,使民不为盗;不见可欲,使民不乱。是以圣人之治也,虚其心,实其腹,弱其志,强其骨,恒使民无知、无欲也。使夫知不敢、弗为而已,则无不治矣"(《老子》第三章)。不推崇有才德的人,使老百姓不互相争夺;不珍爱难得的财物,使老百姓不去偷窃;不显耀足以引起贪心的事物,使民心不被迷乱。因此,圣人的治理原则是:排空百姓的心机,填饱百姓的肚腹,减弱百姓的竞争意图,增强百姓的筋骨体魄,经常使老百姓没有智巧,没有欲望。致使那些有才智的人也不敢妄为造事。圣人按照无为的原则去做,办事顺应自然,那么,天下就不会不太平了。

什么是治理天下的根本? 统治者修身与治理天下是什么关系? 老子深刻地指出,"故贵以身为天下,若可寄天下;爱以身为天下,若可托天下"。老子说,把天下当作自己的身体一样珍贵,天下就可以托付他;像爱惜自己的身体一样爱惜天下,就可以把天下托付给他来治理了。老子认为,治理天下的根本是要统治者将修身、爱身和治国一样看待,把修身和治国当成一回事,用修身、爱身的道理来治国,天下也就能治理好了。

老子还告诫统治者说:"绝圣弃智,民利百倍;绝仁弃义,民复孝慈;绝巧弃利,盗贼无有。此三者以为文不足,故令有所属;见素抱朴,少私寡欲;绝学无忧"(《老子》第十九章)。老子的意思是让统治者们抛弃聪明智巧,人民可以得到百倍的好处;抛弃仁义,人民可以恢复孝慈的天性;抛弃巧诈和货利,盗贼也就没有了。圣智、仁义、巧利这三者全是巧饰,作为治理社会病态的法则是不够的,所以要使人们的思想认识有所归属,保持纯洁朴实的本性,减少私欲杂念,抛弃圣智礼法的浮文,才能免于忧患。

老子又说,"其政闷闷,其民淳淳;其政察察,其民缺缺"(《老子》第五十八章)。老子告诫统治者要保持政治宽厚自然,人民就淳朴忠诚;如果政治严苛明察,人民就会狡黠,永远不会知足。

关于一个国家如何对待军事问题,老子也有自己的独到见解。"夫兵者,不祥之器,物或恶之,故有道者不处。君子居则贵左,用兵则贵右。兵者不祥之器,非君子之器,不得已而用之,恬淡为上,胜而不美,而美之者,是乐杀人。夫乐杀人者,则不可得志于天下矣。吉事尚左,凶事尚右。偏将军居左,上将军居右。言以丧礼处之。杀人之众,以悲哀莅之,战胜以丧礼处之。"(《老子》第三十一章)老子说,兵器,是不祥的东西,人们都厌恶它,所以有道的人不使用它。君子平时居处就以左边为贵而用兵打仗时就以右边为贵。兵器这个不祥的东西,不是君子所使用的东西,万不得已而使用它,最好淡然处之,胜利了也不要自鸣得意,如果自以为了不起,那就是喜欢杀人。凡是喜欢杀人的人,就不可能得志于天下。吉庆的事情以左边为上,凶丧的事情以右方为上,偏将军居于左边,上将军居于右边,这就是说要以丧礼仪式来处理用兵打仗的事情。战争中杀人众多,要用哀痛的心情处理,打了胜仗,也要以丧礼的仪式去对待战死的人。老子这些珍贵的军事思想即使在今天仍然具有指导意义。

老子又说,"以道佐人主者,不以兵强天下,其事好还。师之所处,荆棘生焉。大军之后，必有凶年。善有果而已，不敢以取强。果而勿矜，果而勿伐，果而勿骄，果而不得已，果而勿强。物壮则老，是谓不道，不道早已"（《老子》第三十章）。老子一再地告诫统治者，依照"道"的原则辅佐君主的人，不以兵力逞强于天下。穷兵黩武这种事必然会得到报应。军队所到的地方，荆棘横生，大战之后，一定会出现荒年。善于用兵的人，只要达到用兵的目的也就可以了，并不以兵力强大而逞强好斗。达到目的了却不自我矜持，达到目的了也不去夸耀骄傲，达到目的了也不要自以为是，达到目的却出于不得已，达到目的却不逞强。事物强大之后就会走向衰朽，这就说明它不符合于"道"，不符合于"道"的，就会很快死亡。

关于如何处理治国、用兵和取得天下人民的拥护之间的关系，老子这样告诫统治者："以正治国，以奇用兵，以无事取天下"（《老子》第五十七章）。即统治者要用正道正法治理国家，用奇法（特别的方法）用兵，用无为的方法去取得人民的拥护。

老子还告诫当时拥兵自重、独霸一方的诸侯们，如何做才能使得国家和天下安定？老子说，"道常无为而无不为。侯王若能守之，万物将自化。化而欲作，吾将镇之以无名之朴，镇之以无名之朴，夫将不欲。不欲以静，天下将自定"（《老子》第三十七章）。道永远是顺其自然而无所作为的，却又没有什么事情不是它所作为的。侯王如果能按照"道"的原则为政治民，万事万物就会自我化育、自生自灭而得以充分发展。自生自长而产生贪欲时，我就要用"道"来镇住它。用"道"的质朴来镇服它，就不会产生贪欲之心了，万事万物没有贪欲之心了，天下便自然而然达到稳定、安宁。

在如何处理大国和小国的关系方面，老子提出了自己的观点："大邦者下流，天下之牝，天下之交也。牝常以静胜牡，以静为下。故大邦以下小邦，则取小邦；小邦以下大邦，则取大邦。故或下以取，或下而取。大邦不过欲兼畜人，小邦不过欲入事人。夫两者各得所欲，大者宜为下。"（《老子》第六十一章）大国要像居于江河下游那样，使天下百川河流交汇在这里，处在天下雌柔的位置。雌柔常以安静守定而胜过雄强,这是因为它居于柔下的缘故。所以,大国对小国谦下忍让,就可以取得小国的信任和依赖;小国对大国谦下忍让,就可以取得大国的支持和保护。所以,或者大国对小国谦让而取得大国的信任,或者小国对大国谦让而取得大国的帮助和支持。大国不要过分想统治小国,小国不要过分想顺从大国,两方面各得所欲求的,大国要特别谦下忍让小国才好。

第五节　老子的人生观、价值观、圣人观思想

一、老子的人生观、价值观思想

什么是人生观？人生观就是关于人的生活目的,回答人为什么活着的问题。老子的人生观简单概括就是实现、实行"道"。什么是价值观？价值观就是关于人生的意义,回答人怎么活着是有意义的。老子的价值观简单概括就是做到"德"。

老子关于人生观和价值观具体论述很多,老子说,"是以圣人抱一为天下式。不自见,故明;不自是,故彰;不自伐,故有功;不自矜,故长。夫唯不争,故天下莫能与之争。古之所谓曲则全者,岂虚言哉！诚全而归之"(《老子》第二十二章)。有道的圣人坚守专一的原则作为天下的范式,不自我表现,反能显明;不自以为是,反能是非彰明;不自己夸耀,反能得有功劳;不自我矜持,所以才能长久。正因为不与人争,所以遍天下没有人能与他争。古时所谓"委曲便会保全"的话,怎么会是空话呢？它实实在在能够达到。

老子说:"大成若缺,其用不弊。大盈若冲,其用不穷。大直若屈,大巧若拙,大辩若讷。静胜躁,寒胜热。清静为天下正。"(《老子》第四十五章)最完满的东西,好似有残缺一样,但它的作用永远不会衰竭;最充盈的东西,好似是空虚一样,但是它的作用是不会穷尽的。最正直的东西,好似有弯曲一样;最灵巧的东西,好似最笨拙的;最卓越的

辩才,好似不善言辞一样。清静克服扰动,寒冷克服暑热,清静无为才能统治天下。

老子说:"知其雄,守其雌,为天下溪。为天下溪,常德不离,复归于婴儿。知其荣,守其辱,为天下谷。为天下谷,常德乃足,复归于朴。知其白,守其黑,为天下式。为天下式,常德不忒,复归于无极。朴散则为器,圣人用之,则为官长,故大制不割"(《老子》第二十八章)。老子告诫人们,要深知什么是雄强,却安守雌柔的地位,甘愿做天下的溪涧。甘愿作天下的溪涧,永恒的德行就不会离失,恢复到婴儿般单纯的状态。深知什么是荣耀,却安于忍辱的地位,甘愿做天下的幽谷。甘愿做天下的幽谷,永恒的德行才能充足,恢复到质朴的真理。深知什么是明亮,却安守黑暗的地位,可以作为天下的范式。可以作为天下的范式,就会恒常不犯错误,就会归于无极的状态。朴素本初的东西经制作而成器物,有道的人沿用真朴,则为百官之长,所以完善的政治是不可分割的。

对于名和利、物质和身体的关系,老子也作了阐述。"名与身孰亲?身与货孰多?得与亡孰病?甚爱必大费,多藏必厚亡。故知足不辱,知止不殆,可以长久。"(《老子》第四十四章)老子提示人们:声名和生命相比哪一样更为亲切?生命和货利比起来哪一样更为贵重?获取和舍弃相比,哪一个更有害?过分的爱名利就必定要付出更多的代价;过于积敛财富,必定会遭受更为惨重的损失。所以说,懂得满足,就不会受到屈辱;懂得适可而止,就不会遇见危险;这样才可以保持长久的平安。

二、老子的圣人观

老子的圣人观方面,老子在圣人应该具有什么样的境界和修养方面做了阐述。老子说:"天地不仁,以万物为刍狗;圣人不仁,以百姓为刍狗。天地之间,其犹橐籥乎?虚而不屈,动而俞出。多闻数穷,不若守于中。"(《老子》第五章)老子认为,天地是无所谓仁慈的,天地对待万事万物就像对待刍狗一样,任凭万物自生自灭。圣人也是没有仁爱的，也同样像刍狗那样对待百姓，任凭人们自作自息。天地之间，岂不像个风箱一样吗？它空虚而不枯竭，越鼓动风就越多，生生不息。政令繁多反而更加使人困惑，更行不通，不如守住中道、保持虚静。

老子还说，"天长，地久。天地之所以能长且久者，以其不自生也，故能长生。是以圣人后其身而身先，外其身而身存，非以其无私邪？故能成其私"（《老子》第七章）。老子认为，天长地久，天地所以能长久存在，是因为它们不图谋自己的存在而存在着，所以能够长久地存在。因此，有道的圣人遇事谦退无争，反而能在众人之中领先；将自己置于度外，反而能保全自身生存。这不正是因为他无私吗？所以能成就他的自私。

老子又说，"圣人常无心，以百姓之心为心。善者，吾善之；不善者，吾亦善之，德善。信者，吾信之；不信者，吾亦信之，德信。圣人在天下，歙歙焉为天下浑其心，百姓皆注其耳目，圣人皆孩之"（《老子》第四十九章）。圣人常常是没有私心的，以百姓的心为自己的心。对于善良的人，我善待于他；对于不善良的人，我也善待他，这样就可以得到善良了，从而使人人向善。对于守信的人，我信任他；对不守信的人，我也信任他，这样可以得到诚信了，从而使人人守信。有道的圣人在其位，收敛自己的欲意，使天下的心思归于浑朴。百姓们都专注于自己的耳目聪明，而有道的人使自己都回到婴孩般纯朴的状态。

老子引用古圣人的话，什么是圣人的境界？是以圣人云："受国之垢，是谓社稷主；受国不祥，是为天下王。正言若反。"（《老子》第七十八章）承担全国的屈辱，才能成为国家的君主，承担全国的祸灾，才能成为天下的君王。

又说"圣人不积，既以为人，己愈有，既以与人，己愈多。天之道，利而不害；圣人之道，为而不争"（《老子》第八十一章）。圣人是不存占有之心的，而是尽力给予别人，圣人自己也更为充足；他尽力给予别人，自己反而更丰富。自然的规律是让万事万物都得到好处，而不伤害它们。圣人的行为准则是，做什么事都不跟别人争夺。

老子故里

老子故里位于河南省鹿邑县太清宫镇，国家 4A 级旅游景区。是两千年来是官方与民间公认的老子故里，并获得了古今中外权威机构对太清宫镇老子故里的支持与认可，历史上曾有八位皇帝亲临太清宫镇祭拜老子。鹿邑县亦因老子故里而由苦县更名为真源县名，并在县境内留下许多与老子息息相关的珍贵文物。

老子故里风景区分为太清宫风景区、明道宫风景区与其他风景区组成，以我国古代伟大思想家、世界著名历史文化名人老子的诞生与成长以及后人对其祭祀活动所遗留文物古迹为主体，配以周围其他著名的历史遗迹人文景观，并与该地所特有的自然景观相结合的一个集历史文化、自然风情、休闲养生为一体的综合旅游区。

太清宫

老子雕像

老子雕像

第十一章 中华文化的复兴历程

　　中华民族的伟大复兴的决定因素是中华文化的伟大复兴,而中华文化的伟大复兴是以儒家文化为核心的。

　　中华文化的复兴在中华文化发展历程中,经历过至少五次。在西周周公之前,应该还有若干次复兴。如从女娲母系社会结绳记事文化到伏羲易经八卦文化;从伏羲易经八卦文化到神农农业医药文化;从神农农业医药文化到黄帝以德治国、中华医学和养生文化;从黄帝以德治国、中华医学和养生文化到尧舜的政治开明孝道文化;从尧舜的政治开明孝道文化到大禹不畏艰险团结合作的夏文化;从大禹不畏艰险团结合作的夏文化到商汤爱民如己和敬祖先神文化等等。

　　从西周周公至今,至少有五次文化复兴。第一次是周公礼乐文化确立发展(西周);第二次是孔子先秦儒家思想的确立发展(春秋战国);第三次是董仲舒为代表的汉儒经过官方首次确认,将儒家文化确立为中华文化的主流文化(汉);第四次是韩愈儒家道统思想被官方确立为中华文化传承法脉(中唐至宋明);第五次是构建以儒家文化为代表的新大中华文化,成为引领世界文化发展主流文化(晚清至今)。

　　中华文化每一次复兴都表现出同一个特点:每一次复兴都发生在原有的主流文化受到严重冲击,文化衰落,并导致国家的衰败;每一次新文化的复兴都带来民族的融合、文化的包容（转型发展）、国家的强盛；每一次复兴都伴随着前中期的民族的融合、文化的包容（发展转型），带来国家的强大；以及后期民族矛盾加剧、文化的落后，导致国家的衰败（打败、政权被消灭）。

第一节　从周公到孔子的文化复兴

一、周公对商文化批判继承

商朝以后，中华文化第一次伟大复兴是从商汤到周公时期。因为，商朝人特别重视祖先崇拜，商朝人认为自己统治天下的权力是天命，而这种天命是恒常不变的。为什么商朝人能取得天命，获得统治天下的权力？是因为商朝的祖先神在天上与神关系非常好，所以，神就特别偏爱商朝人，把统治天下的权力交给了商朝人。

另一方面，由于商朝人特别敬祖先神，所以，商朝人就特别重视祭祀和占卜。商朝人每遇到一件事情，大到治理国家，小到国家的每一件事情，事事占卜。这种"天命恒常"，信仰祖先神的思想长期存在，长达近六百年时间，这些思想文化可以说是根深蒂固的。

周族人推翻了商朝的统治是时代的选择，是历史的发展和进步，这种发展和进步首先表现在思想文化方面。新思想和新文化的发展必然表现为用一种新的思想文化取代商朝时期的旧文化。这个任务落在了周公身上，周公首先提出了"天命靡常，惟德是辅"，回答了周族人为什么能取代商朝人而取得天命，获得统治天下的权力。另一方面，周公总结夏商周以来中华文化中礼的习惯，制礼作乐，把礼作为人们行为规范和治理国家的根本方法。周公特别强调人与人的关系，而不是人与神的关系，从而实现了从尊神文化到尊人文化的过渡。

统治商朝近六百年的思想文化受到了西周周公思想和礼乐文化

的冲击而没落。继而中华德政文化和礼乐文化兴起。周公完成了中华文化的第一次伟大复兴。周公制礼作乐,标志着中华文化这次的伟大复兴完成。

文化的复兴必然导致西周时期民族的融合、文化的包容、国家强盛。所以,西周统治长达 275 年,东周又延续 515 年,两周合起来将近 800 年。

周公思想见第六章第四节"周公的贡献与思想"。

二、孔子创立儒家思想和文化

中国历史发展到春秋时期,周公的礼乐文化思想受到严重冲击,先有法家先驱者们对于西周以来的以礼乐思想为核心的西周传统文化提出了挑战。他们有管仲提倡的"依法治国";有子产铸刑书提倡的法制;更有邓析刻竹刑提出的"不法先王","不事礼仪",与周公传统礼治思想针锋相对。之后,道家思想产生,老子大张旗鼓地提出反对礼制和仁义。随之,诸子百家(道家、法家、墨家等)产生,导致中国在思想文化方面百家争鸣。

与此同时,孔子在中华文化生死存亡之际,勇敢地承担起传承中华文化的重任。于是,中华文化的传承者孔子,修《诗》《书》,定《礼》《乐》,序《周易》,作《春秋》,中华文化典籍才得以整理和流传。孔子创立了儒家学派,提出了以仁学为核心的一系列儒家思想和观念。同时,培养了一大批儒家弟子,形成了中华文化传承的文脉。由此,孔子完成了中华文化从周公到孔子的第二次伟大复兴。

孔子作为圣人,堪称立德、立言、立功三不朽的典范。因为,孔子提出了中华文化和中国儒家(中国读书人)最高社会理想,那就是"张三世说"(公羊三世说)。在《礼记·大同》及《春秋》微言大义中,孔子提出了天下大同思想,并且提出分三步走,据乱世、升平世、太平世。据乱世是人类野蛮动乱时期,升平世是介于据乱世和太平世之间的过渡时期,太平世是理想的天下大同的世界。这一思想不仅体现了中华文化的最高境界,而且也为世界人类文明的发展提出了美好愿景和光明的发展前途。

2017 年 1 月 18 日,习近平主席在联合国日内瓦总部的演讲中指出:"让和平的薪火代代相传,让发展的动力源源不断,让文明的光芒熠熠生辉,是各国人民的期待,也是我们这一代政治家应有的担当。中国方案是:构建人类命运共同体,实现共赢共享。"人类命运共同体,主张:"建设持久和平、普遍安全、共同繁荣、开放包容、清洁美丽的世界。"这一理念的提出是中华文化在当今世界的具体应用,是中华文化在现代社会的继承发展。

第二节　从孔子到董仲舒①的文化复兴

一、先秦儒家的历史宿命

春秋时期,文化繁荣,百家争鸣。虽然孔子在当时创立了儒家思想和文化,但是,儒家只是"百家"中的一家,加上春秋战国时期诸侯争霸的历史环境,不适宜使先秦儒家成为当时文化的主流。春秋时期,儒家就受到道家庄子的批判;墨家墨子一开始是学习儒家的,但是后来,墨子认为儒家的一些理论存在问题,于是,与儒家分道扬镳,并旗帜鲜明地反对儒家。墨子提出的十论中的节葬、非乐就是与儒家提倡的厚葬、礼乐针锋相对的。之后出现的法家代表人物(李悝②、吴起③、

---

①　董仲舒(前 179 年—前 104 年),汉族,广川郡(今衡水景县广川镇大董古庄)人,汉代思想家、哲学家、政治家、教育家。

②　李悝(前 455—前 395 年),战国时政治人物,法家重要代表人物,濮阳人。出任魏文侯相,主持变法。

③　吴起(前 440—前 381 年),中国战国初期军事家、政治家、改革家,兵家代表人物。卫国左氏(今山东省定陶县,一说山东省曹县东北)人。

商鞅①、韩非②、李斯③），虽然大部分都师从儒家（李悝是子夏的学生、吴起是曾子儿子曾申的学生、韩非和李斯是荀子的学生）后来都旗帜鲜明地反对儒家，提出不事礼义，独任法制。从儒家思想中分离出来的法家思想适应了当时的时代需求，最终兴起，并终于奠定了中华文化的核心地位，而儒家思想在先秦始终没有取得中华文化的主流地位。

最后，秦国用法家思想统一六国，建立大一统中央集权制国家，这种政治体制延续两千多年。

二、汉儒对先秦儒家的改造

汉高祖刘邦建立西汉政权后，反思秦朝之失，主要是采取了法家思想"独任法制"，实行严刑峻法，劳民苛政的治国之策，结果民不聊生、国家凋敝，民众不堪重负，农民起义不断。秦朝经过短短十四年时间就很快灭亡了。汉朝统治者总结秦朝二世而亡的经验教训，提出了新的治国理念。

汉初，汉高祖及后任统治者为了休养生息，恢复国力，用"黄老思想"，采取了近 70 年时间的与民休息、无为而治的治国之策。

（一）黄老思想

黄老思想有别于先秦道家的思想，赋予"道"以新的内容，强调"道生法"，强调"因道立法"，守道即守法。主张法与礼义相辅相成，礼法并用，援之以德。摒弃秦朝的不事礼义、专任刑罚为威的法家思

---

① 商鞅（约公元前 395—前 338 年），战国时期政治家、改革家、思想家，法家代表人物，卫国（今河南省安阳市内黄县梁庄镇）人，卫国国君的后裔，姬姓公孙氏，故又称卫鞅、公孙鞅。后因在河西之战中立功获封商于十五邑，号为商君，故称之为商鞅。

② 韩非（约公元前 280—前 233 年），战国末期著名思想家、法家代表人物。尊称韩非子或韩子。韩王（战国末期韩国君主）之子，荀子的学生。

③ 李斯（约公元前 284—公元前 208 年），秦朝丞相，著名的政治家、文学家和书法家，协助秦始皇帝统一天下。秦统一之后，参与制定了法律，统一车轨、文字、度量衡制度。

想，所谓"采儒墨之善，撮名、法之要，与时迁移，应物变化，立俗施事，无所不宜"。这时的黄老之学已不单是道、法的结合，而是儒、道、法三者相互渗透的组合。

汉初黄老思想的总体特征是"清静无为"。其具体内容包括："约法省禁""与民休息""刑不厌轻""罚不厌薄""文武并用，德刑相济"。

（二）汉初的文化复兴

秦朝采取的是法家思想，统一了天下，而且秦始皇采用李斯的策略，在思想文化上搞专制，排斥"异端"学说，才有了焚书坑儒的历史事件。《史记·秦始皇本纪》中记曰："臣请史官非秦记皆烧之。非博士官所职，天下敢有藏《诗》《书》、百家语者，悉诣守、尉杂烧之。有敢语《诗》《书》者弃市。以古非今者族。吏见不知举者与同罪。令下三十日不烧，黥为城旦，所不去者，医药卜筮种树之书。若欲有学法令，以吏为师。"李斯的这一个政策，被秦始皇执行了，于是除了医药、卜筮、种树之书以外，民间所藏的先秦百家之书尽皆焚毁，仅存官方所藏，也只有官方职司博士官者仍可阅读研究。但是，秦朝农民大起义，刘邦、项羽军队势不可挡，项羽军队首先进入咸阳，火烧了阿房宫，仅存在国家政治中心的藏书也被一把火烧毁了。这样，民间藏书和官府的藏书全部消失了，这是中华文化尤其是儒家文化的一次空前浩劫。

汉初以汉高祖、汉惠帝和吕后等为首的统治者，采取黄老思想治理国家，儒家思想文化还显得不是很重要，但是到了重视文化的汉文帝、汉景帝时，情况就大有不同。汉文帝、汉景帝真正开启了中华文化伟大复兴的工程。

儒家经典不复存在，在民间，儒家传承主要靠口传心授。汉文帝想复兴中华文化，就只能到民间去寻找正宗的儒家传承了。

自孔子去世后，儒家传承主要有两家。一派是思孟学派，由孔子传曾子，曾子传子思，子思再传孟子。另一派是西河学派，由孔子传子夏，子夏传公羊高和谷梁赤。由于当时传授只是口传心授，所以，公羊高和谷梁赤在传承子夏讲授的《春秋》经时，记录下来的内容就有所不同。这就是后来今文学派的两个分支，公羊学派和谷梁学派。

其中,公羊学派的传承法脉大致是:孔子→子夏→公羊高(还有谷梁赤)→公羊平→公羊地→公羊敢→公羊寿→胡母生→董仲舒→陈蕃→何休→庄存与→庄述祖→庄授甲、刘逢禄→龚自珍、魏源→王闿运→廖平→康有为。

文帝时求能治《尚书》者,有秦朝时博士伏生,当时已经九十余岁,老不能行,文帝便遣太常事史掌故晁错前往求教,得 29 篇,即今之传世的《尚书》,由于记录尚书的文字是用当时汉朝的隶书,所以,称为《今文尚书》,与《古文尚书》相区别。

与此同时,始皇焚书期间,民间有胆量大的儒生将一些古文经书埋藏起来,至汉代前期,相继发现,如景帝时,河间献王以重金在民间征集所得古文经书,以及武帝时鲁恭王从孔子故宅壁间所发现的古文经籍。诸王等先后献给朝廷,藏于秘府。这些经书被称为"古文经书"。

在秦朝时,就有"博士"的称谓,是古代国家政府机构的一种官职。在秦朝国家政府机关设有三公九卿,太常寺就是九卿之一,太常寺相当于现在的文化部和教育部。博士官就是太常寺下设的一种官职。博士官有两项职责,一是做皇帝的顾问,二是传授弟子。太常寺还下设"太学"或"国子学",所以,博士官除为皇帝做顾问之外,同时在"太学"或"国子监"教授弟子,传授学问,承担教授学生的职责。

在秦朝的博士官,所专之长不限儒家之学,而是精通诸子百家之学,博士官所学,几如战国时各国食客之驳杂。

汉初承秦制亦立博士官数十人,不限儒经,又及汉初政策重休养生息,以黄老之学为政治措施之指导原则,这是杂糅道家、法家之学的一套政治哲学,也是西汉初年最高统治者的意识形态。

自汉文帝以后,开始重视儒家经典的传承。最初,少数耆老开始讲学,而儒家经书也在口耳传授之际以汉代通行的隶书体文字写成,若干儒学大家也开始在西汉政府中得立为学官,其中,与今文经学之兴起有关的经学博士官,在汉文帝时立有三位,是传诗经的博士:申培公①、韩婴②两位,及传授书经的伏生③的弟子欧阳生④博士;景帝时,又设了三个博士官:诗博士辕固生⑤、春秋博士董仲舒及胡母生⑥。此时,诗有三家,春秋有两家,书有一家。到了汉武帝建元五年春,援公孙弘⑦之建议,置诗、书、易、礼、春秋五经博士,于是增加礼经博士官及易经博士官,又依董仲舒之建议,"诸不在六艺之科,孔子之术者,皆绝其道,勿使并进"。至此,儒家经学的研究遂成为西汉官方

---

① 申培公,姓申名培,亦称申公,"公"乃尊称,西汉时鲁(郡治在今山东曲阜一带)人,其生卒年月已难详考,约当在公元前三至二世纪之间。西汉初期儒家学者,经学家,西汉今文《诗》学中"鲁诗学"之开创者。

② 韩婴,西汉燕(今属河北)人。文帝时为博士,景帝时至常山王刘舜太傅。武帝时,与董仲舒辩论,不为所屈。治《诗》兼治《易》,西汉"韩诗学"的创始人,其诗语与齐、鲁大不相同,他推测《诗》之意,杂引《春秋》或古事,与经义不相比附,与周秦诸子相出入,皆引《诗》以证事,而非引事以明《诗》。

③ 伏生,一作伏胜,生于周赧王五十五年(前260年),卒于汉文帝三年(前161年),西汉经学者。字子贱,西汉济南(今山东滨州市邹平县韩店镇苏家村)人,曾为秦博士。秦时焚书,于壁中藏《尚书》,汉初,仅存二十九篇,以教齐鲁之间。文帝时求能治《尚书》者,以年九十余老不能行,乃使晁错往受之。西汉今文《尚书》学者,皆出其门。

④ 欧阳生,字和伯,西汉(前26—公元25年)千乘郡(今山东省高青县)人。幼习经学,受《尚书》于伏生,将《尚书》29篇分解为31篇,为《周诰》《殷庚》作了详细注解,著有《欧阳章句》41卷、《欧阳说义》2篇,成为西汉今文《尚书》欧阳学说的开创者。自欧阳生治《尚书》起至其八世孙欧阳款,代代相传,史称"欧阳八博士",也称"欧阳尚书学派"。

⑤ 辕固,又名辕固生(公元前194—公元前104年),西汉齐腄县(今烟台栖霞市)人,早年是清河王刘乘的太傅,景帝时为《诗经》博士。辕固开汉为西汉《诗经》的《齐诗》诗派。

⑥ 胡母生:一作"胡毋生"。齐国临淄(今属山东省)人,名生,字子都,西汉经学家。汉景帝用为博士,和临淄人公羊寿、赵人董仲舒,把公羊高口头流传下来的《春秋公羊传》,刻于竹帛,使得籍文字记载,广为流传。

⑦ 公孙弘(前200—前121年),名弘,字季,一字次卿(《西京杂记》记载),齐地菑川人(今山东寿光南纪台乡人)。其少时为吏,牧豕海上,四十而学,谨养后母。汉武帝时期,先后二次被国人推荐,征为博士。十年之中,从待诏金马门擢升为三公之首,封平津侯。先后被任为左内史(左冯翊)、御史大夫、丞相之职。汉武帝元狩二年(前121年),公孙弘于相位逝世,谥献侯。

所重的唯一学术传统。至两汉之际,虽仍有道家,道教传统及自然科技思想的发展,但两汉学风的代表性风貌,便成为儒学的天下,当然两汉的儒学也是驳杂地吸收了各家的思想的。

(三)汉儒对先秦儒家的发展继承

"文景之治"后,雄才大略的汉武帝刘彻凭借强大的政治、经济、军事力量,企图大作大为,不愿再谨守清静无为的治国方针。而儒家思想经过儒生们艰苦的改造,融合各家学说,适应君主政治体制,初步恢复了元气,形成了自己的思想体系。为了决定治国大政方针,武帝策问贤良文学。治《春秋公羊传》的学者董仲舒,援引"春秋大一统"之义,建议"罢黜百家,独尊儒术"。这一建议得到了最高统治者的接受和赞赏。这样,中国思想史上一次影响最为深远的转折开始了。董仲舒的新儒学是在继承先秦儒家思想,吸收先秦阴阳五行家、墨家、法家,以及汉初黄老思想的基础上整合而成的。从此以后,历唐宋以迄明清,各朝统治者的思维方式和行为模式基本上是经过整合的儒家思想的指导,质言之,儒家思想成了中华文化的主流思想。

董仲舒对策之后,汉武帝广采儒生之议,重用儒生,令郡、国"举贤良方正""举孝廉",立太学,设十四科五经博士,一年一次考试,合格者任选补官,于是,一大批儒生进入各级政权机关,稳固和扩大了儒学在中央政权的统治基础。汉武帝又根据儒家的建议,改正朔、修封禅,搞了不少尊儒活动。

但汉武帝的"尊儒",大多是做表面文章,骨子里并没有真正"独尊儒术"。他"内多欲而外施仁义",搞的是外儒内法。

汉武帝采取的一系列政治法律政策,强化了中央集权,也激化了社会矛盾,到他晚年,已是险象环生。武帝死后,昭帝时召开盐铁会议,贤良文学激烈抨击法家政治,进一步扩大了儒家思想的影响。然终昭、宣之世,用的仍是"儒、王道杂之"的治国方针。直到"柔仁好儒"的汉元帝上台,新儒学的处境才有了实质性的转机,取得了正式的统治地位。

尽管董仲舒创立的汉代新儒家存在一定的问题,但是,毕竟使得以儒家文化为核心的汉儒继承和发展了先秦儒家的思想文化,使儒家文化真正成为中国主流思想文化,所以,可以说,实现了从孔子到董仲舒的第二次中华文化的伟大复兴。

第三节　从董仲舒到韩愈①、朱熹②、王阳明③的文化复兴

一、王充④对汉儒的批判

董仲舒的"天人感应"说,经过西汉到东汉二百多年的发展,已完全与谶纬神学相结合,但这时的儒家思想,已顺着董仲舒的"天人感应"下滑而谶纬化、神学化了。最典型事例就是汉武帝时期的"巫蛊之祸"。直至西汉末年谶纬迷信非常兴盛,以汉章帝亲自主持召开的白虎观经学会议为标志。在谶纬迷信之风越刮越盛的时候,涌现了一批反对谶纬神学的进步思想家。王充就是其中的代表人物之一。他对谶纬迷信一一剖析,并对其进行了全面的批判。

董仲舒的"天人感应"有两个主要内容:一是天生圣人,君权神授;二是灾异谴告。王充针对这两个观点进行了批判。

第一,"天不能故生人"。王充继承和发展了先秦道家的自然天道观,以元气论为根据,彻底否认有意志的天的存在。他认为,天不是神,而是由元气所构成的自然物质实体,"天地,含气之自然也",它

---

① 韩愈(768—824),字退之,河南河阳(今河南省孟州市)人,汉族,自称"郡望昌黎",世称"韩昌黎""昌黎先生"。唐代杰出的文学家、思想家、哲学家,政治家。

② 朱熹(1130—1200),字元晦,又字仲晦,号晦庵,晚称晦翁,谥文,世称朱文公。祖籍江南东路徽州府婺源县(今江西省婺源),出生于南剑州尤溪(今属福建省尤溪县)。宋朝著名的理学家、思想家、哲学家、教育家、诗人,闽学派的代表人物,儒学集大成者,世尊称为朱子。

③ 王阳明(1472—1529),汉族,幼名云,字伯安,别号阳明。浙江绍兴府余姚县(今属宁波余姚)人,因曾筑室于会稽山阳明洞,自号阳明子,学者称之为阳明先生,名守仁,亦称王守仁。明代著名的思想家、文学家、哲学家和军事家,陆王心学之集大成者,精通儒家、道家、佛家。

④ 王充(公元27—约97年),东汉唯物主义哲学家、无神论者。字仲任,汉族,会稽上虞人。王充年少时就成了孤儿,乡里人都称赞他对母亲很孝顺。后来到京城,进太学学习,拜班彪为师。

不可能有目的地创造万物，不可能有意识地去安排人世间的一切。即"天不能故生人，则其万物亦不能故也。"①王充以此为根据进一步否定"天生圣人"的虚妄说法。他认为，君主也是人，和一般的人并没有两样，"夫人物也，虽贵为王侯，性不异于物"。通过这些批驳，王充去掉了罩在统治者头上的神圣的光环，说明所谓"天生圣人"只不过是"虚妄之言"，从而否定了"君权神授"说。

第二，"灾变时至，气自为之"。王充继承荀况"明于天人之分"的思想，认为自然界和人类社会的规律是各不相同的，天道和人事之间没有必然的联系，"天道无为"，而"人道有为"，"人不晓天所为，天安能知人所行？"天与人互不相知，也就不可能互相感应，"人不能以行感天，天亦不随行而应人"，这样，天当然就不可能具有根据人的善恶而给予赏罚的能力，"天无为，故不言"，所谓的"天刑""天罚""天讨""天谴"也都成了无稽之谈了。同时王充指出，自然界的灾异，如日月之蚀、地震、雷雨等等都是自然现象，同国家的治乱，刑罚的当否，以及统治者的喜怒没有关系，"灾异时至，气自为之"，"食有常数，不在政治"。

二、魏晋玄学的兴起

由于汉儒思想中的谶纬思想已经滑向神秘化、迷信化，而被王充等思想家所批判，使得汉儒作为中华文化的主流文化地位受到严重的挑战和冲击。汉儒到了魏晋时期已经丧失了中华文化的主流地位，取而代之的是魏晋玄学。

魏晋"玄学"是指魏晋时期研究《老子》《庄子》《周易》这三本号称"三玄"的书所形成的哲学思潮的总称，是儒家和道家思想的结合，即所谓"外道内儒"，以道家学说来论证儒家纲常的思想理论。这是继汉初黄老之学后，又一次从道家思想中引发的新理论学说，以道释儒，以道补儒。

---

① 《论衡·物势》。

　　玄学主要探讨"有""无"之间的关系问题,也就是"名教"和"自然"的关系问题。魏晋玄学家全都推崇"自然",但对"名教"的态度却不一致,由此形成三个发展阶段或派别:一是曹魏时期,以何晏[①]、王弼[②]为代表,主张"名教本于自然",是玄学的创世阶段;二是魏晋之际,以嵇康[③]、阮籍[④]为代表,主张"越名教而任自然",是玄学的发展阶段;三是西晋时期,以向秀[⑤]、郭象[⑥]为代表主张"名教即自然",标志着玄学的终结。一、三两派属于正统派玄学,嵇康、阮籍属于非正统学派玄学,或称之为玄学左派。前者的落脚点是论证名教的必然性和合理性;后者形成了以"自然"否定名教的理论形式。

　　由于玄学家都是抽象地论证"玄理",很少直接谈到具体的实际问题,所以,他们的主要贡献是对中国哲学理论的拓新。

---

　　① 何晏(? —249),字平叔。南阳宛(今河南南阳)人。三国时期魏国玄学家、大臣。东汉大将军何进之孙(《魏略》认为他可能是何进弟何苗之孙)。其父早逝,曹操纳其母尹氏为妾,何晏因而被收养,为曹操所宠爱。少年时以才秀知名,喜好老、庄之言,娶曹操女金乡公主。
　　② 王弼(226—249),字辅嗣,三国时代曹魏山阳郡(今山东济宁、鱼台、金乡一带)人,经学家,魏晋玄学的主要代表人物之一。
　　③ 嵇康(224—263,一作223—262),字叔夜。汉族,谯国铚县(今安徽省濉溪县)人。三国曹魏时著名思想家、音乐家、文学家。嵇康为曹魏宗室的女婿,娶曹操曾孙女长乐亭主为妻。官至中散大夫,世称"嵇中散"。后隐居不仕,屡拒为官。因得罪钟会,遭其构陷,而被司马昭处死,年仅三十九。
　　④ 阮籍(210—263),三国时期魏诗人。字嗣宗。陈留(今属河南)尉氏人。竹林七贤之一,是建安七子之一阮瑀的儿子。曾任步兵校尉,世称阮步兵。崇奉老庄之学,政治上则采取谨慎避祸的态度。
　　⑤ 向秀(约227—272),字子期,河内怀人。魏晋竹林七贤之一。官至黄门侍郎、散骑常侍。向秀雅好读书,与嵇康、吕安等人相善,隐居不仕。景元四年(263年)嵇康、吕安被司马氏害死后,向秀应本郡的郡上计到洛阳,受司马昭接见任散骑侍郎、黄门散骑侍郎、散骑常侍,与任恺等相善。
　　⑥ 郭象(252—312),字子玄,洛阳(今河南洛阳)人。西晋时玄学家,官至黄门侍郎、太傅主簿。好老庄,善清谈。注《庄子》,别成一书,"儒墨之迹见鄙,道家言遂盛焉",流传至今。

三、道教、佛教对儒家文化的冲击及道统思想的产生

自汉武帝采纳董仲舒建议,宣布"独尊儒术"以后,儒学的"独尊"地位虽已官方确定,但并非立即稳固。外"家"外"教"对儒家的挑战一直存在,如魏晋的玄学及道家思潮,佛教和道教对儒家的挑战,等等。这种情形,唐代尤甚。唐初,李唐王室为抬高自己的出身,宣布老子(李聃)为其祖先,于是道教与"儒教"几度互易"三教"中的"第一把交椅"。中唐时期,佞佛媚佛之风大盛,上自皇帝下至村夫野妇竞相崇尚佛说,怠忽儒教。儒家的价值及伦理受到了严重的威胁、侵害。当此之际,为捍卫儒学的纯洁性,为使儒家学说能排他地支配一切政治社会生活,"道统"思潮应运而生。

自董仲舒以后,捍卫儒家正统地位,有意塑造"道统"者,最早是汉人扬雄①。"(扬)雄见诸子各以其知舛驰,大氏诋訾圣人,即为怪迂析辩诡辞,以挠世事,虽小辩,终破大道而惑众;使溺于所闻而不自知其非也。……故时人有问雄者,常用法应之,撰以为十三卷,象《论语》,号曰《法言》。"②扬雄所谓"法",正是儒家"家法",即他所阐释的儒家基本教义。所谓"法言",就是以儒家"大道"或"圣道"的最权威解释自居,以其言为当时及后世习儒者之"法"。扬雄的努力,似乎并未取得多大成就,"异端邪说"侵蚀儒家的情形仍然存在。到隋代,王通③作《读六经》,传《中说》,以振兴儒学、恢复孔孟"圣道"为己任。为了壮大儒学,他主张吸收佛道二教的某些思想,主张"三教可一",统一于儒教。他以继周公、"宣尼"的道统传承者自命,开启了中唐时期

---

① 扬雄(公元前53年—公元18年),字子云,汉族。西汉官吏、学者。西汉蜀郡成都(今四川成都郫县友爱镇)人。少好学,口吃,博览群书,长于辞赋。

② 《汉书·扬雄传》。

③ 王通(584—617),字仲淹,道号文中子,河东郡龙门县通化镇(今山西万荣县通化镇,通化镇1972年由山西河津县划入万荣县)人,隋朝著名教育家、思想家、道家。

韩愈、李翱①"道统"论的先河。韩愈的"道统"说,更加简明地释定了儒家的"圣道"或基本教义,又溯列了圣道传承的更清晰的"统系",强调了儒家之道在具体政治社会生活中的应用准则。到了宋代,二程(程颢、程颐)、朱熹以道统传承人自命,更把儒学发展为"道学"或"理学"。在明代,大儒王阳明复以道统传承者自命,将理学发展到"心学"阶段,其学说直至清末仍奉为正家。

道统思潮是中唐以后儒家法律思想的主流,代表着官方,是历代政治法律实践的理论支柱。这一思想主流的特征是:以儒学嫡传和正宗的身份阐释和捍卫儒家学说,并对中国文化实践中的具体问题进行解答和指导。

四、韩愈的道统论

韩愈的"道统"论代表着他对中华文化本质的看法及他所捍卫的正统中华文化根脉的愿望,在韩愈看来,儒家的"道",像"佛法"一样圣圣相传。这种"道","尧以是传之舜,舜以是传之禹,禹以是传之汤,汤以是传之文、武、周公,文武周公传之孔子,孔子传之孟轲。轲之死,不得其传焉。荀(子)与扬(雄)也,择焉而不精,语焉而不祥"②,未能挽救"道"的中辍。现在,只有通过他自己将"道"传下去了:"使其道由(韩)愈而粗传,虽灭死,万万无恨"③。从尧舜到韩愈的这样一个"圣道"传承系统,就是他所说的"道统",犹如佛教所说的"法统"。由于佛道二家等异端邪说的冲击,所以,要卫护"圣道",必须排据佛道二家,

---

① 李翱(772—841),字习之,唐陇西成纪(今甘肃秦安东)人,是西凉王李暠的后代,唐朝文学家、哲学家。唐德宗贞元年间进士,曾历任国子博士、史馆修撰、考功员外郎、礼部郎中、中书舍人、桂州刺史、山南东道节度使等职。他曾从韩愈学古文,协助韩愈推进古文运动,两人关系在师友之间。李翱一生崇儒排佛,认为孔子是"圣人之大者也"(《李文公集·帝王所尚问》)。主张人们的言行都应以儒家的"中道"为标准。

② 《韩昌黎文集·原道》。

③ 《韩昌黎文集·与孟尚书书》。

"觝排异端,攘斥佛老"①;最好要"人其人,火其书,庐其居"②,以复儒学独尊、纯洁之境界。

这种圣圣相传的"道"是什么呢?"斯道也,何道也?曰:斯吾所谓道也,非向所谓老与佛之道也";"吾所谓道德云者,合仁与义言之也,天下之公言也";"道莫大乎仁义,教莫正乎礼、乐、刑、政";"博爱之谓仁,行而宜之之谓义,由是而之焉之谓道"③。简言之,"道"就是"仁义",它体现或外化为人定规范(道德规范和法律规范):"其法:礼、乐、刑、政。"在他看来,四者合起来构成他所说的广义上的"法"。一切政治法律都应当是"道"的体现。或者说,"仁义"之道即他所主张的法的灵魂或精神。法的本质应是"仁义"。

"仁义"之道作为礼的灵魂或精神,必须条理化为一些具体的礼治原则,这就是封建的纲常伦理,就是"君君、臣臣、父父、子子"的原则。"其法:礼乐刑政;其民:土农工贾;其位:君臣、父子、师友、宾主、昆弟、夫妇。"在这种伦理秩序之下各有各的名分义务:"是故君者,出令者也;臣者,行君之令而致之民者也;民者,出粟米麻丝、作器皿、通货财,以事其上者也。"④这里贯穿的原则,就是"忠""孝""悌""顺"等等。这就是一切人定的伦理标准。佛道二教学说对儒家的这一伦理标准、原则暨秩序构成了严重的破坏;"大经大法,皆亡灭而不救,坏乱而不收"⑤,使人民"必弃而(汝)君臣,去而父子,禁而相生养之道",使人民"外天下国家,灭其天常,子焉而不父其父,臣焉而不君其君,民焉而不事其事"。因此,它们是儒家之道的大敌。若"举夷狄之法而加之先王之教之上"。所以,韩愈排斥佛道二教,实是要维护儒家正统礼的价值、原则,在纷乱的世风中重新诠释和弘扬儒家的礼治原则和价值。具体说来,就是要捍卫儒家的以"忠""孝"为核心的伦理纲常暨礼治原则。因此,他所塑造的"道统",实际上是他构筑的一道捍卫

---

① 《韩昌黎文集·进学解》。
②③ 《韩昌黎文集·原道》。
④⑤ 《韩昌黎文集·与孟尚书书》。

儒家伦理纲常暨礼治原则至高无上地位及其纯洁性的堤防。只有从这个意义上去认识韩愈的"道统论"和激烈的排佛老主张,我们才能比较全面地把握韩愈的思想核心。

五、程朱理学

理学是在复兴儒家学说的思想洪流中产生的。这股思潮可以追溯到唐代的韩愈、李翱,但是直到北宋中期,它的思想系统才明确地形成。仅北宋时代,就先后涌现出周敦颐[①]、张载[②]、程颢[③]、程颐[④]、邵雍[⑤]等著名理学家,人称"北宋五子"。周敦颐是理学的实际开创者、奠基者;"二程"是理学的真正建立者。到了南宋的朱熹,集理学之大成,在"二程"的基础上构建了一个庞大的理学体系。

理学是宋儒在批判佛道二教同时又吸收二教的某些内容的过程中构建起来的一个理论体系。它的核心或最高范畴是"理"。其他一切范畴(如德、命、性、心、仁义、礼乐、政刑、义利等)皆从属于理。"理"

---

① 周敦颐(1017—1073),又名周元皓,原名周敦实,字茂叔,谥号元公,北宋道州营道楼田堡(今湖南省道县)人,因定居庐山时为纪念家乡而给住所旁的一条溪水命名为濂溪,并给自己的书屋命名为濂溪书堂并终老于庐山濂溪,所以世称濂溪先生。

② 张载(1020—1077),北宋大儒,哲学家,理学创始人之一,理学支脉"关学"创始人,封先贤,奉祀孔庙西庑第 38 位。字子厚,大梁(今河南开封)人,徙家凤翔郿县(今陕西眉县)横渠镇,学者称横渠先生。宋仁宗嘉祐二年(1057)进士,授祁州司法参军,调丹州云岩令。迁著作佐郎,签书渭州军事判官。

③ 程颢(1032—1085)字伯淳,学者称明道先生。世居中山,后从开封徙河南(今河南洛阳)。北宋哲学家、教育家、诗人和北宋理学的奠基者。

④ 程颐(1033—1107),汉族,字正叔,洛阳伊川(今河南洛阳伊川县)人,世称伊川先生,出生于湖北黄陂,北宋理学家和教育家。为程颢之胞弟。历官汝州团练推官、西京国子监教授。元祐元年(1086 年)除秘书省校书郎,授崇政殿说书。

⑤ 邵雍(1011—1077)北宋哲学家。字尧夫,谥号康节,自号安乐先生、伊川翁,后人称百源先生。其先范阳(今河北涿县)人,幼随父迁共城(今河南辉县)。少有志,读书苏门山百源上。仁宗嘉祐及神宗熙宁中,先后被召授官,皆不赴。创"先天学",以为万物皆由"太极"演化而成。著有《观物篇》《先天图》《伊川击壤集》《皇极经世》等。

是永恒的最高精神实体,它衍生或外化(体现)为世间万事万物,包括国家和法律。任何事物都包含"理"。政治法律制度应合于"理"、体现"理"。理学从本体论、宇宙论的高度对法的起源、法的本质、法的作用等等做了新的论证和阐释,这就给先秦儒家的伦理法思想及民本、宗法、尊君、重德轻刑等原则提供了哲学的依据,理论形态更加严密。理学的代表人物是朱熹,其以"存天理、灭人欲"为核心的法律思想,反映了理学法律观的基本特征。

六、陆王心学

"心学"是道统思潮在明代的表现形态,是"理学"发展的新阶段。一般认为,"心学"始自南宋时代与朱熹"分庭抗礼"的哲学家陆九渊①。但实际上,可以上溯至"二程"中的程颢。程颢认为:"心是理,理是心",具有主观唯心主义倾向,这与程颐的客观唯心主义不同。理学由是产生内部分歧,导致了后来"理学"与"心学"的分裂。陆九渊继承了程颢之说,发扬了子思、孟子的"尽心""致良知"说,主张"人皆有是心,心皆具是理,心即理也"。"宇宙便是吾心,吾心即是宇宙"。以此为出发点,他认为"收拾精神、自作主宰"为人生之第一要义。此即所谓"心学"。既然人的"本心"是至善至美的"理",只不过后来有所"蔽",那么处世、为学、修养之道就在于"自存本心":"苟此心之存,则此理自明"。何为"存心"?"存心"就是"穷理",就是保养存留"良心",去"害心"。什么是"害心"?陆九渊认为就是"欲":"夫所以害吾心者何也?欲也"。所以"养心莫善于寡欲"。到了王阳明,"心学"进一步发展,主观唯心主义更加系统和彻底。"心即理也。此心无私欲之蔽,即是天理,不需外面添一分。""人者,天地万物之心也;心者,天地万物之主也。心即天。言心,则天地万物皆举之矣。""心学"的"心",与"理

---

① 陆九渊(1139—1193),字子静,号象山,汉族江右民系,书斋名"存",世人称存斋先生,江西抚州市金溪县陆坊青田村人。南宋著名理学家、思想家和教育家,宋明两代"心学"的开山之祖。

学"的"理",尽管说法不一,但落实到社会政治层面,都是指纲常伦理,都是指君臣、父子、夫妇、兄弟、朋友之"义"。在"存天理灭人欲"或"存本心去人欲"这一目标上是一致的。

由此,韩愈以后,儒家道统法脉传承如下:唐尧→虞舜→夏禹→商汤→周文王、周武王、周公→孔子→孟子→(荀子、杨雄)→韩愈→北宋五子(周敦颐、邵雍、程颢、程颐、张载)→南宋朱熹(陆九渊)→王阳明。

这次文化复兴从东汉末年开始,经历了魏晋南北朝和隋唐两宋时期,跨越一千年时间,结果是儒释道三家融合及佛教中国化。

七、与宋明理学心学相对立的实学学派与创新思潮

两宋时代,与程朱理学关于心性理命的空谈谬说相对抗,有以吕祖谦①为首的金华学派,以陈亮②为首的永康学派和以叶适③为首的永嘉学派。因其代表人物均生活在浙江东部地区,故被称为"浙东学派"。他们的共同特征是:在国家面临巨大的内忧外患的背景下,反对"理学家"或"道学家"关于"存理灭欲""义利之辨""王霸之辨"等等问题的高谈阔论,反对不务实事的误国空谈,主张"经世致用",重视事功,重视国计民生之功利,致力于解决当时的各种社会问题,消除弊端,救国救民。因而被后世称为"实学"。这一学派也反映了强烈的回归儒家注重当世政治、关心国计民生的原旨的倾向。

明末清初,中国社会发生了剧烈的动荡和变化,各种创新思想应

---

① 吕祖谦(1137—1181),字伯恭,世称"东莱先生",婺州(今浙江金华)人,原籍寿州(治今安徽凤台)。南宋著名理学家。

② 陈亮(1143—1194),原名汝能,后改名亮,字同甫,号龙川,学者称龙川先生。婺州永康(今属浙江)人。南宋思想家、文学家。才气超迈,喜谈兵。

③ 叶适(1150—1223),字正则,号水心居士,永嘉(今浙江温州)人,南宋时期著名思想家、文学家、政论家,永嘉学派集大成者。

运而生。这些思想中,最为典型的是黄宗羲①、王夫之②、顾炎武③、唐甄④等人所代表的社会批判思潮。他们以儒家学说中的人本主义精华为思想武器,猛烈抨击君主专制的政治法律制度,批判理学的僵死说教,甚至将矛头直指君主本身。他们提出的"以天下之法代替一家之法""天下为主君为客""有治法而后有治人"之类的观点主张,在当时黑暗沉闷的封建专制统治中,堪称惊世骇俗,振聋发聩。他们的思想,显然已经接近资产阶级民主主义思想的边缘,或多或少有些启蒙性质。但是,我们应该看到,他们仍未真正超出儒家思想的范围,他们并未发现和使用与资本主义生产方式有关的新的思想武器,他们也未能真正站到"人民主权""平等""自由"这类资产阶级启蒙思想的起跑线上,他们甚至以"复井田、封建、学校、卒乘之旧"为改革主张。他们最大胆的思想主张,仍在儒家"天下为公""汤武革命""民贵君轻"的范畴之内。他们的思想仍是以回归儒家原旨、维护儒家民主性人民性精华为特征的批判思潮,正统儒学大潮中的一股清新的异流,是

---

① 黄宗羲(1610—1695)明末清初经学家、史学家、思想家、地理学家、天文历算学家、教育家,"东林七君子"之一黄尊素长子。汉族,浙江绍兴府余姚县人。黄宗羲学问极博,思想深邃,著作宏富,与顾炎武、王夫之并称明末清初三大思想家(或清初三大儒);与弟黄宗炎、黄宗会号称"浙东三黄";与顾炎武、方以智、王夫之、朱舜水并称为"明末清初五大家",亦有"中国思想启蒙之父"之誉。

② 王夫之(1619—1692),字而农,号姜斋、又号夕堂,湖广衡州府衡阳县(今湖南衡阳)人。其著有《周易外传》《黄书》《尚书引义》《永历实录》《春秋世论》《噩梦》《读通鉴论》《宋论》等书。王夫之自幼跟随自己的父兄读书,青年时期积极参加反清起义,晚年隐居于石船山,著书立传,自署船山病叟、南岳遗民,学者遂称之为船山先生。

③ 顾炎武(1613—1682),南直隶苏州府昆山人,著名思想家、史学家、语言学家。本名绛,字忠清;南都败后,因为仰慕文天祥学生王炎午的为人,所以改名炎武,字宁人,亦自署蒋山佣,学者尊为亭林先生。明季诸生,青年时发愤为经世致用之学,并参加昆山抗清义军,败后漫游南北,曾十谒明陵,晚岁卒于曲沃。学问渊博,于国家典制、郡邑掌故、天文仪象、河漕、兵农及经史百家、音韵训诂之学,都有研究。晚年治经重考证,开清代朴学风气。

④ 唐甄(1630—1704),初名大陶,字铸万,号圃亭。四川省达县(今四川省达州市通川区蒲家镇)人,帝师唐瑜的第十一代孙,中国明末清初的思想家和政论家。

儒学主流地位结束前的最后一波内部革新思潮,也是儒学主流地位确立以来从其内部生出的一股最强烈的、最深刻的社会批判思潮。这一思潮昭示,在没有外来思想刺激的情况下,中国的政治法律思想已能沿着自身的发展逻辑逐步接近近代资产阶级民主法治思想的轨迹。"天下为主君为客"的主张,与"人民是主权者,执政者是公仆"的思想之间,只有一纸之隔了。

第四节　从1840年到当代中华文化的伟大复兴

一、学习西方变革中华文化

清王朝统治时期正是西方产业革命蓬勃兴起并逐步推开引发一系列剧烈社会变革的时期。在这期间,历史上曾经是先进国家的中国,没有跟上时代步伐,落到了世界先进国家的后面。进入十九世纪,清王朝的统治受到严重威胁。当率先完成了工业革命的西方资本主义各国向全世界扩张自己的势力,用坚船利炮冲击闭关锁国的古老中国的大门时,清王朝不堪一击,把它的没落腐朽暴露无遗。于是,要求改革的呼声越来越强烈,逐渐发展成为波澜壮阔的社会思潮。[1]

首先是常州学派的传人龚自珍[2]和魏源[3]发起了这场变革思潮。常州学派是指清代乾隆、嘉庆年间出现的,以庄存与、庄述祖、庄授

---

[1] 俞荣根. 中国法律思想史. 北京:法律出版社,2000:271.

[2] 龚自珍(1792—1841),字璱人,号定庵。汉族,仁和(今浙江杭州)人。晚年居住昆山羽琌山馆,又号羽琌山民。清代思想家、诗人、文学家和改良主义的先驱者。

[3] 魏源(1794—1857),清代启蒙思想家、政治家、文学家。名远达,字默深,又字墨生、汉士,号良图。汉族,湖南邵阳隆回金潭人。道光二年(1822年)举人,道光二十五年(1845年)始成进士。官高邮知州,晚年弃官归隐,潜心佛学,法名承贯。近代中国"睁眼看世界"的首批知识分子的优秀代表。

甲、刘逢禄为代表的,研究《春秋公羊传》今文经学的学派。由于都是清代常州府人,故得名。十九世纪的变革思潮由龚自珍开其端。反映他政治主张的著作《明良论》与《乙丙之际箸论》,是他二十岁时的作品,大约作于1815年前后。在该著作中,他明确提出"更法"思想,表现了十九世纪最早的改革要求。

　　在中国近代史上,魏源是第一个提出向西方学习的人,他在林则徐①编著的《四州志》的基础上,编著了《海国图志》,目的是要人们"知夷",进而"师夷长技以制夷。""夷"在古代指华夏周围的少数民族,近代又用"夷"指中国以外的资本主义各国。魏源希望人们了解西方,认识西方的长处,学习西方各国的长处,以达到战胜外敌侵略的目的。这既表现了爱国主义的立场,又表现了清醒理智的头脑。尽管在魏源的心目中,所谓"师夷长技"还仅限于"战舰""火器"与"养兵练兵之法",但"师夷"的口号却影响深远,为中国寻求改革道路的人们指出了新的方向。

　　到了十九世纪最后十年,终于由资产阶级维新派演出了戊戌变法的悲壮一幕。这场变法运动虽被扼杀,但它对中国近代文化变革与思想更新却起了先导作用。十九世纪最后几年,在中国社会的中上层,展开了一场轰轰烈烈的变法维新宣传运动。这个运动以君主立宪的鲜明主张作为旗帜,并使变法从社会舆论转变为统治阶级庙堂之上议论的"国是",并终于付诸实现。领导这一运动的是康有为②。康有为,早年受封建传统教育,饱读经书,青年时期接触西方文化,受资产阶级思想影响,变法维新思想趋于成熟。他的主要贡献是

---

　　① 林则徐(1785—1850),福建省侯官人,字元抚,又字少穆、石麟,晚号俟村老人、俟村退叟、七十二峰退叟、瓶泉居士、栎社散人等,是清朝时期的政治家、思想家和诗人,官至一品,曾任湖广总督、陕甘总督和云贵总督,两次受命钦差大臣;因其主张严禁鸦片,在中国有民族英雄之誉。

　　② 康有为(1858—1927),原名祖诒,字广厦,号长素,又号明夷、更牲、西樵山人、游存叟、天游化人,广东省南海县丹灶苏村人,人称康南海,中国晚清时期重要的政治家、思想家、教育家,资产阶级改良主义的代表人物钦差大臣;因其主张严禁鸦片,在中国有民族英雄之誉。

以著作《新学伪经考》《孔子改制考》,给君主立宪的变法主张赋予系统的理论形式,并通过上书皇帝提出一系列改革措施,使变法主张付诸实践,成为一场实际政治运动。[①]

1898 年正当戊戌变法大张旗鼓地展开之时,清廷批准《劝篇》一书出版并将其颁行各省。这本书的作者张之洞[②]是洋务派代表人物之一,其提出的"中学为体,西学为用",是对洋务派和早期改良派基本纲领的一个总结和概括;毛泽东对其在推动中国民族工业发展方面所做的贡献评价甚高,曾说过"提起中国民族工业,重工业不能忘记张之洞"。张之洞与曾国藩、李鸿章、左宗棠并称晚清"四大名臣"。

以孙中山为代表的资产阶级革命派在对待旧法传统、学习西方的问题上态度有所折衷。孙中山终生以"中西合璧"为其政治革命目标。

在中国近代,对西方思想文化有全面深刻理解的人物首推严复[③]。他最突出的贡献是把西方学术名著如孟德斯鸠[④]《论法的精神》、穆勒[⑤]的《自由论》等译成中文,使西方资产阶级法学政治学思想在中国广泛传播。

---

① 俞荣根.中国法律思想史.北京:法律出版社,2000:280.

② 张之洞(1837—1909),字孝达,贵州兴义府人。咸丰二年(1852 年)十六岁中顺天府解元,同治二年(1863 年)廿七岁进士第三名探花,授翰林院编修,历任教习、侍读、侍讲、内阁学士、山西巡抚、两广总督、湖广总督、两江总督(多次署理,从未实授)、军机大臣等职,官至体仁阁大学士。

③ 严复(1854—1921),福建侯官(今福州市)人,中国近代启蒙思想家、新法家、翻译家,是中国近代史上向西方国家寻找真理的"先进的中国人"之一。严复系统地将西方的社会学、政治学、政治经济学、哲学和自然科学介绍到中国,他翻译了《天演论》《原富》《群学肄言》《群己权界论》等著作,他的译著在当时影响巨大,是中国 20 世纪最重要的启蒙译著。

④ 孟德斯鸠男爵(1689—1755)是法国启蒙时期思想家、律师,也是西方国家学说和法学理论的奠基人。与伏尔泰、卢梭合称"法兰西启蒙运动三剑侠"。

⑤ 约翰·穆勒(1806—1873),也被翻译为"密尔",如 1982 年商务印书馆翻译出版的《代议制政府》的作者就是"密尔"。英国著名哲学家和经济学家。19 世纪影响力很大的古典自由主义思想家。他支持边沁的功利主义。

胡适①是实用主义在中国的主要代表,又是新文化运动重要领袖之一,在近代中国社会有着广泛影响。胡适在自由、民主、宪政、人权等方面有自己的独到见解,并在"五四"前后起着影响深广的启蒙作用。

中国进入 20 世纪,历史上有了新的转折,产生于欧洲的马克思主义经俄国十月革命传到中国,在中国知识分子中引起了强烈的共鸣,中国的一批先进的知识分子创办自己的刊物,阐述与传播马克思主义,推动中国社会走向以马克思主义为指导思想的新生政权,早期的马克思主义思想家以李大钊②和陈独秀③为杰出代表,他们在宣传马克思主义哲学的同时,也阐述了他们的政治法律思想。

陈独秀、李大钊是马克思主义思想的宣传者和传播者,是中国社会主义的主张者和推动者。其中,陈独秀和胡适领导了新文化运动。陈独秀又是五四运动的主要领导者和组织者。

1840 年鸦片战争以后,国际资本主义、帝国主义的势力侵入中国,中国的社会结构由封建社会逐步演变为半殖民地半封建社会。从鸦片战争到五四运动,中国人民为了反对帝国主义和封建统治进行了英勇不屈的斗争,其中主要的有太平天国农民战争和资产阶级领导的辛亥革命,但都相继失败了。历史证明,中国的农民阶级和民族资产阶级由于他们的历史局限性和阶级局限性,都不能领导民主革命取得胜利。1921 年,中国共产党的诞生是中国革命发展的客观

---

① 胡适(1891—1962),原名嗣穈,学名洪骍,字希疆,笔名胡适,字适之。著名思想家、文学家、哲学家。徽州绩溪人,以倡导白话文、领导新文化运动闻名于世。

② 李大钊(1889—1927),字守常,河北乐亭人,毕业于东京早稻田大学,中国共产党主要创立人之一,中国最早的马克思主义者和共产主义者之一,是中国国民党第一届中央执行委员会委员之一,也是在北伐时期推动颠覆中国政府的重要人物之一,同时为共产国际的成员及其在中国的代理人。

③ 陈独秀(1879—1942),原名庆同,字仲甫。安徽怀宁(今属安庆市)人。新文化运动的倡导者之一,中国共产党的创始人和早期的主要领导人之一。1915 年 9 月 15 日,创办《新青年》杂志,举起民主与科学的旗帜。曾当选为中央局书记,中共第二、第三届中央执行委员会委员长,第四、第五届中央委员会总书记等。1922 年 11 月 5 日,中共代表参加共产国际大会,陈独秀当选为共产国际执行委员。1927 年 7 月 12 日,中共中央改组,陈独秀停职。

需要,是马克思主义同中国工人运动相结合的产物。

自中国共产党诞生以后,中国共产党把马克思主义具体应用于中国的伟大实践过程中,产生了毛泽东思想。毛泽东思想是马克思列宁主义普遍原理和中国革命具体实践相结合的产物,是马列主义在中国的发展,是中国传统文化与西方先进文化的有机融合的结果。它是以毛泽东为主要代表的中国共产党人,运用马克思主义的立场、观点和方法,把中国长期革命和建设实践中的一系列独创性经验作了理论概括而形成的适合中国情况的科学的指导思想。它是马克思列宁主义在中国的运用和发展,是被实践证明了的适合中国革命和建设的正确的理论原则和经验总结,是中国共产党集体智慧的结晶。

中国共产党人以毛泽东思想为理论思想指导,在经历了长期的艰难曲折的武装斗争和其他形式的斗争以后,终于推翻了帝国主义、封建主义和官僚资本主义的统治,取得了新民主主义革命的伟大胜利,建立了中华人民共和国。

以毛泽东为代表的中国共产党人,围绕"什么是新民主主义革命"和"怎样进行新民主主义革命"的一系列根本问题进行探索和研究,并对如何进行社会主义建设进行了艰辛探索,从而实现了马克思主义中国化的历史性飞跃。毛泽东思想是马克思主义中国化的理论成果。

改革开放以后,以邓小平为代表的中国共产党人,围绕"什么是社会主义,如何建设社会主义"的主题进行了科学回答,开创了中国特色社会主义的成功之道。邓小平理论是当代中国的马克思主义,是对马克思主义社会主义理论形态的伟大创新。

以江泽民为代表的中国共产党人,围绕"建设什么样的党,怎样建设党"的核心主题,继续推进中国特色社会主义建设,提出了"三个代表"重要思想这一马克思主义中国化的最新理论成果。

十六大以后,以胡锦涛同志为核心的党中央继续从理论和实践两方面向前推进,提出树立科学发展观和构建社会主义和谐社会的两大战略思想。

十八大以后,以习近平同志为核心的党中央,继承毛泽东思想、邓小平理论、"三个代表"重要思想和科学发展观的理论成果,提出了中华民族发展伟大目标——"中国梦",中国梦是党和国家现阶段重要指导思想和重要执政理念。"中国梦"的核心目标可以概括为"两个一百年"奋斗目标,也就是:到 2021 年中国共产党成立 100 周年和 2049 年中华人民共和国成立 100 周年时,逐步并最终顺利实现中华民族的伟大复兴,具体表现是国家富强、民族振兴、人民幸福,实现途径是走中国特色的社会主义道路、坚持中国特色社会主义理论体系、弘扬民族精神、凝聚中国力量,实施手段是政治、经济、文化、社会、生态文明五位一体建设。

习近平总书记还对继承发扬中华优秀传统文化高度重视,彰显了新一代党和国家领导人以文化复兴助推民族复兴的坚定决心。揭示了中国梦与弘扬传统文化的关系,无论从中国梦的实现动力还是从中国梦的重要目标而言,它都离不开中国优秀传统文化。中国梦意味着中华民族的价值体认和价值追求,实现中国梦必须从中华优秀传统文化中获取精神滋养。中国梦也是文化复兴之梦,实现中国梦必须努力实现中华优秀传统文化的创造性转化、创新性发展。

二、构建新大中华文化

文化是一个国家和民族的血脉和灵魂,国家和民族的强盛总是以一定的文化兴盛为支撑。习近平总书记在庆祝中国共产党成立 95 周年大会上的重要讲话中指出,"全党要坚定道路自信、理论自信、制度自信、文化自信",并针对文化自信进一步指出:"文化自信,是更基础、更广泛、更深厚的自信。在 5000 多年文明发展中孕育的中华优秀传统文化,在党和人民伟大斗争中孕育的革命文化和社会主义先进文化,积淀着中华民族最深层的精神追求,代表着中华民族独特的精神标识。"

由此,我们可以总结出从 1840 年鸦片战争到当代中国文化的发展规律和特征:此过程就是中西文化的大融合、大交流、大包容的过程,是西学中化的过程,也是马克思主义中国化的过程。这一复兴是中华传统的伟大复兴,其趋势是:中华文化的全球化,是中国国家的现代化和跨国际化,是世界天下大同化。

因此,我们提出了构建新大中华文化的设想。这种新大中华文化是广义的,是中华文化与武化,文明与武明的结合和统一的文化,是贯穿过去、现在和未来,是通达天、地、人三才,是融合你、我、他,是穿越时间,跨越空间,超越缘分的大中华文化。

新大中华文化也是新世界文化,这种新文化是中华传统文化与西方文化相结合的,是历史与现实相融通的文化,是整合宗教界与非宗教界,统摄学术界和非学术界,是引领中国及世界未来发展方向的,契合全球化、信息化发展趋势的,是适应中西方大交流背景的,是扎根于传统,立足于现代,面向于未来的,是包容的、先进的、符合全人类共同发展的、充满活力的大世界、大宇宙之文化。

这种新大中华文化就是所谓的走中国特色之路的文化,就是在继承和弘扬中华优秀传统文化基础上的,学习和借鉴西方文明的,坚持不断地改革开放和发展之路的文化。诗曰:"周虽旧邦,其命惟新。"

神话时代

| 盘古开天 | 女娲造人 | 天皇 | 地皇 | 人皇 |

宇宙起源　人类起源

传说时代

五氏：有巢氏　燧人氏　女娲氏　伏羲氏　神农氏

五帝：黄帝　颛顼　帝喾　唐尧　虞舜

半信史时代

| 夏 | 商 | 西周 |

公元前841年

信史时代

公元前841年

西周

东周：春秋　战国

| 秦 | 汉（西汉　东汉） | 三国魏晋南北朝 | 隋唐 | 宋 | 元 | 明 | 清 |

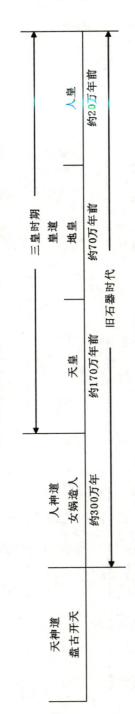

神话时代（虚构） 神道、人道（神人合一、以神为主）

天神道 · 盘古开天 ｜ 人神道 · 女娲造人 — 约300万年 ｜ 三皇时期 — 天皇 约170万年前 ｜ 皇道 地皇 约70万年前 ｜ 人皇 约20万年前

旧石器时代

传说时代（有一定事实）

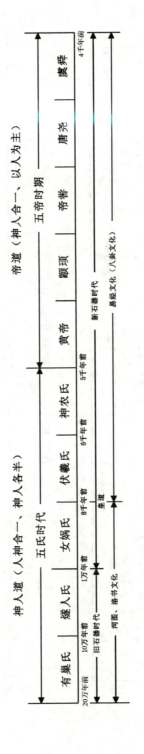

神人道（人神合一、神人各半） ｜ 帝道（神人合一、以人为主）

五氏时代：有巢氏（20万年前）｜ 燧人氏（10万年前）｜ 女娲氏（8千年前）｜ 伏羲氏（7千年前）｜ 神农氏（5千年前）

五帝时期：黄帝 ｜ 颛顼 ｜ 帝喾 ｜ 唐尧 ｜ 虞舜（4千年前）

皇道 · 河图、洛书文化 — 旧石器时代

易经文化（八卦文化）— 新石器时代

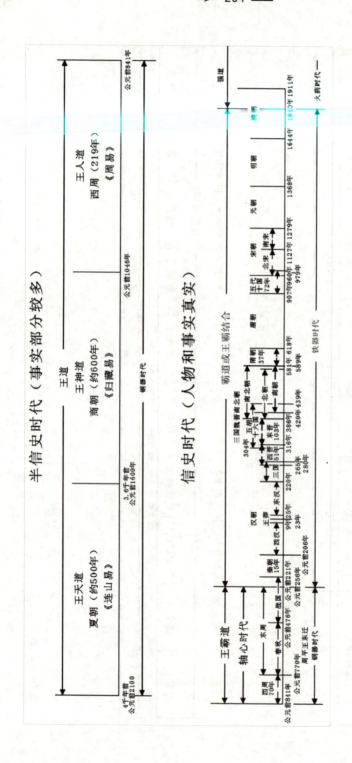

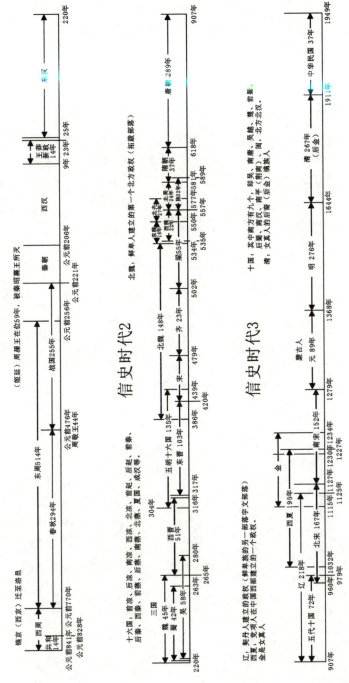

后 记

　　人类作为自然、世界、宇宙的主体和万物之灵长,在其产生、发展过程中,创造出各种灿烂的文化和文明,其中,处在亚洲中东部的中华民族在长期的发展过程中,创造出独特的中华文化和文明。中华文化和文明源远流长、光辉灿烂、成果丰硕。单从思想理论方面,就可以称为是浩如烟海、博大精深。世界人类文化、文明以及中华文化、文明的发展传承都是具有其规律和内在机理的,这种规律和机理表现在其文化、文明的传承的一脉相承性和创新发展的包容融合性,这也是中华文化、文明永久不衰和必将复兴以及近年来"国学热"的基本原因。

　　本书是我们一些热爱和有志于传承、弘扬中华传统文化、文明的学者和老师,在多年的教学、讲座和研究中华传统文化(国学)基础上,通过整理多篇讲义完成的。语言比较简朴,没有太长篇的论述,并尽量配置了图片以方便读者阅读理解。

　　本书不仅对一般读者具有普及中华传统文化和国学知识的作用,在理论创新和写作目的方面,力图做到:首先,厘清中华文化(国学)与国学的关系,鉴于人们对于国学与传统文化的关系易于混淆,本书在概述篇中分别阐述了什么是传统文化,什么是国学以及二者之间的关系。其次,从文化的源头探寻传统文化的起源,中华文化。文明发展经历了哪些阶段以及有哪些代表人物? 比较详细地叙述了中华文化的开创者——人文始祖们的功绩、思想与古迹等。再次,在探寻中华文化起源的基础上,进一步叙述中华文化的传承和发展问题,有哪些文化流派? 各自的特点和代表人物及其思想等。重点介绍了儒家及其代表人物孔子的思想和智慧以及道家代表人物老子的思想和智慧。最后,在中华文化文明的创新和未来发展方面,分析了中国历史文化、文明各个转型时期的特点和规律,并提出构建"新大中华文化"的思想。

本书与已出版同类著作主要不同的创新之处在于以下几点:

一是注意经史结合,尤其重视历史问题。从对中华历史各个阶段展开叙述,来讲述中华文化与国学是怎样起源和发展的。二是重视历史人物的作用,文化是人的文化,国学是人的国学,本书突出介绍了中华文化、文明的开创者们——人文始祖的人物。三是重视中华文化发展传承过程中的流派特点及其代表性。中华文化在长期发展过程中形成了不同的流派,每个流派都具有鲜明的特点,尤其是儒家和道家是中华文化代表。四是注重中华传统文化及国学的完整性。本书不是在文化的某一方面进行深入的阐述,而是注重文化发展的整体性。以时间为主线,以人物为重点和依托,将文化和国学,文化与人物贯穿、连接起来,也表现了中华传统文化的传统性、连续性。五是注重历史人、事、物的古迹问题,对于中华文化不同时期的代表人、事、物,尽量找到他们现存的古迹和遗迹,不仅使得历史人物可信,也指引读者能够有机会去这些古迹、遗迹的实地参观、考察、学习和游玩,以体会和感悟中华传统文化的魅力与传承。

本书分三大部分:概述篇起缘篇和传承篇。第一编概述篇和第三编传承篇由浙江大学宁波理工学院张新奎编写,第二编历史篇由浙江大学宁波理工学院项安安编写。概述篇包括:中华传统文化概述和国学概述两章内容;历史篇包括历史阶段的划分、神话时代、传说时代、半信使时代、信使时代五章内容;传承篇包括中华传统文化的流派、孔子的思想与智慧、老子的思想与智慧、中华文化的伟大复兴四章内容。

　　本书主要适合于国学爱好者,中华传统文化爱好者以及对中国历史文化感兴趣的读者阅读。

　　本书观点尚有不完善之处,敬请广大读者批评指正!

张新奎

2019 年 5 月 27 日于宁波高教园区学府苑教师公寓